Elaine Pagels

ASOMBRO Y MILAGROS

El misterio histórico de Jesús

Traducción del inglés de Fernando Mora

editorial Kairós

Título original: MIRACLES & WONDERS

Revisión: Jordi Vidal

Diseño cubierta: Editorial Kairós
Fotocomposición: Grafime. 08027 Barcelona
Impresión y encuadernación: Romanyà-Valls. 08786 Capellades

Primera edición: Octubre 2025
ISBN: 978-84-1121-391-2
Depósito legal: B 17.225-2025

A Alan, con gratitud y amor

Sumario

Nota de la autora

Para escribir este libro, abundante en citas bíblicas, he incluido a menudo traducciones de la New Oxford Annotated Edition (Oxford University Press, 2001). Este conjunto de traducciones, elegidas y aprobadas por un excelente equipo de estudiosos, es el que recomiendo a los estudiantes en Princeton. Sin embargo, hay excepciones en lo que respecta a textos griegos del Nuevo Testamento, en cuyo caso suelo utilizar mi propia versión.

Introducción

¿Fue Jesús una persona real o ficticia? Históricamente hablando, ¿qué sabemos o podemos saber sobre él? ¿Y cómo sabemos lo que creemos saber acerca de su persona? ¿De qué fuentes disponemos? ¿Cómo ha cambiado nuestra percepción de quién era –o es– a lo largo del tiempo y en distintas culturas?

Fueron preguntas como estas las que me encaminaron hacia la escuela de posgrado, mucho después de haber abandonado varias versiones del cristianismo, empezando por la iglesia metodista que frecuenté cuando era una niña. Aunque me encantaba la música, incluidos los poderosos himnos de Isaac Watts, la pasión por la justicia social que inspirase a John Wesley, fundador del metodismo, había sido silenciosamente abandonada, sustituida por un estímulo a «ser amable», una adaptación del evangelio que al parecer resultaba más apropiada para el área suburbana de California donde vivíamos.

Sin embargo, me quedé fascinada, y algo asustada, al entrar en la cercana iglesia católica con mi mejor amiga del colegio: la iglesia de San Luis era mucho más misteriosa, con velas parpadeantes bajo una imagen de madera de Jesús agonizante, colgada de un crucifijo encima del altar. Esperé sentada en un banco de madera oscura mientras ella desaparecía en una caja negra para susurrar a alguien invisible que le impondría penitencia por sus pecados. Volver a ver la luz del sol era algo que siempre me aliviaba.

Así pues, abandoné la religión y me dediqué a la danza, la poesía y la música. Nada de lo que vi en aquellas iglesias igualaba el poder de las danzas hopi celebradas a altas horas de la noche, durante la Nochebuena, en el Pueblo de Taos (Nuevo México), la representación de *Revelations* bailada por la compañía de Alvin Ailey en Nueva York, los poemas de John Donne y Dylan Thomas, o la música de Bach o Aretha Franklin. En aquel momento, no tenía ni idea de que las historias de Jesús habían prendido en casi todos esos artistas.

Pero cuando estaba en el instituto, un amigo me invitó a ir a San Francisco a algún tipo de reunión pública. Para mi sorpresa, íbamos de camino a una «Cruzada por Cristo», en la que Billy Graham, entonces un apuesto y carismático predicador, se dirigió a más de 18.000 personas que abarrotaban el estadio deportivo de Candlestick Park, mientras miles más escuchaban de pie en el aparcamiento. En primer lugar, advirtió que lo que tenía que decir le parecería estúpido a la gente intelectual y educada, y así fue. Desafió a personas que, al igual que mi padre, que era científico, veneraban la ciencia como la sabiduría más elevada del mundo. Luego alzó la voz para hablar de los Estados Unidos, pero no, como hacían mis abuelos inmigrantes, como un modelo perfecto de la moralidad y la justicia. En su lugar, invocando al profeta Isaías («¡Ay, nación pecadora!»), denunció a los dirigentes estadounidenses por empujar a nuestros jóvenes más brillantes (no mencionó a las mujeres) a construir armas cada vez más letales, incluso después de que las bombas atómicas estadounidenses mataran a cientos de miles de personas en Hiroshima y Nagasaki. Agitando el puño, desafió a los cristianos que utilizan la Biblia para justificar la esclavitud y la segregación.

Entonces, mientras un enorme coro empezaba a cantar en voz baja «Tal como soy», aquel predicador amortiguó su tono de voz para hablar de nuestra necesidad del amor de Dios, prometiéndolo todo, incluso la vida eterna: lo único que teníamos que hacer era avanzar y «aceptar a Jesús en nuestro corazón». Billy Graham ofrecía nada menos que una nueva vida en la que podía «nacer de nuevo», romper con mi familia y unirme a la familia de un padre celestial que, a diferencia del terrenal, lo sabía todo sobre mí, incluso mis pensamientos más secretos, si bien me amaba de cualquier modo.

Ese momento –prometió Graham– podía cambiarlo todo, pulverizando los confines del mundo en el que vivía e irrumpiendo en un universo nuevo y expansivo. Con quince años recién cumplidos, la invitación me parecía irresistible. Con lágrimas en los ojos, caminé hacia el frente acompañada de miles de personas, mientras miles más cantaban y bramaban de aprobación, alabando a Dios por todas las almas salvadas ese día. Ahora todos los que habíamos «nacido de nuevo» compartíamos un drama cósmico de salvación. Aquel día se abrieron vastos espacios en mi imaginación a los que antes solo accedía a través de la música y las historias ajenas. Cambió mi vida, como prometió el predicador, aunque no del todo como pretendía o, por lo menos, no durante demasiado tiempo.

Al enterarse, mis padres se disgustaron, y mi padre se enfadó, pues de joven había luchado por liberarse del feroz presbiterianismo de su familia, un hervidero de agrias discusiones sobre la salvación y la condenación. Cuando descubrió la ciencia darwiniana, descartó rápidamente la religión, que, según él me aseguró, era ahora obsoleta, una reliquia del pasado supersticioso y arcaico de la humanidad. A pesar de su preocupación y de su insistencia en que me habían engañado, me uní con entusiasmo a una iglesia evangélica. Allí podía reunirme con mis «hermanos y hermanas en Cristo», abrazarnos, rezar y alabar al Señor, comiendo trozos de galleta y bebiendo zumo de uva en pequeños vasos de plástico mientras compartíamos la comunión, como miembros del cuerpo de Cristo en la tierra.

Un año y medio después, sin embargo, todo cambió. De repente, cuando uno de mis mejores amigos del instituto murió en un accidente de coche, acudí a la iglesia conmocionada. Los miembros de nuestro grupo, al principio compasivos, me preguntaron si mi amigo había vuelto a nacer. Cuando respondí: «No, era judío», me respondieron: «Entonces está en el infierno». Como si me hubiesen propinado un puñetazo en el estómago, estuve a punto de preguntar: «¿Acaso no era Jesús también judío?». Incapaz de hablar, y sorprendida de que su sentido del amor de Dios no tuviera relación alguna con nadie fuera del círculo de «cristianos creyentes en la Biblia», salí de allí sola y desamparada para nunca más volver.

Después de eso, dejé nuevamente atrás el cristianismo. Pasados varios años, como me encantaba explorar la literatura, el teatro y el arte, pensé: ¿por qué no solicitar plaza en los programas de posgrado en historia del arte de la Universidad de Nueva York, en poesía en Columbia, en «Pensamiento Social» en la Universidad de Chicago, o en filosofía en Brandeis? Como todos esos estudios me parecían atractivos, decidí inscribirme en todos a la vez, y así lo hice.

Al mismo tiempo, empecé a preguntarme qué había en las historias de Jesús que me provocaba una reacción tan poderosa. Aunque escuchaba a la gente decir que la religión era infantil, o, como insistía Freud, un delirio, sentía curiosidad. ¿Qué era lo que resonaba tan profundamente en mi propia experiencia? ¿Era por Jesús y por quien era? ¿Era solo el cristianismo, o podría otra tradición religiosa –el budismo, por ejemplo– suscitar respuestas tan poderosas y abrirme a realidades ubicadas más allá de nuestra comprensión? Al enterarme de la existencia de un programa de doctorado en Estudios Religiosos en Harvard, que ofrecía a los estudiantes la posibilidad de profundizar en el hinduismo, judaísmo, budismo, cristianismo e islam, presenté mi solicitud.

Un año y medio después, crucé el país en avión hasta Cambridge, Massachusetts, emocionada e intimidada, pero ansiosa por empezar lo que se convertiría en el trabajo de mi vida: investigar la historia de la religión. Tras encontrar una buhardilla en una casa cercana a Harvard Yard, me dispuse a reunirme con el formidable Krister Stendahl, profesor de Nuevo Testamento, sacerdote de la Iglesia Luterana Sueca y recientemente nombrado arzobispo de Suecia. Después de ciertos preliminares, de repente giró la silla de su escritorio para formularme una pregunta mordaz. Tras advertirme de que en Harvard casi nunca se aceptaba a mujeres como doctorandas, y que las que lo hacían no llegaban a graduarse, me preguntó: «¿Por qué has venido aquí?». Asombrada, le dije que esperaba encontrar la esencia del cristianismo. Hizo una pausa y, con mirada severa, preguntó de nuevo: «¿Qué te hace pensar que tiene una esencia?». En ese momento supe que me encontraba en el lugar adecuado. Aunque no pude responder a su pregunta, me di cuenta de que había venido aquí precisamente para eso: para que me formulasen cuestiones parecidas; para que me desafiaran a pensar de maneras que nunca había imaginado.

Elegí Harvard porque era una universidad laica, donde no me bombardearían con dogmas eclesiásticos. Sin embargo, pensaba que, si nos remontábamos a las fuentes del siglo I, averiguaríamos lo que Jesús dijo e hizo realmente, y cómo comenzó el cristianismo. Pero lo primero que aprendí en la escuela de posgrado es que explorar esos temas sería mucho más difícil de lo que esperaba. Simplemente escarbando en la historia, los estudiantes no podíamos encontrar un camino sencillo hacia lo que Stendahl llamaba de modo irónico «el terreno de juego de la Biblia». Pero también percibí que la esperanza de «descubrir el verdadero cristianismo» ha impulsado a innumerables personas, incluidos profesores y estudiantes de nuestro propio equipo, a investigar cómo se inició este movimiento. Y para la mayoría de nosotros, las investigaciones históricas también implican una búsqueda espiritual.

En primer lugar aprendí que ninguno de los relatos que ahora se llaman «evangelios» se escribió en vida de Jesús, sino que fueron escritos, de manera anónima, entre 40 y 60 años después de su muerte. Lo que yo creía que eran los nombres de quienes los escribieron se añadieron unos cien años después de que fuesen escritos, cuando los admiradores de estos «evangelios» particulares les agregaron nombres conocidos del círculo íntimo de Jesús, para darles credibilidad. En torno al año 160 d.C., los llamados Evangelio de Mateo y Evangelio de Juan se atribuyeron a estos discípulos de Jesús. Los otros dos evangelios del Nuevo Testamento recibieron nombres de seguidores de segunda generación. Marcos fue conocido tradicionalmente como seguidor de Pedro, y Lucas tenía fama de ser seguidor del apóstol Pablo. Y si bien cada uno de estos evangelios incluye material histórico y biográfico, sus escritores no se propusieron principalmente documentar la historia, sino difundir la fe en Jesús y dar a conocer su mensaje, la «buena nueva», que es el significado del término griego «evangelio».

También descubrí que *ninguna* de las fuentes del siglo primero que mencionan a Jesús es neutral. Mientras que sus fieles seguidores escribieron evangelios, destacados miembros de la élite romana fueron autores de mordaces ataques. El senador romano Tácito, por ejemplo, y el historiador de la corte romana Suetonio, ambos empeñados en componer biografías de personajes célebres, despreciaban a los seguidores de Jesús como chusma ignorante y supersticiosa, gente lo bastante estúpida, según la despectiva frase de un crítico romano, como para «adorar a un judío crucificado».

Además de estas fuentes tan conocidas, tuve la enorme fortuna de poder acceder al célebre depósito formado por más de cincuenta textos antiguos descubiertos en el año 1945, incluidos los llamados «evangelios gnósticos», como el Evangelio de Tomás, el Evangelio de Felipe y el Evangelio de la Verdad, que de manera sorprendente afirman contener «las palabras secretas del Jesús viviente», incluidos muchos dichos conocidos del Nuevo Testamento y otros que nos asombraron e intrigaron.

Estos textos antiguos, sellados en un recipiente de dos metros de altura, fueron ocultados en una cueva de Egipto. Nos preguntamos quién los había puesto allí y por qué motivo. En un libro anterior, *Los evangelios gnósticos*, he escrito acerca de estos hallazgos preliminares.

Esos textos ocultos nos recuerdan el tumultuoso camino que han recorrido las enseñanzas de Jesús hasta llegar a nosotros. Alrededor del año 312 d.C., como es bien sabido, el emperador romano Constantino asombró a quienes le apoyaron al tomar a Cristo como patrón divino y declarar el cristianismo religión legal tras años de persecución de los seguidores de Jesús. Poco después, un antiguo soldado del ejército romano llamado Pacomio también se declaró cristiano y trató de establecer una comunidad en la tierra que pudiera convertirse en un «puesto avanzado del cielo», invitando a varios miles de cristianos a construir lo que se convirtió en uno de los primeros monasterios de Egipto, en la ciudad de Nag Hammadi. Muchos escritos sagrados circulaban ampliamente entre los cristianos en esa época –las cartas de Pablo y los cuatro evangelios que forman el Nuevo Testamento, así como los evangelios atribuidos a Tomás, Felipe, María Magdalena y otros discípulos– y los monjes del monasterio de Pacomio recopilaron y atesoraron muchos de ellos, leyéndolos en voz alta durante las devociones vespertinas.

Sin embargo, unos diez años después de que los gobernantes romanos decretaran que «los cristianos podían volver a existir», Constantino se sintió frustrado al encontrar a muchos de ellos divididos en grupos rivales, debatiendo sobre Jesús: ¿era hombre o era Dios? Para resolver estas disputas, Constantino invitó a más de 300 obispos a codificar la creencia cristiana «ortodoxa» en una declaración estándar que se convertiría en el «Credo de Nicea» de quienes llamaban «católico» (en griego, «universal») a su grupo, lo cual supuso la fundación de la Iglesia católica.

Décadas después, cuando el obispo católico de Alejandría descubrió que los monjes del monasterio de Pacomio leían evangelios secretos junto con los que se leían públicamente en la iglesia, decidió controlar lo que los monjes podían leer. Denunciando como «herejía» los evangelios que afirmaban ofrecer las enseñanzas secretas de Jesús, el obispo ordenó a los monjes de Nag Hammadi que dejasen de leerlos. Y aunque casi todas las copias fueron quemadas o arrojadas al Nilo, alguien –al parecer, algún monje del monasterio– desobedeció la orden del obispo y sacó más de 50 textos de la biblioteca y los escondió cuidadosamente en una cueva cercana, donde fueron descubiertos casi dos mil años después. Los textos de que disponemos son escasos y a menudo están dañados, pero abren nuevos mundos de conocimiento.

Así pues, ahora, dada la oportunidad de recurrir a una gama mucho más amplia de fuentes que las disponibles para muchos historiadores en el pasado, me entusiasma volver a las preguntas con las que empezamos: ¿fue Jesús realmente un personaje histórico? Y, en caso afirmativo, ¿qué tipo de persona? Las respuestas no son obvias, ya que nuestras fuentes más antiguas son concisas y a menudo contradictorias. Hay más preguntas que respuestas, y muchas lagunas en lo que sabemos. Pero las evidencias confirman que fue, en efecto, una persona real; todos los contemporáneos que lo mencionan coinciden en ello, tanto si hablan de él con reverencia como con desprecio.

También empecé a escribir este libro con otras preguntas en mente. ¿Cuál fue el contexto social y político de la vida de Jesús en Judea? ¿Cómo es posible que Jesús, que vivió hace miles de años, no haya seguido el camino de otros seres, dioses o humanos, como Zeus o Julio César, que pueblan el pasado remoto de nuestra cultura? ¿Cómo se relaciona tanta gente con él como una presencia viva, incluso como alguien a quien conocen de manera íntima? ¿Qué atrae hoy a la gente hacia Jesús? Decidí plantear esta última pregunta a antropólogos que trabajan en diferentes zonas del mundo, sobre todo allí donde la conversión cristiana está en rápida expansión: en África y América Latina, y también en zonas de Asia y Estados Unidos. Cuando la gente cuenta por qué se convierte, podemos ver con qué ingenio –y con qué diversidad– entretejen historias de Jesús en la trama de su propia cultura, al igual que muchas han hecho a lo largo de dos milenios.

Y puesto que en mi propia vida me han fascinado estas historias y las manifestaciones artísticas por ellas inspiradas, también me pregunto de qué manera las interpretan y transforman los artistas contemporáneos. ¿Qué intriga a alguien con el poder suficiente para escribir un poema que insufle nueva vida a algún detalle o a algún personaje histórico? ¿Qué es lo que atrapa la imaginación de artistas de todas las generaciones y prácticamente cada cultura, que describen a Jesús curando a un ciego o resucitando a un muerto? ¿Qué atrae a los cineastas que se identifican con Jesús tan intensamente que lo imaginan poderoso y misterioso, o sufriendo la duda y una agonía indescriptible? Concluiremos comparando el modo en que varios artistas contemporáneos utilizan esas historias para responder a cuestiones actuales –y perennes– como la opresión política, la raza y el género. En la actualidad, como a lo largo de los milenios, estas antiguas historias son objeto de continuas revisiones.

Por mucho que haya deseado investigar cómo se han desarrollado estas cuestiones a lo largo de dos mil años, sé que es imposible. Pero no puedo resistirme a preguntarme no solo «¿Quién *fue* Jesús?», sino también «¿Quién *es*?». Lo que más me intriga es la asombrosa *persistencia* de Jesús, tanto redescubierto como reinventado. ¿Cómo llegó el rabino conocido como Jesús de Nazaret a ser imaginado como el Hijo de Dios y entronizado en el cielo junto al Señor de los ejércitos? En *Asombro y milagros*, nos remontaremos al pasado para recuperar, en la medida de lo posible, lo que realmente sucedió, y miraremos hacia el futuro para ver cómo los escritores de los evangelios desarrollaron sus fuentes de una manera poderosa y aún más convincente que la simple escritura histórica.

Solo ahora, después de reflexionar durante décadas sobre los temas, textos y enigmas de la tradición cristiana, me he sentido preparada para abordar directamente la historia de Jesús. Entusiasmada por lo que he descubierto, invito al lector a compartir esta aventura.

1. El nacimiento virginal: ¿qué sucedió?

La familia de Jesús y las circunstancias de su nacimiento

Quizá la característica más insólita de los relatos evangélicos sea el nacimiento virginal: ¿qué puede significar? ¿Cómo dicen los evangelistas que ocurrió y por qué? Cuando empecé a plantearme estas preguntas, me encontré con muchas sorpresas. Siempre había asumido que solo había una historia del nacimiento, después de haber visto diferentes versiones fusionadas en una sola durante la Nochebuena en nuestra pequeña iglesia metodista de California, cuando representábamos el desfile de los niños, vestidos de ángeles y coronados con aureolas brillantes, o pastores o reyes con coronas de papel, que llegaban para saludar al niño Jesús, un muñeco acunado por la niña escogida para desempeñar el papel de María. Pero cuando volví a investigar la historia del nacimiento,[1] me sorprendió ver que, aunque los evangelios de Mateo y Lucas del Nuevo Testamento coinciden en que Jesús era un príncipe real, nacido en Belén, y que señales celestiales anunciaron su nacimiento, en casi todos los demás puntos cada uno de ellos relata una historia muy distinta.

También me sorprendió percibir que la primera narración escrita de la vida de Jesús en la Biblia, el Evangelio de Marcos, no nos dice nada sobre la vida de Jesús, las circunstancias de su nacimiento, y casi nada sobre sus antecedentes familiares. Lo mismo ocurre con el último de los cuatro evangelios del Nuevo Testamento,[2] el Evangelio de Juan, pero los otros dos, el Evangelio de Lucas y el Evangelio de Mateo, sí que nos dicen mucho, cada uno de ellos ofreciéndonos numerosos detalles al respecto.

Tanto Lucas como Mateo comienzan relatando la familia y el linaje de Jesús, así como las circunstancias de su nacimiento y juventud. Cada uno de ellos ofrece una genealogía que traza la ascendencia paterna de Jesús desde José, su padre, hasta la dinastía real de Israel, remontándose al rey David, en torno al año 1000 a.C. Como hemos señalado, ambos sitúan el nacimiento de Jesús en Belén, la ciudad natal de los reyes de Israel. Y también ambos afirman que los padres de Jesús recibieron visiones divinas sobre su futuro hijo y su destino: señales celestiales, presagios astrológicos que anunciaban la llegada del «Hijo de Dios». Pero lo más sorprendente de todo ello es que tanto Mateo como Lucas insisten en que el nacimiento de Jesús fue un milagro sin precedentes en la historia del mundo: un «nacimiento virginal».[3]

Para entender lo que cada escritor tenía en mente, debemos leer estos relatos por separado. Mateo comienza anunciando que Jesús es el Mesías elegido por Dios, exponiendo una genealogía que muestra su descendencia de los reyes más grandes de Israel, David y Salomón. Luego cuenta cómo los *magos*, astrólogos venidos de tierras lejanas, alertados por la aparición de una nueva estrella que anunciaba el nacimiento de un futuro rey, viajan a Jerusalén con regalos regios para honrar al príncipe recién nacido. Sin embargo, la noticia del nacimiento de un posible rival aterroriza a Herodes el Grande, el monarca reinante. Tras reunir a toda su corte, convoca a los embajadores extranjeros, ordenándoles que encuentren al niño y regresen para informar a Herodes acerca del modo de localizarlo.

Aunque en el Evangelio de Lucas se narra que los padres de Jesús viajaron a Belén, buscaron posada y no encontraron ninguna, Mateo, sorprendentemente, dice que sus padres tenían casa en Belén, ciudad ancestral de la dinastía davídica. Entonces –afirma–, la señal celestial, la estrella de Navidad, condujo a los magos hasta su casa (Mateo 2:10). Desbordados de alegría, entran en la casa y, al ver al niño con María, su madre, se arrodillan para rendirle homenaje, abriendo sus cofres para ofrecer oro, incienso y mirra. Pero cuando María y José se marchan en secreto de Jerusalén, eludiendo a Herodes, el rey enfurecido ordena a sus soldados que maten a todos los niños judíos menores de dos años, un destino del que Jesús escapa porque su padre, José, lleva de inmediato a su familia a ocultarse en Egipto. Solo más tarde, tras enterarse de la muerte de Herodes, José se atreve a regresar con su mujer y su hijo. Pero, temiendo que el hijo y sucesor de Herodes también pudiera amenazar la vida del niño, José traslada a la sagrada familia de su hogar en Belén a un pueblo rural de Galilea, donde viven de incógnito hasta que Jesús es mayor. Según cuenta Mateo, esto explica por qué, en lugar de ser reconocido como príncipe, se le conoce simplemente como Jesús de Nazaret (2:22-23).

Por su parte, Lucas también ofrece detalles acerca de la familia y el nacimiento de Jesús; pero, como hemos señalado, cuenta una historia bastante diferente. En lugar de un nacimiento real anunciado por una señal divina reconocida por reyes y gobernantes de todo el mundo, Lucas no menciona ninguna estrella ni ninguna alarma pública. En lugar de ello, describe a una joven embarazada de una familia rural, que se puso de parto mientras viajaba lejos de casa. Al no tener otro lugar donde quedarse en Belén, ella y su marido se refugiaron en un granero, y la madre de Jesús tuvo que dar a luz en un pesebre; solo los pastores locales se percataron de lo sucedido. Pero como Lucas, al igual que Mateo, insiste en que el padre de Jesús estaba emparentado con la dinastía real de Israel, sostiene que María y José viajaron a Belén, alegando que los miembros de esa familia debían pagar allí los impuestos romanos.

Según narra Lucas, María, asombrada cuando el ángel Gabriel se le aparece para decirle que está a punto de quedar embarazada, exclama: «¿Cómo puede ser eso, si soy virgen?». Cuando era adulta, la lectura de la narración de Lucas me suscitaba preguntas que no se me habían ocurrido antes. Muchos cristianos aman y veneran a María, no solo como «Madre de Dios», sino también como un modelo cuya bondad y pureza las mujeres cristianas deberían tratar de emular. Pero en ese momento, releyendo la historia de Lucas, tenía que considerar otras posibilidades. ¿Y si suspendemos, por un momento, la feliz ficción presentada por Lucas, y consideramos cómo podría responder realmente una joven que recibiera un mensaje de ese tipo? ¿No es probable que una chica sin experiencia sexual se sobresaltara y se sintiera consternada al oír que está a punto de quedarse embarazada, dada la vergüenza y el bochorno a los que se vería sometida? Lucas es un escritor que, a diferencia de

Mateo, se centra en María, y quiere que la imaginemos sorprendida y complacida. Sin embargo, el diálogo que pone en boca de María sugiere que ella se siente abrumada y simplemente consiente, declarando: «Soy la esclava del Señor; que así sea» (Lucas 1:38). Las palabras elegidas por Lucas, el griego *doulē*, «esclava», se traducen a menudo en términos más suaves, como «sierva», correspondiente a la palabra inglesa «handmaiden». Pero quienes escuchasen esta historia en la época de Lucas probablemente sabían que una mujer esclavizada debía obedecer la voluntad de su dueño, incluso cuando eso significaba dar a luz al hijo de este, como ocurría a menudo. Lucas pretende mostrar, sin embargo, que el Señor podía convertir una carga en una bendición, incluso para María.

Durante más de dos mil años, los cristianos de todo el mundo han fusionado las dos historias en una sola, para crear una versión compuesta que ignora sus discrepancias. Aunque ambos relatos coinciden en tres puntos –el linaje de Jesús, la ubicación en Belén y el nacimiento milagroso–, ahí acaban las similitudes y empiezan las dificultades. Y aunque los historiadores llevan milenios tratando de verificar los detalles de ambos relatos, no han encontrado nada: nada acerca de la afirmación de Mateo de una señal astronómica inusual; nada acerca de ningún registro histórico que insinúe una matanza masiva de bebés judíos; y nada que valide la afirmación de Lucas de que la familia de Jesús debía pagar los impuestos romanos en Belén. Así pues, cuando el erudito católico romano Raymond Brown considera la «estrella»,[4] mencionada por Mateo, señala que, aunque los antiguos astrólogos babilonios «podrían haber asociado una estrella en particular con el Rey de los Judíos», no hay registros de ese evento, o incluso de semejante predicción. Brown sí sugiere que muchos de los contemporáneos de Mateo podrían haber aceptado su relato, ya que los biógrafos romanos solían asociar el avistamiento de signos astronómicos especiales con el nacimiento de grandes gobernantes. Por ejemplo, una moneda de plata en honor de Julio César[5] (c. 40 a.C.) lo representa con una estrella especial que señala su destino divino.

En el siglo XVII, los científicos europeos empezaron a examinar las pruebas de fenómenos celestes inusuales en busca de evidencias científicas de la «estrella». El astrónomo Johannes Kepler señaló que debía de tratarse de una supernova, aunque no hay constancia de ninguna en aquella época.[6] Otros han indicado que la estrella podría haber sido un cometa, tal vez el cometa Halley, que apareció en el año 12 a.C. Más tarde, sin embargo, cuando Kepler avistó una conjunción de Júpiter y Saturno, observó que la misma conjunción, que se prevé que ocurra cada 805 años, podría haber ocurrido en el año 7 a.C., momento en que apareció en la constelación de Piscis, y por tanto podría haber sido la estrella de Navidad, una opinión que algunos respaldan hasta el día de hoy.

Sin embargo, como esta especulación dista mucho de ser concluyente, los estudiosos de los textos sugieren que, en lugar de hablar de «hechos» astronómicos, Mateo asimiló en su narrativa[7] el lenguaje poético de profetas como Isaías. Seiscientos años antes del nacimiento de Jesús, Isaías preveía que cuando amaneciera el «día del Señor», los gentiles viajarían a la tierra santa de Israel, llevando «la riqueza de las naciones», junto con camellos y rebaños de ovejas, y portando ofrendas de «oro e incienso» para honrar el amanecer de la «gran luz» de la gloria de Dios (Isaías 60:1-7). Si eso es lo que impulsó a Mateo a escribir acerca de la «estrella de Navidad» en su relato del nacimiento, su intención probable no fuera engañar a su audiencia para que creyera algo que no sucedió. Por el contrario, convencido de que Jesús era, en efecto, el Mesías prometido por Dios, Mateo puede haber supuesto que los acontecimientos que coincidieron con su nacimiento cumplían las antiguas profecías. Y puesto que Mateo no solo pretendía escribir una narración de la vida de Jesús, sino sobre todo mostrar el significado de su nacimiento y de su vida, es muy posible que adoptara la metáfora de Isaías, concibiendo el nacimiento de Jesús como la luz de un nuevo amanecer.

Pero ¿qué decir entonces de la afirmación de Mateo de que el rey Herodes ordenó a sus soldados masacrar a los bebés judíos? Como ya hemos señalado, los historiadores de esa época del Imperio Romano han buscado en vano indicios de una masacre ordenada por el gobierno.[8] Sin embargo, Herodes era famoso por su crueldad, lo que podría haber hecho que esa historia sonara plausible. Cuando sospechó que dos de sus hijos, Alejandro y Aristóbulo, tramaban un complot en contra suya, Herodes ordenó a sus verdugos que los mataran; anteriormente ya había ejecutado a la madre de ambos,[9] Mariana, su esposa favorita, bajo acusaciones similares. Después de eso, un dicho popular se burlaba de su negativa profesada a comer alimentos no kosher: «¡Mejor ser el cerdo de Herodes que su hijo!». No obstante, casi todos los historiadores coinciden en que la matanza masiva sin precedentes que Mateo relata no pudo producirse sin que quedara rastro alguno en los registros históricos judíos o romanos.

En cambio, también en este caso, como en el de la «estrella de Navidad»,[10] muchos estudiosos coinciden en que Mateo modela su relato del nacimiento de Jesús basándose en precedentes literarios, en pasajes famosos de la Biblia hebrea, para sugerir, por ejemplo, que, al igual que el niño Moisés escapó a la matanza masiva de niños recién nacidos judíos por parte del faraón egipcio, el niño Jesús escapó a duras penas de una masacre similar bajo el rey Herodes (Mateo 2:8-18). En cuanto al tercer acontecimiento relatado por Lucas[11] –es decir, que María y José tuvieron que viajar a Belén para pagar los impuestos–, los historiadores de Roma señalan que, si bien los gobernantes romanos aplicaban severos impuestos a los judíos en la época del nacimiento de Jesús, no les obligaban a cumplir el requisito de ese viaje. También en este caso, los estudiosos de la literatura se unen al debate y sugieren que Lucas incluye este detalle para trasladar a los padres de Jesús desde su casa en Nazaret a Belén a tiempo para su nacimiento, con el fin de cumplir las profecías de la Biblia hebrea sobre el lugar de nacimiento del Mesías.

Así pues, es probable que las crónicas del nacimiento proporcionadas por Mateo y Lucas no sean históricas sino adaptaciones literarias de narraciones bíblicas hebreas. Esta similitud entre sus evangelios demuestra que, si bien los escritores del Nuevo Testamento mencionan a menudo acontecimientos históricos, no escribían principalmente para recoger hechos históricos y ni siquiera biográficos,[12] y en ningún caso se ajustan a las convenciones literarias griegas y romanas. Por el contrario, escribieron, pasados entre cuarenta y setenta años después de la muerte de Jesús, principalmente para difundir su mensaje.

En pocas palabras, los devotos creyentes de Jesús escribieron estos relatos para persuadir a otros de que «creyeran en el Evangelio» –el término griego *euangelion* se traduce como «buena nueva»– y se unieran a su nuevo movimiento.

Los evangelios, pues, comparten esa motivación. Pero cuando pensamos en esos escritos no tanto como hechos, sino a modo de propaganda para el movimiento (entendiendo este término como descriptivo y no peyorativo), empezamos a cuestionar discrepancias sorprendentes entre ellos. Las primeras fuentes escritas que mencionan a Jesús –las epístolas de Pablo y los evangelios del Nuevo Testamento– mencionan a su madre. Pero aparte de los dos relatos del nacimiento que hemos señalado en Mateo y Lucas, solo el evangelio de Juan menciona brevemente a José como padre de Jesús. Ni Pablo ni Marcos hacen referencia al nombre de José, y ninguno de ellos hace referencia a ningún padre humano. Ante esa ausencia, el profesor Raymond Brown especula que José no es una figura histórica. Sugiere, en cambio, que el relato de Mateo, donde José recibe mensajes de los ángeles durante sus sueños, puede haber sido inspirado por la historia de la Biblia hebrea acerca de José «el soñador»,[13] recogida en Génesis 37. Pero si José no fue el padre de Jesús, ¿quién era entonces? Como veremos, muchos estudiosos respetados consideran que las crónicas del nacimiento son ante todo leyendas tejidas a partir de historias bíblicas con el fin de desviar esa embarazosa cuestión.

El misterio comienza con la genealogía de Jesús. Observamos que Mateo inicia su relato con una genealogía, y Lucas añade otra, lo que plantea preguntas que debemos investigar. Ambos afirman que el linaje de Jesús se remonta al rey David, pero cuando los comparamos, no podemos dejar de advertir que ambas crónicas chocan desde el principio. Inmediatamente después de mencionar que José es el padre de Jesús, cada uno nombra a un hombre diferente como abuelo paterno de Jesús; y a continuación, las dos genealogías siguen divergiendo casi completamente (Mateo 1:1-18; Lucas 3:23-38). Por último, mientras Mateo afirma que el linaje de Jesús se remonta a Abraham, Lucas va más allá y sostiene que se remonta a Adán, antepasado de la raza humana, a quien llama «hijo de Dios», término que también aplica a Jesús.

Una genealogía confusa es una cosa, pero otra, más importante es: ¿por qué insisten ambos escritores en el «nacimiento virginal» de Jesús? Mateo admite que el propio José consideró esta afirmación tan escandalosa que, cuando descubrió que su futura esposa no estaba embarazada de él, decidió de inmediato romper el contrato matrimonial (Mateo 1:18-19). Sin embargo, en este punto del relato Lucas no menciona ninguna discordia matrimonial. Al contrario, Lucas quiere interpretar lo sucedido como algo milagroso, una enorme bendición. Tal como lo narra, una joven que «nunca ha conocido varón» descubre de repente, de modo asombroso, que Dios la ha agraciado con un papel único en la historia de la humanidad. Llena de alegría, empieza a entonar un canto de alabanza a Dios.

¿Cómo explicar estas narraciones tan divergentes, cada una de las cuales hace una afirmación tan poco probable? Al parecer, lo que impulsó a Mateo y Lucas a escribir estas exposiciones del nacimiento fueron los rumores que ridiculizaban a Jesús como bastardo –una acusación de ilegitimidad que el relato de Marcos, escrito unos diez años antes que los otros, parece confirmar–. Es evidente que tanto Mateo como Lucas conocían muy bien el relato de Marcos, ya que cada uno de ellos, escribiendo de manera independiente, optaron por revisarlo. Así pues, aunque Marcos no dice nada sobre el nacimiento de Jesús al comenzar su evangelio, más tarde, cuando menciona a la familia de Jesús, lo hace solo incidentalmente, y de un modo que avergonzaba a los seguidores de Jesús. En efecto, después de relatar cómo la actividad pública de este congregó a ingentes multitudes a su alrededor, y le granjeó una reputación popular como profeta y sanador, Marcos afirma que sus parientes se alarmaron. Marcos recoge que «su familia trató de detenerlo [o 'controlarlo'], aduciendo: '*¡Ha perdido el juicio!*'» (Marcos 3:21).[14] Este episodio preocupó tanto a los traductores cristianos posteriores que muchos optaron por traducir la frase que normalmente significa «su familia» (*hoi peri autou*) para dar a entender que no era su propia familia la que pensaba que estaba loco, sino solo algunas personas «de su entorno». Sin embargo, Marcos admite que otras personas también sospechaban que Jesús estaba loco, o, como interpretarían sus contemporáneos, que estaba poseído por el demonio. Marcos sostiene:[15] «Los escribas que habían bajado de Jerusalén decían: '*Está poseído por Belcebú; se sirve del príncipe de los demonios para expulsar a los demonios*'» (3:22).

Poco tiempo después –según Marcos– Jesús regresó a su ciudad natal, Nazaret. Pero cuando, el sábado, se levantó para hablar en la sinagoga local, como había hecho en otros pueblos, sus antiguos vecinos lo recibieron con escepticismo y desprecio: «¿De dónde ha sacado este hombre todo eso?...[16] ¿Qué milagros ha hecho? ¿No es este el carpintero, *el hijo de*

María, el hermano de Santiago, José, Judas y Simón; y no están también aquí con nosotros sus hermanas?» (6:1-3).

Marcos afirma que muchos de los que conocían bien a Jesús se sintieron ofendidos por él, despreciándole porque «no pudo hacer allí ningún milagro... y se asombraba de que no creyeran en él» (6:3-6). Poco después, Jesús se marchó de Nazaret, declarando: «Un profeta recibe honra en todas partes menos en su propio pueblo y entre sus parientes y su propia familia» (6:4-6). Al oír el relato de esta visita,[17] los judíos contemporáneos de Marcos probablemente se darían cuenta de que casi nadie llamaría a un niño judío «hijo de María» si tenía un padre reconocido, aunque hubiera fallecido. En cambio –admite Marcos–, los propios vecinos de Jesús solo lo veían como un trabajador del pueblo, y a su madre como una mujer que tenía muchos hijos –cinco varones, además de varias hijas que no se consideran lo bastante importantes como para nombrarlas– y ningún padre a la vista (6:3).

Reconociendo que estos detalles del relato de Marcos eran extremadamente problemáticos, dos de sus lectores –a los que llamamos Mateo y Lucas– se propusieron revisar lo que Marcos escribió, aparentemente con la intención de sustituirlo por sus propias versiones. Ambos eliminaron información que consideraban potencialmente perjudicial para sus afirmaciones sobre Jesús. En consecuencia, tanto Mateo como Lucas omitieron la historia de la familia de Jesús, que intentaba retenerlo, y su preocupación por su cordura. Peor aún es la crónica de Marcos sobre los vecinos que llamaban a Jesús «hijo de María». Los evangelistas posteriores omiten ese insulto ofensivo y cambian la redacción para incluir a un padre reconocido. Mateo, por ejemplo, modifica esta frase para dar a entender que «el carpintero» no era el propio Jesús, sino su padre. Al revisar el relato de Marcos,[18] los vecinos identifican a Jesús como el hijo de su supuesto padre, así como a su madre: «¿No es este el hijo del *carpintero*? Y su madre, ¿no se llama María?» (Mateo 13:55). También Lucas, escribiendo independientemente de Mateo, cambia la pregunta de los vecinos para que diga: «No es ese *el hijo de José*?» (Lucas 4:22).[19] Por último, Juan, que escribió su propia versión entre diez y veinte años más tarde que cualquiera de los otros, afirma que habían dicho: «¿No es este Jesús, *el hijo de José, cuyo padre y madre conocemos*?» (Juan 6:42).[20]

Observando la vergüenza que estas «correcciones» pretenden encubrir, el historiador Morton Smith explica: «Estos hechos hacen probable que Jesús no fuera hijo de José. Si lo hubiera sido, 'el hijo de María' nunca habría aparecido en un texto cristiano».[21] Smith continúa diciendo: «Si el nacimiento de Jesús fue, de hecho, irregular –es decir, ilegítimo– habría sido un niño menospreciado en el pequeño pueblo en el que creció, y podemos suponer fácilmente las razones por las que abandonó Nazaret».[22] Muchos estudiosos observan en el relato de Marcos una desconexión entre Jesús y su familia. Por su parte, David Flusser, estudioso de la Biblia, escribe: «Hay un elemento psicológico en la vida de Jesús que no podemos ignorar: su rechazo de la familia en la que nació; y esperaba, incluso instaba, a sus seguidores a que también siguieran sus pasos».[23] Porque, como hemos visto, Marcos ya insinúa que, cuando Jesús se mostró en público, sus propios parientes y familiares fueron a detenerlo y llevarlo a casa, preocupados porque hubiese enloquecido (Marcos 3:20-21). Poco después, Marcos afirma que la madre y los hermanos de Jesús se dirigieron a una casa donde Jesús estaba hablando a una gran multitud. Estando fuera, «enviaron a llamarle». Pero cuando le dijeron que «tu madre y tus hermanos están fuera preguntando por ti», Jesús se negó a ir a verlos, o incluso a invitarlos a entrar. En lugar de eso, se dirigió a su auditorio y preguntó retóricamente: «¿Quiénes son mi madre y mis hermanos?». Luego, mirando a la multitud, responde: «¡Estos son mi madre y mis hermanos! Quien cumpla la voluntad de Dios, ese es mi hermano, mi hermana y mi madre» (3:31-35).

Aunque la tradición cristiana posterior tiende a sentimentalizar la relación de Jesús con su madre, esta no aparece en el resto de la narrativa de Marcos. Lucas relata que Jesús instó a sus discípulos a abandonar sus posesiones, esposas, padres e hijos, como había hecho él, «por el Reino de Dios» (Lucas 18:28-29). Según Lucas, Jesús declaró: «*Si alguno viene a mí, y no aborrece a su padre, y madre, y mujer, e hijos, y hermanos, y hermanas, y aun también su propia vida, no puede ser mi discípulo*» (14:26),[24] una afirmación que Mateo modifica («*El que quiere a su padre o a su madre más que a mí, no es digno de mí*» [Mateo 10:37-39]).[25] Incluso Juan, que intenta retratar una relación más cálida entre Jesús y su madre, informa de que, al principio, la reprendió duramente, llamándola «mujer» (Juan 2:4), señalando que ni siquiera los propios hermanos de Jesús creían en él (7:5). Peor aún, Juan informa de que los críticos judíos insinuaron con sorna, en la cara de Jesús, que sabían que era ilegítimo (8:41).

Este tipo de acusaciones son las que Mateo y Lucas intentan desviar al escribir sus relatos del nacimiento. Los seguidores de

Jesús eran muy conscientes de lo que decían los hostiles de fuera. Las fuentes rabínicas de aquellos primeros siglos mencionan a menudo los comentarios burlones que circulaban entonces: que Jesús era ilegítimo y que su madre era promiscua. Algunos llegan a decir que lo concibió con un amante que ni siquiera era judío: un soldado romano llamado Panthera (nombre que se escribe de distintas maneras en varias fuentes). Según un relato rabínico, el ilustre rabino Eliezer,[26] que enseñó alrededor de la época en que escribe Marcos, fue acusado de convertirse en seguidor de Jesús después de que supuestamente escuchara las enseñanzas de un galileo, pronunciadas «en nombre de Jesús, el hijo de Panteri», una acusación que Eliezer negó públicamente. Esta puede ser la primera mención de las muchas en las que los maestros judíos hablaban burlonamente de Jesús como el hijo de un hombre llamado Panthera. Otras referencias rabínicas sostienen que algunos maestros judíos se referían a Jesús como «Ben Stada», discutiendo con otros, que preguntaban: «¿Era entonces hijo de Stada?», un término burlón, a veces interpretado como *s'tat da*, «la que se ha alejado» de su marido, dando a entender que era una mujer promiscua. Otros informes rabínicos insinúan que Rabí Hisda, mucho después, sugirió que «el amante era Pandira», lo que llevó a algunos a difundir el rumor de que su madre era Miriam (María), una costurera, acusándola efectivamente de infidelidad.

Las crónicas procedentes de distintas fuentes rabínicas también apuntan a que Jesús aprendió magia en Egipto,[27] y que tenía el cuerpo tatuado, como se sabía que hacían los magos, lo que indicaba que se había sometido a iniciaciones mágicas y era conocedor de hechizos. Una crónica de la generación posterior a Eliezer muestra que persistían algunos rumores, especialmente los que decían que Jesús practicaba la magia y que se desviaba de la tradición judía. Y Marcos reconoce que incluso durante la vida de Jesús sus discípulos invocaban «el poder de su nombre», utilizado para curar o exorcizar demonios, después de que Jesús les recomendase que lo hicieran. Sin embargo, señala que se opusieron cuando oyeron que otros fuera de su grupo intentaban usarlo también (Marcos 9:38-41). Los informes rabínicos de la generación posterior a su muerte indican que también otras personas intentaron realizar curaciones en nombre de «Jesús ben Pantera».[28]

Unos 200 años después de la muerte de Jesús, Orígenes, su devoto seguidor y brillante maestro egipcio, se esforzó por rebatir estas acusaciones, ampliamente difundidas en una popular polémica anticristiana titulada *Discurso verdadero*.[29] Su autor, Celso, era un filósofo griego seguidor de Platón que advirtió que el movimiento cristiano era un peligroso culto secreto. Hablando como ciudadano patriota de Roma y devoto adorador de los dioses, Celso caricaturizó a los cristianos como chusma ignorante que creía en disparatadas historias. También les acusó de conspirar para destruir el imperio denigrando su cultura y degradando a sus dioses, acusaciones realmente graves. Celso, que escribió unos cien años después de la muerte de Jesús, admite que recopiló lo que le contaban los críticos judíos del movimiento:

> Imaginemos lo que un judío… podría plantearle a Jesús: «*¿No es cierto… que inventaste la historia de tu nacimiento de una virgen para acallar los rumores sobre las verdaderas y desagrada-*

bles circunstancias de tus orígenes? ¿No es cierto que, lejos de nacer en Belén, la ciudad del rey David, naciste en un pueblo pobre y de una mujer que se ganaba la vida hilando? ¿No es cierto que cuando se descubrió su engaño, a saber, que estaba embarazada de un soldado romano llamado Panthera, fue expulsada por su marido –el carpintero– y condenada por adulterio?»[30]

Historias como la anterior resuenan en las fuentes judías desde el siglo I hasta nuestros días, mientras que los cristianos han seguido rechazando ese tipo de acusaciones como ataques injustos alimentados por la hostilidad.

Llegados a este punto, alguien podría objetar: ¿Acaso no es el nacimiento virginal de Jesús un elemento esencial de la fe cristiana? ¿Acaso el Credo de los Apóstoles, fundacional para la Iglesia católica, y posteriormente refrendado por los cristianos protestantes y ortodoxos, no declara que Jesús fue «concebido por el Espíritu Santo y nacido de la virgen María»? Los líderes de la Iglesia en épocas posteriores sin duda utilizaron estas frases para interpretar lo que Mateo y Lucas escribieron en sus narraciones del nacimiento. Pero cuando nos fijamos en los propios escritores de los evangelios, podemos ver, por ejemplo, que Mateo, que escribió hacia los años 80-90 d.C., no era, por supuesto, «cristiano». Ese es un término que nunca utiliza y que probablemente nunca oyó. Lucas, el cual se supone es el único gentil de los cuatro evangelistas, indica que los extranjeros acuñaron el término «cristiano» unas dos generaciones después de la muerte de Jesús para referirse a los gentiles conversos como él.[31] Mateo, al igual que Pablo, es, por supuesto, un seguidor de Jesús, inmerso en las tradiciones y las Escrituras judías, y tanto

Mateo como Lucas escribieron al menos un siglo antes de que se inventara el movimiento denominado «cristianismo», y por descontado cualquier credo cristiano.

Cuando empecé a investigar el trabajo de varios académicos cristianos, cada uno de ellos examinando las pruebas sobre los relatos del nacimiento, descubrí que llegaban a conclusiones opuestas. Hemos visto que el profesor Raymond Brown, que en el año 1977 publicó un amplio y erudito estudio de los relatos del nacimiento, llegó a la conclusión de que las pruebas apoyan la afirmación teológica de la Iglesia sobre el nacimiento virginal. Unos diez años después, la historiadora católica Jane Schaberg, la primera mujer académica que revisó cuidadosamente las mismas pruebas, junto con innumerables fuentes eruditas, llegó a la conclusión opuesta. Schaberg sugiere que incluso el relato del nacimiento de Mateo reconoce inadvertidamente que Jesús fue concebido fuera del matrimonio. Cuando oí hablar por primera vez de su libro, lo ignoré, al igual que muchos otros estudiosos, pues por el título (*The Illegitimacy of Jesus*) supuse erróneamente que se trataba de una polémica hostil.[32i]

Incluso ahora, vacilo en mencionar tales alegaciones, no sea que algunos lectores lleguen a la conclusión de que las apoyo. Pero no podemos hablar de las narraciones del nacimiento sin preguntarnos por qué están escritas como están y cómo pudo ocurrir el nacimiento de Jesús. En un libro titulado *The Virgin Birth*, el erudito y ministro presbiteriano Tom Boslooper adopta lo que puede ser la explicación más sencilla: que María y José, comprometidos, tuvieron una relación sexual antes de contraer matrimonio. Por tanto –explica–, el niño era suyo, concebido prematuramente. La reacción al libro de Boslooper fue rápida y dura:[33] los miembros de la iglesia presbiteriana en la que fue ordenado acusaron a Boslooper de herejía y le prohibieron predicar. El estudio de Boslooper, como el de Schaberg, es minucioso y se expresa con cautela. Señala que en algunas áreas de Judea, una pareja comprometida podría haber estado sola al menos una vez después del acuerdo de compromiso, momento en que podrían haber mantenido una relación sexual. Sin embargo, si eso hubiera sucedido, como señalan otros estudiosos, no habría habido escándalo, ni culpa, ni necesidad de inventar elaboradas «historias acerca del nacimiento».[34]

Además –y de manera sorprendente– tanto Mateo como Lucas rechazan de manera explícita esa explicación. Ambos insisten en que José no era el padre de Jesús, aunque, como indica Mateo, más tarde adoptase al niño como suyo. Como muchos historiadores señalan, las fuentes judías informan que los judíos de Galilea establecieron normas mucho más estrictas para la pureza sexual que sus grupos en otras regiones: una muchacha judía que se fuese a vivir con su futuro marido tenía que ser virgen. Como señala Brown, «muchos piensan que la diferencia entre costumbres surgió porque las comunidades judías eran conscientes del peligro de que las tropas romanas que ocupaban Judea pudieran violar o seducir a una muchacha virgen prometida».[35] Cualquiera que esté sometido a fuerzas de ocupación extranjeras, ya sea en el siglo I o en el XXI, sabe que los soldados extranjeros a menudo vejan y violan a las jóvenes, especialmente a las de familias pobres de las zonas rurales. Sin embargo, Brown descarta la posibilidad de que María afrontase esta amenaza, señalando que el nacimiento de Jesús tuvo lugar a principios del siglo I, escribe que las guarniciones romanas permanentes no ocuparon Judea hasta después de la fallida revolución judía, unos setenta años después.

Pero Brown y quienes comparten su punto de vista ignoran los hechos sobre el terreno en la Galilea del siglo I, hechos que nadie que viviera en Nazaret en aquella época podía pasar por alto. En las décadas anteriores y posteriores al cambio de siglo, varios grupos de judíos devotos y militantes tramaban una revolución contra Roma, una situación que el historiador judío Josefo documenta en detalle. El propio Josefo, un hombre culto perteneciente a una influyente familia sacerdotal, sirvió como general en la revuelta que comenzó hacia el año 66 d.C., unos treinta años después de la muerte de Jesús. Capturado y retenido como prisionero de guerra, Josefo, tras su liberación, escribió un relato que a veces se lee como del lado romano, en el que denuncia a sus compañeros revolucionarios como *lestai*, «bandidos» o «ladrones», término despectivo y utilizado a menudo para referirse a los guerreros que incitaban a la sedición, empeñados en lo que posteriormente se caracterizó como una rebelión inútil y temeraria.

Sin embargo, Josefo también escribió una célebre historia de esa guerra, en la que relata que alrededor de la época del nacimiento de Jesús, que suele datarse entre los años 6 y 4 a.C., el rey Herodes, que gobernaba Judea como rey súbdito de Roma, pidió ayuda a Quintilio Varo, el recién nombrado gobernador de Siria, para aplastar un golpe de palacio y prevenir posibles amenazas al poder romano. Josefo recoge que poco después, en el año 4 a.C., cuando Herodes enfermó y murió, ciertos «sediciosos» incitaron a las multitudes que acudían a Jerusalén con motivo de la Pascua a protestar violentamente contra el dominio romano. El hijo de Herodes, Arquelao, que reclamaba el trono de su padre, envió de inmediato a todo su ejército a sofocar la revuelta. En los combates que siguieron, informa Josefo, los soldados romanos mataron a tres mil combatientes judíos antes de que el resto huyese a las montañas vecinas.[36]

Pero Arquelao no consiguió pacificar su territorio y estallaron «multitud de desórdenes» por toda Judea, huyó de la provincia por la noche y se embarcó hacia Roma. El gobernador Varo, alarmado, comunicó al emperador Augusto en Roma que bandas de judíos militantes estaban incitando a la insurrección en Judea, tratando de liberar a su pueblo de la dominación romana y de los exorbitantes impuestos. Josefo presta especial atención a Judas el Galileo, a quien describe como un revolucionario feroz, peligroso y hambriento de poder. Tras establecer su cuartel general en la ciudad galilea de Séforis, importante bastión romano, Judas incitó a una multitud de combatientes judíos a atacar el palacio del gobierno. Después de que sus hombres irrumpieran en la armería imperial, se apoderaran de las armas que allí encontraron y consiguieran armarse, otro grupo atacó una fortaleza romana cercana y saqueó el tesoro imperial. Josefo comenta que «todo el distrito se convirtió en una escena de fuego y sangre».[37]

Aunque Varo mandaba cuatro legiones romanas, junto con tropas auxiliares que quizá contaban con unos 20.000 hombres más, le preocupaba protegerlas de la amenaza de más sublevaciones. Así pues, dividió las legiones y envió dos de ellas desde Siria a Galilea. Preocupado porque aún necesitaba más combatientes para someter la campiña de Judea, Varo consiguió 1.500 soldados auxiliares más de Beirut, incluida una cohorte experta de arqueros sirios, junto con otras tropas del rey de Arabia, y envió estos refuerzos combinados a Galilea. Estos soldados atacaron a los hombres de Judas y, tras encarnizados combates, recuperaron el control de Séforis. Entonces, para castigar a la ciudad por haber permitido a Judas establecer allí su cuartel general, los soldados romanos capturaron y esclavizaron a toda la población e incendiaron la ciudad.

Cualquiera que viviese a menos de una hora a pie de Séforis –por ejemplo, en Nazaret, a solo seis kilómetros de distancia– habría visto los incendios que arrasaban la ciudad y olido el humo durante días. Más tarde, los habitantes de las poblaciones cercanas contemplaron las ruinas calcinadas de la que fuera una gran ciudad y seguramente escucharon historias horribles de los supervivientes. Dejando varios miles de soldados de guarnición allí para terminar con la resistencia, Varo marchó con los demás hacia Jerusalén, ordenándoles que quemaran la ciudad de Emaús en el camino, para vengar la muerte de cientos de sus hombres. Los súbditos sabían cómo operaban los ejércitos romanos; en palabras que Tácito cita refiriéndose a los británicos derrotados: «Crean un desierto y lo llaman paz».[38]

En el momento en que Varo y su ejército arribaron a Jerusalén, muchos ciudadanos se rindieron a ellos, tras oír cómo habían devastado la campiña. Varo envió entonces miles de soldados a las zonas rurales para perseguir a los principales insurrectos, como Judas, que se escondían en las colinas de Galilea. Josefo informa de que los soldados de Varo capturaron y crucificaron a dos mil hombres, una cifra que algunos historiadores contemporáneos consideran exagerada, pero, en cualquier caso, un espectáculo espantoso. Los comandantes romanos solían colocar las crucifixiones en lugares públicos, especialmente en las carreteras más transitadas, con la intención de castigar al pueblo judío y aterrorizarlo para que se sometiera.[39] ¿Quién, al pasar por allí, podría olvidar la visión de un bosque de hombres desnudos colgados de cruces, sus gritos de agonía que a veces duraban días, y sus cadáveres abandonados como carroña para buitres y perros salvajes?

A pesar de los códigos de disciplina militar romanos, Josefo informa de que Varo fue incapaz de controlar a los miles de soldados y mercenarios romanos acampados desde Jerusalén hasta las colinas de la Galilea rural. Tras destruir la resistencia judía y salir a patrullar y asolar el país, desobedecieron las órdenes, afirma Josefo, y «a menudo de manera desordenada»,[40] robando a la población local, obligando a los hombres judíos a realizar trabajos forzados y merodeando en busca de mujeres desprotegidas para satisfacer sus necesidades sexuales. Como señala la historiadora y arqueóloga Marianne Sawicki:

> Muchas jóvenes de Séforis y alrededores fueron agredidas sexualmente cuando la ciudad fue asediada e incendiada en el año 4 a.C. Es plausible que la madre de Jesús fuese una de las víctimas de dicha violencia... Las pruebas arqueológicas del asedio de Séforis confirman por lo menos un suceso durante el cual los soldados romanos peinaron el barrio de María y, siguiendo su procedimiento habitual, violaron a quienes consiguieron atrapar.[41]

¿Fue María, como joven de una humilde familia rural, una de ellas?

No tenemos forma de saberlo. Pero estudiosos como Brown, que optan por descartar esa posibilidad, no mencionan lo que los judíos recordaron durante siglos, y muchos recuerdan incluso hoy, como la «guerra de Varo», acontecimientos que tuvieron lugar en la época de la concepción y el nacimiento de Jesús. Lo que eso indica, cuando menos, es que la acusación tan reiterada por los críticos judíos de que el padre biológico de Jesús era un soldado romano no es del todo inverosímil. El historiador militar Benjamin Isaac cita fuentes judías que hablan de violaciones por parte de soldados como algo común en la Judea del siglo I, un hecho que bien puede explicar la intensa ansiedad de los judíos galileos por proteger la virginidad de sus hijas.[42]

Y aunque algunos estudiosos señalan que el nombre Pandira/Pantera, con variantes como Panthera o Panteri, es de origen griego, aparece en inscripciones latinas de principios del Imperio Romano que mencionan a hombres con nombres griegos. Otros especialistas citan indicios de un soldado con ese nombre que, al parecer, sirvió en el ejército romano en Palestina a finales del siglo I a.C. Su lápida, hallada en Alemania y en la que se inscribió el nombre de Tiberio Julio Abdes Pantera, indica que sirvió en Palestina a principios del siglo I durante parte del reinado del emperador Tiberio, al parecer hasta el año 9 a.C. La inscripción lo describe como un arquero sirio de la ciudad de Sidón, en Fenicia (actual Líbano), que se había unido a la Cohors Sagittariorum («cohorte de arqueros»).[43] Los estudiosos del ejército romano sugieren que su nombre, Pantera, podría indicar que llevaba una piel de ese animal para mostrar el emblema depredador de su cohorte, ya que en su lápida se indica que sirvió como abanderado de esta. Su nombre latino, Tiberio Julio, se le habría otorgado más tarde, en reconocimiento por haber servido durante cuarenta años en el ejército imperial romano, después de haber sido licenciado con honores.

Esas evidencias nos indican que la unidad de Pantera fue una de las que Varo envió a Judea en el año 6 a.C. para detener la insurrección liderada por Judas el Galileo. Ya hemos señalado cómo, después de que el combinado de fuerzas romanas derrotara a los combatientes judíos, incendiaron la ciudad y la redujeron a cenizas, antes de capturar y vender a la población como esclavos. Después de eso, y estacionados en Judea, la unidad recibió la orden de patrullar el territorio y atajar cualquier indicio de revuelta. Se sabía que los soldados romanos explotaban, maltrataban y mataban a los pueblos sometidos. Y ya hemos visto el comentario de Josefo de que, después de que el ejército de Varo terminara el agotador y sucio trabajo de crucificar a miles de insurrectos, actuaron de un modo que escandalizó incluso a su comandante.

¿Podría ser esta lápida de un soldado que tendría unos veinte años en el momento de la concepción de Jesús (6-4 a.C.) la única reliquia auténtica de la Sagrada Familia? El historiador James Tabor intenta defender que este hombre era, en efecto, el padre biológico de Jesús.[44] Sin embargo, incluso Morton Smith, que plantea esta cuestión, reconoce que es poco probable, ya que las fuentes polémicas que repiten tales alegaciones no demuestran ninguna conexión directa con la madre de Jesús.

Seamos claros: mi propósito al mencionar estas especulaciones no es respaldarlas, ya que las pruebas que citan Tabor y otros son solo circunstanciales. Reconocer el contexto político de la Galilea del siglo I es necesario, sin embargo, para entender las narraciones evangélicas. Lo que cuentan insinúa lo que los escritores sabían bien: que la vida cotidiana en la Judea ocupada a menudo incluía violencia. Los escritores romanos de élite describen su imperio como una fuerza civilizadora, pero las protecciones legales no se extendían a la población local que se resistía a su dominio. Josefo refiere que la Judea del siglo I era una tierra convulsa, en la que los soldados romanos reprimían brutalmente los actos de insurrección, a menudo explotando a los súbditos y atacando sexualmente a las mujeres locales. El contexto político de la crucifixión de Jesús es la violencia, como veremos; y, en el momento de su nacimiento, seguramente contribuyó a los extendidos y repetidos rumores sobre su paternidad, que claramente preocuparon a algunos de sus devotos primeros seguidores.

Ya hemos señalado que el relato de Marcos incluye sorprendentes contradicciones. Aunque proclama a Jesús «Hijo de Dios» y «Mesías», Marcos insinúa que nació en la Judea rural, al parecer de campesinos locales, y que posiblemente fue considerado ilegítimo. Mateo y Lucas, los revisores de Marcos, que trabajaban de forma independiente, adoptaron un enfoque distinto. Cada uno de ellos decidió prologar su relato con una historia de nacimiento elaborada y detallada. En el proceso, además, ambos evangelistas desafiaron a los detractores de Jesús al ofrecer un relato que incluye a un padre que vincula a Jesús con el rey David a través de su línea paterna.

Mateo anuncia en su frase inicial lo que más le importa: «Libro de la generación de Jesucristo, hijo de David, hijo de Abraham» (Mateo 1:1). A partir de este comienzo, traza el linaje de «Jesús el Mesías» hasta el rey David, y desde David hasta Abraham, en tres grupos de catorce generaciones. Sin embargo, como han demostrado los especialistas, esa supuesta genealogía tiene graves defectos. El estudioso católico romano Brown señala un problema con la aritmética de Mateo: la última de las tres secciones traza solo trece generaciones,[45] no catorce, por no mencionar los problemas con la lista de antepasados ofrecida por Mateo. Aparte de otros errores que enumera Brown, tan solo reseñamos el más obvio: que la genealogía de Mateo difiere de la de Lucas en casi todos los detalles, empezando por el abuelo paterno de Jesús, a quien Mateo llama Jacob, mientras que Lucas dice que su nombre era Elí (Mateo 1:16; Lucas 3:24).

Lo más notable, por supuesto, es que ambos se proponen demostrar que el nacimiento aparentemente «irregular» de Jesús fue en realidad un milagro, un hecho que desafía totalmente la comprensión ordinaria. Inmediatamente después de que Mateo establece la genealogía regia de Jesús, aborda la cuestión de cómo fue concebido: «La generación de Jesús fue de esta manera: Su madre, María, estaba desposada con José y, antes de empezar a estar juntos ellos, se encontró encinta» (Mateo 1:18 y *ss*). Mateo reconoce que José, ante el embarazo de su prometida, quedó conmocionado y profundamente afectado. ¿Qué iba a hacer? Siendo «un hombre justo» –es decir, observante de la Torá– habría considerado sus opciones legales. En este punto de la crónica, tanto Mateo como Lucas aluden a una sección del código legal deuteronómico (Deuteronomio 22:23-24) que trata del caso de un hombre comprometido con una joven que está embarazada y cuyo hijo él jura que no es suyo. La ley establece que si ella mantuvo relaciones sexuales con un hombre mientras estaba en la ciudad, donde podría haber pedido ayuda, se la juzga cómplice y, por tanto, culpable de inmoralidad sexual (hebreo, *zenut*; griego, *porneia*). En ese caso, podía ser condenada a muerte, junto con su compañero.[46]

La ley establece, sin embargo, que si la mujer está en el campo cuando un hombre la viola, sin nadie más alrededor, no se la juzga por ser culpable, ya que el tribunal supondría que fue forzada. En ese caso, al haber sido violada, se aconseja a su prometido que rompa el contrato matrimonial. Y tal como narra Mateo, eso es lo que decide hacer José. En lugar de actuar como si pensara que su prometida le había traicionado, José responde como un hombre que asume que ella ha sido violada: decide romper el contrato matrimonial sin deshonrarla en público por algo que ella no pudo evitar.

Sin embargo, Mateo afirma que José cambia bruscamente de idea y decide casarse con ella, tomando la magnánima decisión de adoptar a su hijo como propio. Lo que le lleva a cambiar de opinión es un sueño en el que se le aparece un 'ángel del Señor', conminándole a no temer en tomar a María por esposa, «pues el niño engendrado en ella es del Espíritu Santo. Dará a luz un hijo, y tú le pondrás por nombre Jesús» (Yehoshúa o Joshua: «salvador» [Mateo 1:20-21]).

Llegados a este punto, podemos empezar a adivinar qué motivó a Mateo a introducir una innovación sorprendente y sin precedentes en lo que, a primera vista, parece una genealogía bíblica tradicional. Normalmente, en una genealogía de este tipo solo se enumeran los patriarcas de la línea masculina: «Abraham engendró a Isaac, Isaac engendró a Jacob, Jacob engendró a Judá y sus hermanos, Judá engendró a Fares…». Pero, consciente de que la gente calumniaba a la madre de Jesús, Mateo entreteje en su genealogía algo sorprendente: los nombres de cuatro mujeres: Tamar, Rahab, Rut y Betsabé. Los estudiosos han debatido durante largo tiempo los motivos de Mateo: *¿Por qué mujeres?* ¿Y por qué *estas* mujeres en concreto? Las historias bíblicas que se narran de cada una de ellas tienen poco en común, excepto que cada una de ellas contiene indicios de escándalo sexual.

La primera, Tamar, una joven viuda sin hijos, se disfraza de prostituta para engañar a Judá, su antiguo suegro, para que tenga relaciones con ella. Al descubrir que está embarazada, es condenada a morir quemada por inmoralidad. Pero, en ese momento, revela que Judá no la ha respetado ni apoyado como su nuera. Después de admitir Judá que la había agraviado, se responsabiliza de los gemelos concebidos a través de esta unión incestuosa, y vindica a Tamar. Incluso declara: «Ella tiene más razón que yo», juicio que confirma una voz procedente del cielo (Génesis 38:26).[47]

La segunda mujer que Mateo incluye es Rahab, una prostituta que vivía en Jericó. El libro de Josué cuenta cómo dos hombres a los que Josué envió a Jericó como espías se colaron en la ciudad y se dirigieron a la casa de prostitución de Rahab. Sorprendentemente, esta audaz mujer desafió al rey de Jericó ocultando a los espías y enviando a sus perseguidores tras una pista falsa. Y cuando se dan cuenta de que les ha salvado la vida, Rahab pide a cambio que los fugitivos hebreos la perdonen a ella y a su familia en la guerra que se avecina, y así lo hacen.[48] La tradición judía sugiere que Rahab se casó con

Josué, convirtiéndose de ese modo en una improbable miembro de la dinastía real de Israel, afirmación no confirmada por ninguna otra fuente bíblica.

La tercera mujer que Mateo entreteje en su genealogía es Rut, una viuda sin hijos, ni siquiera judía. Ella también tiene una historia mancillada, ya que sedujo deliberadamente a Booz, un pariente rico de su antigua suegra, Noemí, y luego le suplicó que la protegiera casándose con ella. Él accede, legitimando al hijo que ella dará a luz,[49] a quien Mateo identifica como el abuelo del rey David. Por último, Mateo menciona a Betsabé, la más notoria de todas: una mujer casada, «muy hermosa», a la que el rey David, de pie en el tejado de su palacio, vio bañándose y deseó. La Biblia cuenta sin rodeos lo que ocurrió a continuación. Mientras Urías, su marido, estaba en la guerra, «David envió mensajeros, y la prendió; y ella vino a él, y se acostó con él»: una simple historia de la lujuria de un rey, y una aventura forzada. Algún tiempo después, con su marido todavía lejos, envió un mensaje al rey: «Estoy encinta» (2 Samuel 11:2-5).

Alarmado, David trajo de inmediato a su marido de vuelta de la guerra, con la esperanza de que se acostase con su esposa y diese la impresión de que él mismo había engendrado a su hijo nonato. Dado que ese plan fracasó, David, con la esperanza de mantener en secreto su culpabilidad, organizó el asesinato de Urías. Betsabé lloró la muerte de su marido, pero David volvió a llamarla y se casó con ella. La narración bíblica continúa diciendo que lo que David hizo «desagradó al Señor»; e incluso David reconoció, en el fondo, que él mismo merecía la pena de muerte por cometer adulterio y asesinato. Pero David no murió. En cambio, «hirió Yahveh al niño que la mujer de Urías había engendrado para David y que enfermó gravemente» (2 Samuel 12:15-18) y murió. Incluso después de eso, David volvió con Betsabé, «y yació con ella», y ella dio a luz a un segundo hijo, al que llamaron Salomón, que sucedería a su padre como rey de Israel.[50]

¿Por qué, entonces, incluyó Mateo a mujeres –y a *estas* mujeres en concreto– en su genealogía de Jesús? Como hemos visto, cada una de ellas tiene una historia sexual escandalosa: incesto, prostitución, violación y embarazo antes del matrimonio. Además, al vivir en una cultura patriarcal, ninguna de esas mujeres tenía capacidad alguna para salvaguardar su propia reputación. En su lugar, cada una tiene que depender de un hombre cuyo estatus social y legal puede salvarla de la deshonra. Sin embargo, la genealogía de Mateo muestra que cada una recibió eso y mucho más: *un papel en la historia sagrada de Israel*. Ahora Mateo ha preparado a su lector para lo que relata a continuación. Antes de mencionar el embarazo prematrimonial de María, ha tratado de suavizar el golpe precediendo su historia con la de otras mujeres sospechosas de *zenut*, pero que más tarde fueron reivindicadas e incluso incluidas en el linaje real de Israel.[51]

En la historia de Mateo, José asume la difícil y compasiva decisión de seguir adelante con el matrimonio, dando su nombre al futuro hijo de ella. Al actuar de ese modo, no solo legitima al niño, sino que lo incorpora a un linaje ancestral tradicionalmente davídico. Así pues, como en el caso de Tamar, Rahab, Rut y Betsabé, el escándalo sexual de María se vio mitigado por la magnanimidad de un protector masculino socialmente poderoso. Sin embargo, al narrar esa historia,

Mateo –al igual que Lucas– parece ignorar la objeción más obvia: la posibilidad de que ninguna de las dos genealogías que ofrecen tenga nada que ver con la ascendencia biológica de Jesús, ya que ambos insisten en que José no tuvo nada que ver con su concepción, un punto enfatizado por Mateo. Rompiendo el esquema convencional de las genealogías, enumera que «Mattán engendró a Jacob, y *Jacob engendró a José, el esposo de María, de la que nació Jesús*, llamado el Mesías» (Mateo 1:15-16).[52]

Para hacer frente a esta compleja situación, Mateo, inmerso él mismo en la Biblia hebrea, sigue el ejemplo de Marcos añadiendo pasajes de los profetas clásicos con el fin de validar su relato y demostrar su continuidad con las Escrituras de Israel. Unas décadas antes, los seguidores anónimos de Jesús ya podrían haber facilitado esta tarea. Convencidos de que Jesús debía ser el Mesías de Israel, rebuscaron en el pasado y examinaron las profecías de Isaías, Jeremías, Ezequiel, Oseas y otros, buscando pasajes que pudieran leerse como «testimonios» de Jesús, confirmando que muchos profetas habían previsto su venida.

Basándose en dichas listas, tanto Mateo como Lucas afirman que el profeta Isaías, escribiendo unos 600 años antes de la vida de Jesús, predijo su nacimiento milagroso. Sobre todo, ambos se basan en Isaías 7:14, donde Isaías desafía a los escépticos que dudan del poder de Dios, declarando: «Pues bien, *el Señor mismo va a daros una señal: He aquí que una doncella está encinta y va a dar a luz un hijo, y le pondrá por nombre Emmanuel,* es decir, 'Dios con nosotros'». Invocando este oráculo, tanto Mateo como Lucas insisten en que lo que los escépticos desprecian por considerarlo un nacimiento ilegítimo es nada menos que una «señal», un milagro divino que indica la actividad de Dios en la tierra.

Por sorprendente que parezca, ¿es lo anterior tan distinto de lo que los autores antiguos afirman de otros hombres notables? A primera vista, la historia del nacimiento de Jesús parece un tropo antiguo familiar: una historia contada para glorificar a un héroe. Por ejemplo, el biógrafo griego Diógenes Laercio escribió en su *Vida de Platón* que la madre de Platón, Periktione, no pudo concebir hasta que su marido recibió una visión de Apolo. Después de eso, escribe Laercio, «él la dejó tranquila hasta que nació su hijo... el mismo día en que los habitantes de Delos dicen que nació el propio Apolo».[54] Del mismo modo, el historiador romano Plutarco, al escribir sobre Alejandro Magno, cuenta cómo la madre de Alejandro, Olimpia, como novia, antes de tener relaciones sexuales con su nuevo marido, «soñó... que un rayo caía sobre su vientre».[55] Plutarco también narra de qué modo, en otra ocasión, «se vio una vez una serpiente tendida al lado de Olimpia mientras dormía», indicando que «era la compañera de un ser superior», como si «el dios [Apolo], en forma de serpiente, [compartiera] su lecho».[56] Suetonio, historiador de la corte romana que escribió biografías de emperadores, incluyó una historia milagrosa similar en su relato de la vida de Augusto. Cierta noche, en la que la madre de Augusto asistía a un ritual a medianoche en el templo de Apolo, «una serpiente se deslizó hasta ella y poco después se alejó». El relato de Suetonio sugiere que Augusto, nacido nueve meses después, «fue considerado por ese motivo hijo de Apolo». Cuando se convirtió en emperador, las monedas romanas aclamaban a Augusto como «hijo de un dios».

Un cristiano culto como Justino, un filósofo converso del paganismo, familiarizado con esas historias, admite: «Nuestras historias de Jesús a menudo suenan igual que los mitos que se suelen contar de los dioses».[57] Pero –insiste Justino– hay una enorme diferencia: esas historias paganas son solo mitos inventados para alabar a hombres famosos, *pero las historias de Jesús son auténticas*. Sin embargo, consciente de que los críticos judíos y paganos ridiculizaban tales afirmaciones, Justino escribe el relato de un debate en el que dice que desafió a Trifón, un filósofo judío, a explicar la profecía de Isaías sobre el «nacimiento virginal» de Jesús.

Durante ese debate, Trifón replica que lo que Justino denomina milagro no se basa más que en la ignorancia, en una simple traducción errónea. Señalando que Justino está leyendo la profecía de Isaías en griego, en una versión que traduce la palabra hebrea para «mujer joven» (*almah*) como «virgen» (*parthenos*, en griego), Trifón declara que solo alguien ignorante del hebreo cometería semejante error. Cualquiera que leyera la profecía de Isaías en el hebreo original se daría cuenta de que el profeta habla simplemente de una «mujer joven» que se queda embarazada y da a luz, algo que ocurre todos los días. Leída con precisión –afirma Trifón– la palabra hebrea elegida por Isaías, *almah*, no connota inexperiencia sexual, como si el profeta estuviera prediciendo algo biológicamente imposible. Lo más probable –concluye Trifón– es que Isaías predijese el nacimiento de un príncipe de la casa del rey Josías, que gobernaba Judea en aquella época, 600 años antes de Jesús.[58]

Aunque muchos de los estudiosos actuales de la Biblia hebrea estarían de acuerdo con Trifón, innumerables cristianos han persistido en seguir la interpretación de Justino de Isaías 7:14. Mateo, que, como muchos judíos cultos del Imperio Romano, hablaba y escribía griego con fluidez, y probablemente leía las Escrituras judías en griego, parece leer este pasaje como lo hizo Justino. Unos diez años después de la muerte de Justino, el filósofo griego Celso, escribiendo su polémica contra los cristianos titulada *Discurso verdadero contra los cristianos*, se hizo eco del argumento de Trifón, ridiculizando a los creyentes que basaban su afirmación del «nacimiento virginal» en una mala traducción.[59] Sin embargo, muchos seguidores de Jesús, tanto judíos como gentiles, siguen manteniendo su convicción de que el profeta Isaías predijo el «nacimiento virginal» de Jesús.[60] Por improbable que fuera, la idea caló. Y hasta el día de hoy, la mayoría de las traducciones al inglés, desde la Biblia del rey Jacobo hasta las versiones contemporáneas, traducen *almah* como «virgen», borrando la sospecha de ilegitimidad en favor de lo que innumerables cristianos celebran hasta el día de hoy como el milagro de la Navidad.

Algunos eruditos católicos romanos han calificado a quienes discuten las historias del nacimiento en la forma en que lo hacemos aquí de personas «hostiles y negativas» que intentan socavar la enseñanza de la Iglesia. Sin embargo, muchos de los que comparten la fe católica romana simplemente intentan comprender, en la medida de lo posible, qué motivó a los primeros cristianos a contar esta historia y recogerla por escrito. Incluso Raymond Brown, ordenado sacerdote sulpiciano, una orden católica dedicada al servicio de la «ortodoxia religiosa», se defiende diciendo que el «nacimiento virginal» no es «una afirmación biológica sino teológica».[61] Pero ¿qué querrá decir con eso?

En mi opinión, Mateo no pretendía engañar a la gente. Por el contrario, siendo un devoto seguidor de Jesús, abrazó el mensaje de Jesús como una «buena nueva», jugándose incluso la vida por él, frente a la intensa hostilidad de los principales miembros de las comunidades judías, así como de las fuerzas de ocupación romanas. Convencido de que Jesús era el Mesías divinamente elegido por Dios, escudriñó celosamente las Escrituras, tratando de entender cómo pudo ocurrir el cuestionable nacimiento de Jesús. Al detenerse en Isaías 7:14, él, u otros antes que él, pudieron experimentar un momento «¡Ajá!», sintiendo que eso explicaba lo que el profeta quería decir cuando prometía que el Señor enviaría una «señal» divina para desafiar a los escépticos (Isaías 7:11-14). Y cuando siguió investigando la Biblia griega a la luz de la vida y muerte de Jesús, Mateo y otros afirmaron que seguían encontrando más pistas en apoyo de su idea.

Dado que Mateo creyó haber descubierto el significado más profundo de Isaías 7:14, modeló entonces su narración del nacimiento de Jesús a partir de la historia de Moisés. Cualquiera que esté familiarizado con la gran historia, que los judíos rememoran y recrean cada año durante la Pascua, reconocerá de inmediato las analogías que Mateo encontró en ella. Porque, como hemos visto, al igual que un gobernante violento y malvado amenazó la vida del niño Moisés, el rey Herodes intentó matar al niño Jesús. Y así como Moisés escapó de la muerte siendo un niño, también –afirma Mateo– el niño Jesús se salvó porque sus padres huyeron a Egipto. Mateo aplica asimismo el oráculo del profeta Oseas («y de Egipto llamé a mi hijo») a la historia del nacimiento, sugiriendo que este oráculo, como los demás, tiene un doble sentido. Si bien Oseas (11:1) se refiere obviamente al pueblo de Dios, Israel, como «hijo» del Señor, Mateo indica que el oráculo se relaciona también con el hecho de que Jesús es el «hijo» de Dios, el cual encarna la historia de Israel –incluso la recapitula– en su propia vida. Y así como el pueblo de Israel vagó por el desierto durante cuarenta años, también –explica Mateo– Jesús vagó por el desierto durante cuarenta días (Mateo 4:2). Cuando volvió, al igual que Moisés subió al monte Sinaí para recibir la Torá, Mateo sigue diciendo que Jesús subió a un monte para anunciar una nueva versión de la Torá, el «Sermón de la Montaña» (5:1 y *ss*).

Lucas adoptó un enfoque diferente para revisar el evangelio de Marcos. En lugar de basar su relato del nacimiento únicamente en crónicas bíblicas conocidas por los judíos, Lucas, el único gentil entre los escritores de evangelios del Nuevo Testamento, adopta el estilo de un historiador griego. Para fundamentar su tesis, comienza afirmando que, mientras que «muchos han intentado narrar ordenadamente las cosas que se han verificado entre nosotros» (Lucas 1:1), él mismo ha comprobado cuidadosamente los relatos de los testigos oculares y ha investigado todo lo que ha podido encontrar antes de empezar a escribir. Dirigiéndose a un lector llamado Teófilo («el que ama a Dios»), probablemente un mecenas importante, o bien un lector imaginario, Lucas promete ofrecer «un relato ordenado… para que conozcas la solidez de las enseñanzas que has recibido» (1:1-4).

Pero eso no significa que Lucas pretendiera escribir una historia basada en los hechos, sino que más bien, al igual que Marcos y Mateo, escribe para promover el mensaje de Jesús:

«la buena nueva». Y, puesto que se ha sumergido en las Escrituras hebreas, abre su evangelio con célebres historias bíblicas. En ambos casos, se trata de mujeres casadas afectadas por la infertilidad, lo que en su sociedad conllevaba decepción, fracaso e infortunio. Luego, de manera sorprendente, el Señor bendice a cada uno de ellos con el nacimiento de un hijo que llega a ser un gran hombre.[62] Lucas habla primero de un sacerdote llamado Zacarías y de su mujer, Isabel, quienes no tenían hijos; Isabel fue incapaz de concebir, y ahora era demasiado vieja. Pero entonces se le aparece un ángel a Zacarías, aterrorizándole, sobrecogiéndole y anunciándole que su mujer daría a luz un hijo, que llegaría a ser un gran hombre. Y cuando Isabel concibe al niño que se convertirá en Juan el Bautista, alaba a Dios: «Esto es lo que ha hecho por mí el Señor en los días en que se dignó quitar mi oprobio entre los hombres» (Lucas 1:25). Aunque Lucas no nombra al patriarca de Israel, Abraham, ni a su esposa, Sara, de la que se dice que dio a luz milagrosamente a Isaac cuando ya tenía noventa años (Génesis 17:17), se hace eco de estos hechos en su historia acerca de Zacarías e Isabel.

A continuación, Lucas evoca la historia bíblica de Ana, una piadosa mujer casada que, al igual que Sara, no logra concebir, hasta que, negándose a comer y llorando amargamente, reza al Señor, prometiendo dedicar a su futuro hijo a servir en el Templo. El sacerdote Elí, al enterarse de su angustia, la bendice; y después de que ella vuelve con su marido, y este «conoce a su mujer Ana», da a luz un hijo que se convertirá en el gran profeta Samuel.

Así pues, Lucas precede su relato de la concepción de Jesús con estas dos historias de mujeres casadas angustiadas por la infertilidad. A diferencia de Mateo, Lucas no da muestras de disculparse por un embarazo incómodo. Al contrario, lo presenta como un acontecimiento gozoso, al igual que la concepción de Isaac o Samuel. También a diferencia de Mateo, Lucas hace de María, y no de José, la protagonista de su historia, un hecho que a menudo lleva a los comentaristas contemporáneos a elogiar la actitud generosamente inclusiva de Lucas hacia las mujeres. Pero al mismo tiempo, Lucas ignora lo que quiere que su audiencia ignore: que María no está casada, un detalle que llamativamente brilla por su ausencia. Nada impide que Lucas ponga a María en el papel de Sara o Ana, como si su embarazo, al igual que el de ellas, fuera una respuesta a una plegaria sincera. Pero ¿fue eso o más bien una humillante desgracia?

Ya hemos señalado la respuesta ambivalente de María al anuncio del ángel. Convertida en sierva de Dios, habla como si su única opción fuera someterse. Sin embargo, en el momento en que visita a su prima y le confiesa que está embarazada, Lucas imagina a Isabel respondiendo con alegría, animando a sus lectores a hacer lo mismo. Y, en eso, tiene un enorme éxito. Desde entonces, innumerables cristianos se han hecho eco de la alegre bendición que Lucas pone en boca del ángel, y luego de Isabel: «Dios te salve, María, llena eres de gracia; el Señor es contigo. Bendita tú eres entre todas las mujeres y bendito el fruto de tu vientre» (Lucas 1:26). Ahora Lucas hace que María prorrumpa en un canto, alabando a Dios con palabras tomadas del canto de alabanza de Ana, que los cristianos han consagrado desde entonces en la gloriosa música que honra a María: «Engrandece mi alma al Señor y mi espíritu se alegra en Dios mi salvador porque ha puesto los ojos en la humildad de su esclava, por eso desde ahora todas las generaciones me llamarán bienaventurada» (1:46-55).

Al anunciar este embarazo milagroso, ni Lucas ni tampoco el ángel explican cómo ocurrió, dejando la cuestión a la imaginación de artistas y teólogos posteriores. Sin embargo, historiadores como la católica romana Jane Schaberg, intuyendo que en la sombra se esconde una historia más inquietante, sugieren lo que me sucedió a mí al releer esas palabras. El canto de María comienza alabando a Dios por haber aliviado su angustia por «la humildad de su sierva». Sus palabras evocan que ha sufrido vergüenza, aliviada cuando su embarazo se reinterpreta como una bendición. Schaberg coincide con otros historiadores cristianos en que, antes de que Lucas y Mateo escribieran estos relatos, cada uno de ellos se basó en una tradición anterior en la que «[María] había sido violada y había quedado embarazada, pero... Dios la había vindicado, protegiéndola a ella y a su hijo, incluso reconociendo... a ese niño como Hijo de Dios y Mesías».[63]

El relato de Lucas plantea otras objeciones. Puesto que está revisando la narración de Marcos, que informa de que Jesús tuvo otros cuatro hermanos y al menos dos hermanas, ¿cómo podría afirmar que María era virgen? Lucas esquiva la cuestión borrando las palabras de Marcos de su revisión y declarando simplemente que cuando María dio a luz a Jesús, este era su «primogénito» (Lucas 2:7). Algunos cristianos de siglos posteriores propusieron otras alternativas: o bien que los otros hermanos de Jesús debían de ser hijos de José de un matrimonio anterior, o bien que los cronistas antiguos utilizaban el lenguaje de manera imprecisa, y en lugar de ser los hermanos reales de

Jesús, los que Marcos nombra como sus hermanos –Jacobo, Joset, Judas y Simón (Marcos 6:3)– debían de ser sus «primos».

Las preguntas se suceden. Si Jesús era realmente miembro de la dinastía real, alojada en Belén, ¿por qué se le llamaba «Jesús de Nazaret»? Dado que se sabía que pertenecía a una familia humilde, ¿cómo podía ser calificado como el Mesías de Israel? ¿No habían predicho los profetas de Israel el nacimiento del Mesías en Belén, como señala Mateo, y no en algún pueblo rural relativamente insignificante? Hemos visto que Lucas consideró obviamente esas objeciones e ideó un escenario para responderlas, declarando primero que el emperador Augusto exigía que «todo el mundo» se empadronara para tributar en la ciudad de origen de su familia. Y, como él también insiste en que José descendía del linaje real, Lucas señala que la familia tuvo que hacer un viaje especial a Belén, justo a tiempo para el nacimiento de Jesús.

¿Era José, entonces, el padre de Jesús? No, responde Lucas, claramente no. En cambio, al igual que Mateo, presenta a José aceptando el papel de protector de la familia y padre adoptivo, señalando simplemente que Jesús «era, *según se creía*, de José» (Lucas 3:23).[64] Durante milenios, muchos cristianos han descartado las discrepancias entre ambas genealogías proponiendo que Mateo traza la línea de José, mientras que Lucas ofrece la de María. Pero eso tampoco funciona: ambos afirman seguir la línea de José, aunque niegan que fuera el padre biológico de Jesús.

Sorprendentemente, Mateo y Lucas ofrecen visiones radicalmente distintas del estatus social de la familia, quizá con la intención de atraer a audiencias diferentes. Mateo ubica la historia de su nacimiento en el palacio real del rey Herodes, y la llena con «todos los sumos sacerdotes y escribas del pueblo» (Mateo 2:4), que comparten la preocupación del rey al enterarse del nacimiento de un príncipe rival. En cambio, Lucas sitúa a Jesús entre personas humildes. Dado que Lucas se identifica tradicionalmente con los gentiles, a quien muchos judíos consideraban inferiores, optó por presentar a Jesús «anunciando la buena nueva a los pobres», a los oprimidos y a los necesitados, a los gentiles y a las mujeres. En consecuencia, Lucas es el único escritor que representa el establo, los animales, el niño acunado en un pesebre y ángeles que aparecen en el cielo, anunciando la buena nueva «a los hombres de buena voluntad...»; no a los reyes, sino a los pastores que trabajan de noche a la intemperie. Dirige su historia, por así decirlo, al 99% de la gente.

Mientras que Mateo remonta la genealogía de Jesús hasta Abraham, el gran patriarca de Israel, Lucas la remonta a un tiempo anterior al de Abraham, hasta Adán, a quien Lucas también llama «hijo de Dios». No es de extrañar, pues, que los cristianos afroamericanos, entre otros muchos, elijan a menudo la versión lucana del Evangelio, que conecta a Jesús no solo con Abraham, antepasado del pueblo judío, sino con toda la raza humana.

A pesar de la hábil evasión de Lucas de la cuestión de la paternidad biológica de Jesús, concluye su relato con una fuerte declaración *simbólica*: la historia de cómo, en el momento en que Jesús tenía doce años, viajó con sus padres al Templo de Jerusalén para celebrar la Pascua. Cuando María y José se dispusieron a volver a casa, partieron sin comprobar si Jesús estaba con ellos, una historia inverosímil, salvo para permitir a Lucas contar cómo volvieron y lo encontraron discutiendo la Torá con los rabinos en el Templo, asombrándoles con su precoz perspicacia. Lucas hace que sea el propio Jesús quien proporcione el remate de la historia: «Y ¿por qué me buscabais? *¿No sabíais que yo debía estar en la casa de mi Padre?*» (Lucas 2:49).[65]

Aunque hoy en día la mayoría de los estudiosos consideran que todas las historias de José son leyendas, al repasar la narración de Marcos me di cuenta de que me equivocaba al suponer que él ignoraba la cuestión de la paternidad de Jesús. En efecto, al igual que Lucas en la escena anterior, Marcos aborda esa cuestión no formulada de un modo mucho menos literal. Para mi sorpresa, me percaté de que en realidad comienza su evangelio con una historia simbólica acerca del nacimiento. En su primera escena, Marcos presenta a Jesús como un joven que escucha predicar a Juan el Bautista y se dispone con muchos otros a aceptar el bautismo. Justo entonces, Marcos dice:

> En cuanto salió del agua vio que los cielos se rasgaban y que el Espíritu, en forma de paloma, bajaba a él. Y se oyó una voz que venía de los cielos: «*Tú eres mi Hijo amado, en ti me complazco*» (Marcos 1:10-11).[66]

En este caso, Marcos sí declara que Jesús tiene un padre reconocido: ¡el propio Señor Dios, que habla desde el cielo!

Aunque Juan, al igual que Marcos, no dice nada en su evangelio acerca del nacimiento de Jesús, también deja clara su postura desde el principio. Reconoce que algunos judíos hostiles a Jesús insinúan que su nacimiento fue ilegítimo (Juan 8:41), pero comienza con una reconvención. Respondiendo a la pregunta de dónde viene Jesús, Juan abre su evangelio declarando que procede de Dios, de la Fuente divina de toda la creación, como Hijo de Dios, manifestando la luz divina en forma humana (1:1-18).

Por último, cuando empecé a investigar los evangelios secretos y las «revelaciones» descubiertos recientemente, me sorprendió ver que muchos de ellos también tocan este tema del padre celestial de Jesús. Sus autores, al igual que Marcos, interpretan el «nacimiento virginal» de Jesús en el sentido de que descendió de Dios para revelar la gloria de Dios. El Apócrifo [Revelación secreta] de Juan, por ejemplo, narra cómo, tras la muerte de Jesús, su discípulo Juan, avergonzado y escarnecido por haber seguido a un falso mesías, y devastado por el dolor, se aleja del Templo para caminar solo por el desierto. Atormentado por las dudas, Juan dice que de repente vio abrirse los cielos, brillar luminosamente toda la creación, y sintió temblar la tierra:

> Tuve miedo, y… vi en la luz… [alguien con] múltiples formas… [y] dijo: «*Juan, Juan, ¿por qué dudas y por qué tienes miedo?… Yo soy [el] que está siempre contigo; yo soy el Padre, yo soy la Madre, yo soy el Hijo*».[67]

Sorprendentemente, aquí Jesús se revela como una luminosa presencia divina: una trinidad familiar, simultáneamente Padre, Madre e Hijo. ¿A quién sino a la Madre podríamos esperar ver con el Padre y el Hijo? El Evangelio de la Verdad, por ejemplo, al representar a Jesús como enviado de la Fuente divina, habla del modo en que Jesús desciende al mundo para traer de vuelta a todos los que están perdidos «al Padre, a la Madre, Jesús de la dulzura infinita».[68] Pero cuando los cristianos de siglos posteriores tradujeron las fuentes arameas y hebreas al griego y al latín, se perdió la connotación de género de la palabra «espíritu». Quienes tradujeron al latín las diferentes formas de *ruah* –el término femenino correspondiente a «espíritu» en hebreo, arameo y siríaco– lo tradujeron como *spiritus*, una palabra latina de género masculino. Por su parte, los griegos lo tradujeron como *pneuma*, un término de género neutro, borrando así la percepción de la Madre divina, una interpretación del Espíritu Santo cuya presencia resuena en muchas de las fuentes más antiguas.

Me intrigó ver que el Evangelio de Felipe ofrece una variación de esta cuestión, apuntando que Jesús, igual que nosotros, nació de un padre y una madre humanos, José y María. Pero cuando fue bautizado, «nació de nuevo»,[69] esta vez de padres espirituales –el Padre celestial y la Madre divina, el Espíritu–, igual que nosotros, cuando somos bautizados, renacemos como hijos de Dios.

Cuando buscamos un relato único sobre el nacimiento, encontramos en cambio tapices tejidos con hilos dispares, algunos de ellos historias que parecen destinadas en primer lugar a afirmar que Jesús desciende de la dinastía real de Israel, y por tanto gobernará legítimamente como Mesías de Dios. En cuanto a lo que realmente ocurrió –milagro divino, opción humana o ambas posibilidades–, ¿quién es capaz de determinarlo? Desde mi punto de vista, sea cual sea la interpretación que estos autores hagan del origen de Jesús, todos están de acuerdo en la verdad espiritual: que Jesús es el «Hijo de Dios» y encarna la presencia de Dios en la tierra.

Veamos ahora lo que más importa a los escritores de los evangelios: el mensaje de Jesús, su «buena nueva». ¿En qué consiste exactamente? No necesitamos recurrir a los evangelios apócrifos para encontrar profundos significados ocultos. Podemos recurrir al evangelio más antiguo que se conserva –el de Marcos– para preguntarnos qué quiso decir cuando habla del «misterio del reino de Dios».

2. ¿Quién es Jesús?

¿Quién es Jesús de Nazaret? Esta interrogante central impulsa el Evangelio de Marcos, el testimonio más antiguo que se conserva sobre la vida de Jesús. Pero lejos de ofrecer una respuesta sencilla, Marcos muestra que todos los que se encuentran con Jesús terminan planteándose la misma cuestión: *¿Quién es este hombre?* ¿Un sanador dotado del poder del espíritu de Dios? ¿O un mago y un impostor, como le acusan algunos de sus enemigos? ¿Es un profeta, como suponen muchos de sus contemporáneos, o un «loco», como sospechan incluso sus familiares? ¿O es en secreto 'el Santo de Dios', el 'Hijo del Altísimo', títulos divinos que brotan de labios de endemoniados en su frenesí? ¿Acaso podría sanar a un niño moribundo, o incluso devolverle la vida a un muerto, como amargamente espera un padre afligido?

La pregunta no debería ser difícil de responder, ya que Marcos anuncia en la primera línea de su evangelio: «Comienzo de la buena nueva de Jesús *el Mesías, Hijo de Dios*».[1] Innumerables creyentes de generaciones posteriores lo han interpretado en el sentido de que Jesús es una especie de ser sobrenatural, distinto de cualquier otro en la historia de la humanidad, una especie de Dios/hombre, cuya naturaleza aparentemente híbrida los teólogos han intentado comprender a partir de entonces.

Pero Marcos, un judío devoto empapado de las Escrituras hebreas, para quien solo puede haber un Dios, sabría que se trata de títulos tradicionales para un ser humano; concretamente, títulos del rey de Israel, alguien a quien el Señor ha «ungido» (*mesías*, en hebreo) con su espíritu, y que, por tanto, ha sido designado por elección divina para gobernar a su pueblo santo en Jerusalén, la capital de Israel. El gran rey David, que reinó mil años antes del nacimiento de Jesús, recibió ambos títulos durante su ceremonia de coronación, cuando fue ungido con aceite para señalar la recepción del espíritu de Dios. Esa antigua ceremonia, en la que se basan hasta hoy las coronaciones de los monarcas británicos, por ejemplo, significa que la soberanía de Dios sobre el mundo se delega en su siervo humano, el «Hijo de Dios», representante del Señor en la tierra.[2]

Cualquiera que no esté familiarizado con los evangelios podría suponer que empezar con estos títulos significa que Marcos pretende relatar la biografía de un gran gobernante, como hace Plutarco, su casi contemporáneo, en sus *Vidas de los varones ilustres griegos y romanos*.[3] Sin embargo, tras estudiar otras biografías escritas en la misma época, he llegado a la conclusión de que los escritos de Marcos no se parecen en nada a las biografías de emperadores y estadistas del siglo I. Entonces, como ahora, los biógrafos no tenían en cuenta las diferencias entre las biografías de emperadores y gobernantes. Entonces, como ahora, los biógrafos conocían bien las convenciones de su oficio. Comenzando con historias de familia y antecedentes, el escritor relataba el noble nacimiento del héroe, su juventud y sus logros, para concluir con su muerte y legado. La biografía de Plutarco sobre Julio César, por ejemplo, incluye todos estos temas, siguiendo su carrera y sus logros hasta su sangriento asesinato en el Senado, y cómo su brillante y despiadado protegido de 18 años de edad, Octavio, más tarde llamado Augusto, luchó por el poder imperial y se hizo con él a continuación. (Que sepamos, nadie escribió biografías sobre mujeres, excepto las que aparecen en la vida de los hombres. Plutarco, por ejemplo, en su biografía de Marco Antonio, retrata a la reina Cleopatra de Egipto como la amante que lo arruinó).

Pero Marcos comienza de manera muy distinta, omitiendo los detalles más obvios. ¿Cuál era el aspecto de Jesús, por ejemplo? Como los primeros relatos no dicen nada al respecto, durante siglos los artistas han intentado suplir las carencias. Así pues, cuando tenía cinco años y escuché hablar de Jesús por primera vez, imaginé que sabía el aspecto que tenía, ya que había visto en una iglesia metodista un retrato de Jesús con el pelo largo y rubio y los ojos azules mirando al cielo. Sin embargo, lo que complicó esta impresión fue lo que vi en la cercana iglesia católica de mi mejor amiga, San Luis. Tras empujar la pesada puerta de madera y atravesar un pasillo sombrío iluminado por la luz de las velas, vi a un hombre torturado, golpeado, casi desnudo, colgado de clavos en las manos y con los pies retorcidos. Otra imagen sorprendente mostraba a Jesús señalándose el pecho, abierto para exponer lo que parecía un corazón en llamas. Ninguna de estas imágenes, sin embargo, tiene mucho que ver con nuestras fuentes más antiguas. Y, recientemente, los cristianos afroamericanos, entre otros –como el poeta Countee Cullen, autor del famoso libro de poemas *The Black Christ*–

han cuestionado esas imágenes, señalando que Jesús probablemente tenía el pelo y los ojos oscuros, y la piel más oscura de lo que muchos cristianos «blancos» quisieran imaginar.[4]

Sin embargo, antes de que nadie escribiera sobre Jesús, la gente contaba historias sobre él, repitiendo lo que le habían oído decir y lo que escuchaban de otros. Papías, un griego converso nacido una generación después de Jesús, afirma que trató de averiguar todo lo que pudo de aquellos que lo habían conocido, «lo que dijeron Andrés, Pedro, Felipe, Tomás, Santiago, Juan o Mateo, o cualquier otro de los discípulos del Señor», puesto que sentía que la información más auténtica no estaba recogida por escrito, sino que lo esperaba escuchar de «una voz... viva».[5] Papías y otros recopilaron entonces listas de los dichos de Jesús, como hacían a menudo los seguidores de maestros conocidos, por ejemplo, en colecciones como «El libro de la sabiduría de Jesús ben Sirá», supuestamente las enseñanzas de otro rabino famoso, que vivió unos 200 años antes que Jesús, y el texto llamado *Pirkei Avot* («Tratado de los Padres»), que contiene dichos de rabinos conocidos.

Es probable que el evangelista llamado Marcos, con fama de ser un joven seguidor de Pedro, discípulo de Jesús, escuchase esas historias y se basase en una narración anterior, hoy perdida, que solo consignaba la parte más impactante de la historia: el modo en que Jesús fue capturado, arrestado y ajusticiado.[6] ¿La explicación de esto es, como sugieren los psicólogos cognitivos, que cuando alguien muere joven y de manera violenta, esos acontecimientos finales son los que los familiares y amigos recuerdan de manera más vívida?[7] Sea como fuere, Marcos se centra en la muerte de Jesús. Basándose en un relato de la crucifixión, Marcos lo introdujo y amplió con un breve relato de la actividad pública de Jesús. Lo que llamamos su «evangelio» no es tanto una biografía como un manifiesto apasionado, que muestra de qué modo un joven de origen rural se convirtió de repente en un pararrayos del poder divino. Y aunque la narración de Marcos termina en catástrofe –con Jesús torturado, crucificado y enterrado, sus amigos descubren que su cuerpo ha desaparecido–, Marcos, sorprendentemente, lo llama «buena nueva».

Para subrayar que no se trata de una biografía al uso, Marcos comienza describiendo un choque de poderes sobrenaturales: el espíritu de Dios contendiendo contra Satanás en un mundo lleno de demonios. En primer lugar, relata cómo, en el bautismo de Jesús, el «espíritu de Dios» se apodera de él, llevándole a enfrentarse con «Satanás», personificación de las fuerzas del mal que gobiernan el mundo. Esta es, pues, la «buena nueva», es decir, que Dios actúa ahora en la tierra por medio de Jesús, habiéndole provisto con el poder divino de vencer las energías malignas causantes de la enfermedad, la opresión y la muerte. Y aunque los evangelios muestran que más tarde esas fuerzas malignas atraparán a Jesús y le perseguirán hasta que tiene una muerte terrible, Marcos insiste en que Jesús reaparece vivo de nuevo, resucitado por el poder de Dios.

El relato del bautismo, sorprendentemente, aparece justo después de que Marcos haya presentado los títulos reales de Jesús. Y nos habla de un joven de la ciudad rural de Nazaret, en Judea, que se adentra en el desierto, cerca del río Jordán, para unirse a una multitud que escucha a un profeta de ojos desorbitados que lleva una túnica de pelo de camello atada con un cinturón de cuero. El profeta, llamado Juan «el Bautista», que afirma hablar en nombre de Dios, advierte a sus oyentes que se preparen: el día del juicio se acerca a no mucho tardar. Sacudido por la apasionada prédica de Juan, Jesús de Nazaret se une a los demás y se sumerge en el río para aceptar el bautismo que Juan ofrece para lavar los pecados. Y como vemos en el relato de Marcos acerca del bautismo de Jesús, en cuanto sale del agua, este se queda paralizado por una visión en la que contempla «que los cielos se rasgaban y que el Espíritu, en forma de paloma, bajaba a él» (Marcos 1:10-11), y oye una voz celestial que lo identifica como el hijo amado de Dios.

Marcos no tenía forma de saber, por supuesto, que, siglos más tarde, los seguidores de Jesús venerarían su relato como Escritura. Pero como al igual que el propio Jesús y otros judíos observantes de su ley veneran como «Escrituras» los escritos incluidos en la Biblia hebrea –que se inician con historias de la creación y concluyen con salmos y oráculos proféticos–, Marcos pretende demostrar la verdad de lo que escribe basando su narración en estas historias sagradas familiares para los judíos devotos. Su primera escena sugiere que, al igual que el primer rey de Israel, Saúl, fue invadido repentinamente por el poder divino cuando el espíritu de Dios descendió sobre él y «lo convirtió en un hombre diferente»,[8] lo mismo le sucede ahora a Jesús. Porque –según escribe Marcos– «en seguida el espíritu le impulsó al desierto» para desafiar a Satanás en un combate sin armas. Atrapado en un conflicto con las fuerzas del mal, Jesús lucha solo en el desierto durante cuarenta días, al igual que hizo el pueblo de Israel durante cuarenta años. Cuando sale victorioso del desierto y se entera de que el rey

Herodes ha asesinado a Juan el Bautista, retoma con valentía el mensaje de Juan: «¡El reino de Dios está cerca!» (1:12-15).

Pero, de nuevo, ¿quién es este Jesús y qué significa este mensaje? En lugar de explicarlo, Marcos presenta una narración breve y vertiginosa que obliga al lector –al igual que a los testigos que describe– a adivinar o deducir su significado a partir de lo que Jesús *hace*. En primer lugar, mientras camina junto al mar de Galilea, contempla a dos hombres pescando y a otros dos remendando sus redes, los llama bruscamente y les ordena: «¡Venid conmigo!» (1:17). De inmediato –sostiene Marcos–, los cuatro soltaron las redes, dejaron el trabajo, abandonaron a sus familias y le siguieron. ¿Qué sugiere esto: que, aun sin saber quién era, sintieron en él un extraño poder carismático?

Lo que ocurre a continuación confirma esta impresión. Cuando Jesús entra en una sinagoga en *sabbat* y anuncia la «buena nueva» en público, un hombre atribulado, poseído, de repente exclama: «*¿Qué tenemos nosotros contigo,*[9] *Jesús de Nazaret? ¿Has venido a destruirnos? ¡Sé quién eres tú: el Santo de Dios*» (1:24). Reconociendo que las energías demoníacas hablan a través del hombre, Jesús le grita de inmediato: «¡*Cállate*!». El hombre empieza a convulsionar, grita antes de desplomarse en silencio. Conmocionados y asombrados, los transeúntes se marchan y cuentan lo que han presenciado, exclamando: «*¿Qué es esto? ¡Una doctrina nueva, expuesta con autoridad! Manda hasta a los espíritus inmundos y le obedecen*» (1:21-28).[10] Seguidamente, Jesús se dirige a casa de Pedro, su discípulo, y se entera de que la suegra de Pedro está en cama con fiebre: «Se acercó y, tomándola de la mano, la levantó. La fiebre la dejó» (1:31). Al atardecer, a la puesta del sol,

> le trajeron a todos los enfermos y endemoniados, y la ciudad entera estaba agolpada en la puerta. Jesús curó a muchos que se encontraban mal de diversas enfermedades y expulsó muchos demonios (Marcos 1:32-34).

Marcos recoge todas estas acciones en su primer evangelio, y concluye diciendo que era tanta la gente que oía hablar de Jesús «que ya no podía Jesús presentarse en público en ninguna ciudad, sino que se quedaba a las afueras, en lugares solitarios. Y acudían a él de todas partes» (1:45). A su regreso a Cafarnaúm, «se agolparon tantos que ni siquiera ante la puerta había ya sitio» (2:2), lo que obligó a los amigos de un paralítico a subir al tejado, abrir un gran boquete y bajar al enfermo con cuerdas hasta el suelo. Después de que Jesús hablara con el hombre, este se cura de repente; de pie y erguido, sale llevando su propia camilla, de modo que –dice Marcos– quedaban todos asombrados y glorificaban a Dios, diciendo: «Jamás vimos cosa parecida» (2:12).

Al igual que muchos lectores influidos por supuestos racionalistas, yo tendía, antes, a pasar por alto los relatos de milagros para centrarme en las enseñanzas de Jesús. Pero los contemporáneos de Marcos reconocían que ambos aspectos están íntimamente ligados. Porque, como él pretende mostrar, cuando el espíritu de Dios desciende sobre Jesús, el espíritu le inspira a hablar en profecía y a realizar actos de poder. Marcos señala que el poder de Jesús para curar es lo que demuestra –y valida– su pretensión de hablar en nombre de Dios.

La curación del paralítico, y de muchos otros, hizo famoso y notorio a Jesús. Como relata Marcos, «y le siguió una gran muchedumbre» (3:7), tanta que «dijo a sus discípulos que le prepararan una pequeña barca, para que no le aplastaran... de suerte que cuantos padecían dolencias se le echaban encima para tocarle» (3:9-10). Marcos incluye a menudo a los espíritus malignos entre su elenco de personajes, ya que, según cuenta, realizar curaciones exige que Jesús luche contra estas energías invisibles que causan enfermedades y sufrimiento. Incluso hoy, por supuesto, aprendemos cuando somos niños que agentes invisibles, bacterias o virus, pueden enfermarnos o matarnos. Para protegernos, utilizamos muchas de las mismas prácticas que los maestros judíos enseñaban para evitar el peligro de los demonios: lavarse las manos, evitar el agua estancada o los alimentos en mal estado, y no tocar las aguas residuales y los cadáveres en descomposición.

Todos los escritores evangélicos coinciden en que Jesús atrajo, de entrada, la atención pública como un sanador capaz de obrar milagros, ya que, como señala el historiador Morton Smith, en la antigua Palestina, al igual que en el resto del Imperio Romano, no había hospitales.[11] Los médicos eran escasos y caros, e incluso los mejores eran a menudo ineficaces. Más de un siglo después de la muerte de Jesús, el propio emperador Marco Aurelio murió de peste después de que su médico personal, Galeno, el médico más célebre de su tiempo, huyese de Roma para esconderse de la peste en su finca. Si Galeno se hubiera quedado, como seguramente comprendió, no habría podido hacer nada contra una enfermedad que mató a miles de personas en Roma, donde se amontonaban los cadáveres en las calles, quedando ahí para que se pudrieran. Los que no podían permitirse un médico solían recurrir a practicantes de la magia, muchos de los cuales invocaban a espíritus poderosos para realizar hechizos, encantamientos y rituales, a precios muy variados. Un curandero eficaz, especialmente uno que, como Jesús, no reclamase pago alguno, habría estado muy solicitado.

Dado que el exorcismo implica un enfrentamiento de poderes, cuando Jesús ordena a los demonios abandonar a sus víctimas humanas, estos a menudo resisten ferozmente, amenazando con «desenmascararlo» y revelar la identidad divina que él mantiene en secreto: «Y los espíritus inmundos, al verle, se arrojaban a sus pies y gritaban: '¡*Tú eres el Hijo de Dios*!'. Pero él les mandaba enérgicamente que no le descubrieran» (3:11-12).[12]

Aunque las curaciones de Jesús asombran a las multitudes, también alarman a su familia, como hemos visto, y despiertan una feroz oposición en otras personas. Marcos afirma que cuando los escribas, respetados intérpretes de las Escrituras, llegan desde Jerusalén para investigar las actividades de Jesús, reconocen que tiene poder y de inmediato le acusan de practicar la magia: «Está poseído por Belcebú. ¡Y por el príncipe de los demonios expulsa los demonios!» (3:22). Acusado de utilizar el poder demoníaco, Jesús rechaza enérgicamente la acusación, insistiendo en que, por el contrario, su poder proviene de Dios: «¿Cómo puede Satanás expulsar a Satanás?» (3:23). Los que hacen tales acusaciones –declara– blasfeman contra el Espíritu de Dios. Sin embargo, como nos dice Marcos, la actividad pública de Jesús atrae a poderosos enemigos que «se confabularon... contra él para ver cómo eliminarle» (3:6).

¿Quién es este hombre, deseado por unos y temido por otros? Todos cuantos se cruzan en su camino, sean allegados o adversarios, se plantean la misma pregunta, pero la respuesta permanece oculta. Al dirigirse en parábolas a la multitud, sus palabras resultan tan desconcertantes como sus milagros. En privado, sus discípulos le interrogan sobre el sentido de estas enseñanzas, extrañados por su falta de claridad. Contrario a lo que sostienen hoy muchos predicadores –que las parábolas buscan *ilustrar* lo que quiere decir–, Marcos afirma que Jesús las usaba precisamente para *velar* su mensaje. Y añade una revelación más impactante:

> *A vosotros se os ha dado el secreto* [o «el misterio»; en griego, *mysterion*] del reino de Dios; pero a los que están fuera, todo se les presenta en parábolas, para que por mucho que miren, no vean, por mucho que oigan, no entiendan, no sea que se arrepientan y se les perdone. (Marcos 4:11-12)[13]

Palabras sorprendentes, ya que justo antes de eso, «reuniendo a tanta gente junto a él» (4:1), Jesús ofrece lo que parece una invitación abierta para que cualquiera entienda: «*¡Quien tenga oídos para oír que oiga!*».[14] Pero también aquí Marcos vuelve a subrayar esta paradoja, insistiendo en que Jesús usaba parábolas precisamente para *impedir* que los de afuera comprendieran: «No les hablaba [a los extraños] sino en parábolas; pero *a sus propios discípulos se lo explicaba todo en privado*» (4:34).[15]

Inmediatamente después de eso, vuelve a asombrar a sus discípulos con otro milagro, tan inesperado que admiten que aún no saben quién es. Pues cuando, aterrorizados, le despiertan del sueño después de que una repentina tormenta anegara y casi hiciera zozobrar su barca en el mar de Galilea, Jesús se levanta y reprende al viento, y ordena al mar: «¡Calla, enmudece!». Al ver que el viento cesa y que una calma total se adueña del mar, sus seguidores se quedan un momento en silencio escandalizados, y luego se preguntan unos a otros: «*¿Quién es este, que hasta el viento y el mar le obedecen*?» (4:41).[16]

Como si Jesús no los hubiese desconcertado suficiente, Marcos afirma que cuando su barca llega cerca del territorio de los gerasenos, se apea y se encuentra con un hombre desnudo que vive en un cementerio, corre desbocado, aúlla día y noche y se corta con piedras. Al ver acercarse a Jesús, el hombre echa a correr gritando lo más fuerte que puede: «¿Qué tengo yo contigo, Jesús, *Hijo de Dios Altísimo*?» (5:7).[17] Reconociendo que ese hombre estaba endemoniado, Jesús le pregunta: «¿Cuál es tu nombre?» (5:9). Porque, al igual que un médico que diagnostica una enfermedad, un exorcista solo puede curar si conoce el nombre del demonio; como señala Smith, «se creía que los demonios… obedecen cuando se les llama por su nombre».[18] Al oír la respuesta –«¡*Mi nombre es Legión, porque somos muchos*!»–, Jesús les ordena: «¡*Salid de él*!». Aunque no tienen poder para resistirse, los demonios acobardados ante Jesús contraatacan con una súplica: al ver una abundante piara de cerdos en una ladera cercana, suplican a Jesús: «*Envíanos a los puercos para que entremos en ellos*» (5:12).[19]

Sigue ahora uno de los relatos más extraños del evangelio de Marcos: «Y se lo permitió. Entonces los espíritus inmundos salieron y entraron en los puercos, y la piara, unos dos mil, se arrojó al mar de lo alto del precipicio y se fueron ahogando en el mar» (5:13). Asombrados y horrorizados, los porqueros huyen contando a todo el mundo lo que han visto. Cuando la gente viene corriendo para ver lo que ha sucedido, ven al antiguo poseído sentado y hablando con Jesús, vestido y en su sano juicio. Sin embargo, aterrorizados por lo que han visto y oído, «entonces comenzaron a rogarle que se alejara de su vecindario» (5:17).

En la narración de Marcos, las *acciones* de Jesús, al igual que las historias que cuenta, sirven de parábolas. Sus milagros, igualmente centrales en la «buena nueva» de Marcos, son acontecimientos que, por impactantes que resulten, se dejan para que sus discípulos –y sus lectores– los descifren. A continuación, Marcos narra cómo Jesús cura a una muchacha muerta, ¿o estaba en coma? La palabra «coma» deriva, después de todo, de *koimao*, el verbo griego que significa «dormir». En este caso, sin embargo, tal vez para demostrar que la muchacha había muerto realmente, Marcos dice que, antes de que Jesús responda a la petición de ayuda del padre de la chica, sus criados vienen corriendo a decirle que es demasiado tarde y que ha fallecido. Pero Jesús, al oír esto, ordena al padre: «No temas, confía» (5:36). Cuando llega a la casa y oye a las plañideras llorando y lamentándose, Jesús les dice que paren: «La niña no ha muerto; está dormida» (5:39). La historia es bien conocida: cuando Jesús se acerca a la niña y, tomándola de la mano, le dice «*Talitá kum*», que significa en arameo, su lengua materna: «Muchacha, a ti te digo, levántate» (5:41). Entonces, ella se levanta de inmediato y comienza a andar.

Otros relatos atribuyen a Jesús la resurrección de los muertos, una hazaña sorprendente, pero con precedentes en las Escrituras judías y en la literatura griega. Lucas narra que Jesús se encuentra con un cortejo fúnebre en el que unos hombres llevan el cadáver de un joven, seguido de su madre viuda y de una gran multitud. Movido por la compasión, Jesús le dice que no llore. Cuando los portadores del féretro se detienen, ordena al muerto que se levante:

«El muerto se incorporó y se puso a hablar, y Jesús se lo dio a su madre» (Lucas 7:15), mientras la multitud, asombrada, alaba a Dios por la presencia de un «gran profeta entre nosotros». Este episodio se hace eco de un relato de 1 Reyes 17:17-24, que narra cómo el profeta Elías, al encontrarse con una viuda devastada por la muerte de su único hijo, lo resucitó. ¿Siguió Lucas el modelo del relato anterior? Es probable, porque esta anécdota demuestra que Jesús tiene un gran poder, tal vez incluso mayor que el del profeta Elías.

En la escuela de posgrado, me sorprendió escuchar que la historia de Jesús resucitando a la niña muerta resonaba con otra similar contada a propósito de Apolonio de Tiana, otro célebre maestro y sanador casi contemporáneo de Jesús. Apolonio era un santón itinerante, un taumaturgo que congregaba discípulos y vivía con ellos, mientras caminaba de templo en templo por las costas del norte de Siria y Grecia, igual que había hecho unos años antes el apóstol de Jesús, Pablo, visitando sinagogas por la misma ruta. Nacido en el seno de una familia griega acomodada, Apolonio era seguidor del filósofo y maestro Pitágoras, que practicaba el vegetarianismo y el celibato, llevaba el pelo largo y vestía con lino blanco. Tras dedicarse durante años a la práctica espiritual, viajó a Babilonia para estudiar con los magos, y después a la India, para aprender las enseñanzas hindúes de los gurús brahmanes. Más adelante en su vida, Apolonio viajó a Roma y a Egipto, donde visitó a unos ascetas llamados «sabios desnudos» que quizá conocían y practicaban las enseñanzas védicas o budistas, y que eran conocidos por cultivar poderes sobrenaturales.[20]

Como en el caso de Jesús, todos estos detalles fueron recogidos por los discípulos anónimos del maestro. Leyendo por primera vez *La vida de Apolonio de Tiana*, me di cuenta de que debía de haber una fascinación generalizada por los milagros en el mundo del Mediterráneo antiguo. He aquí un milagro extraído de la *Vida*, muy similar al relato evangélico que hemos señalado:

> Una muchacha parecía haber fallecido justo en el momento de su boda. El prometido seguía el féretro con todas las lamentaciones de un matrimonio no consumado, y Roma lloraba con él, ya que la muchacha pertenecía a una familia consular. Al encontrarse con esta escena de dolor, Apolonio dijo: «Bajad el féretro, pues pondré fin a vuestro llanto por la muchacha». Al mismo tiempo le preguntó su nombre... Apolonio, tras simplemente tocarla y decir algo en secreto, despertó a la novia de su muerte aparente. La muchacha habló y volvió a casa de su padre.[21]

El historiador de Oxford Geza Vermes confirma en su influyente libro *Jesús el Judío* la sensación de que esas historias de milagros distan mucho de ser únicas. Vermes cita informes de otros rabinos carismáticos del siglo I, como Hanina ben Dosa,[22] quien, al igual que Jesús, se hizo famoso por su poder para sanar enfermedades, incluso a distancia. Tales historias tampoco se limitaban a los judíos. Incluso el respetado senador romano Tácito describe cómo el emperador Vespasiano, para su sorpresa, descubrió que fue capaz de devolver la vista a un ciego y de curar la mano paralizada de otro hombre.[23]

Marcos hace hincapié en esas historias para persuadir a la gente de que el mensaje de Jesús es verdadero, pero no es de extrañar que muchos forasteros insistieran en que eran trucos y acusaran a Jesús de practicar la magia. Es curioso que, como hemos señalado, cuando Marcos narra la resurrección de la muchacha muerta, abandona su costumbre de escribir en griego para anotar cuidadosamente –e insertar en su relato– las palabras exactas en arameo que Jesús pronunció en aquella ocasión. Poco después, Marcos escribe también que, al curar a un sordo e impedido para hablar, Jesús le metió los dedos en los oídos, escupió, tocó la lengua con la saliva, «y le dijo '*Effatá*', que quiere decir [en arameo] '¡Ábrete!'» (7:31-37). Cualquiera que esté familiarizado con las prácticas mágicas reconocerá que las «palabras de poder» y los actos rituales aquí relatados son similares a los que se encuentran en antiguos papiros mágicos, amuletos e inscripciones, que los magos del mundo antiguo utilizaban para invocar la sanación.[24]

¿Por qué incluye Marcos este tipo de detalles? Podemos especular que se da cuenta de que los seguidores de Jesús querrán saber qué palabras utilizó en casos de éxito y cómo pronunciarlas en arameo: también ellos encontrarían esa información enormemente útil. Desde el comienzo de su actividad pública, Jesús ordena a sus discípulos que curen a la gente y exorcicen demonios, dándoles permiso para utilizar su propio nombre para invocar el poder de Dios. Y cuando Juan, el discípulo de Jesús, afirma: «Maestro, hemos visto a uno que expulsaba demonios en tu nombre y tratamos de impedírselo porque no venía con nosotros. Entonces Jesús replicó: "No se lo impidáis, pues no hay nadie que obre un milagro invocando mi nombre y que luego sea capaz de hablar mal de mí, pues el que no está contra nosotros, está a favor nuestro"» (Marcos 9:38-40). En generaciones posteriores, y a partir de entonces, los seguidores de Jesús que practican la sanación han utilizado a menudo técnicas similares a las que practicaban los antiguos magos, invocando el poder de su nombre y del espíritu de Dios.

Sorprendentemente, justo después de que Marcos cuente que Jesús resucitó a la muchacha muerta, sigue con una anécdota en la que este intenta sanar, pero fracasa. Como ya hemos dicho, cuando Jesús retorna a Nazaret, su ciudad natal, con sus discípulos, se levanta para hablar en la sinagoga local. Pero sus antiguos vecinos se escandalizan y preguntan: «*¿Quién se ha creído que es*?». Ante la sospecha y el desprecio de sus vecinos, Marcos dice que «no pudo hacer allí ningún milagro... y se asombraba de su incredulidad» (6:5-6).

Ninguno de los seguidores de Jesús habría inventado este relato, como observa el historiador Morton Smith. No es de extrañar, pues, como hemos señalado, que cuando Mateo revisa las palabras de Marcos, trate de hacerlas menos embarazosas, diciendo en su lugar: «Y no hizo allí *muchos* milagros» (Mateo 13:58); y cuando Lucas lo revisa, omite este episodio. Smith señala, sin embargo, que la versión de Marcos «se ajusta a los hechos psicológicos», ya que «un curandero no puede curar cuando no encuentra fe».[25] A menudo, a lo largo de los evangelios, Jesús dice a su paciente que «tu fe te ha curado». ¿Está reconociendo lo que los médicos denominan el efecto placebo?[26] Con independencia de lo que ocurriera en Nazaret,

Mateo rechaza la sugerencia de que el poder de Jesús tuviera límites, insistiendo en que Jesús podía sanar a todos en cualquier lugar:

> Recorría Jesús toda Galilea, enseñando en sus sinagogas, proclamando la Buena Nueva del Reino y curando toda enfermedad y toda dolencia en el pueblo. Su fama llegó a toda Siria; y le trajeron todos los que se encontraban mal con enfermedades y sufrimientos diversos, endemoniados, lunáticos y paralíticos, y los curó. Y le siguió una gran muchedumbre de Galilea, Decápolis, Jerusalén y Judea, y del otro lado del Jordán. (Mateo 4:23-25)

¿Qué lectura hacer de estas narraciones? La respuesta variará según el interlocutor. Los pensadores racionalistas, partiendo del presupuesto de que los milagros no existen y que dichos relatos son meras construcciones legendarias, llevan siglos interpretándolos ya sea como errores de percepción grotescos, ya como amplificaciones retóricas de sucesos naturales. Tomás Jefferson, por su parte, optó por «enmendar» los evangelios extirpando con tijeras estos relatos de su ejemplar bíblico, preservando únicamente las doctrinas que juzgaba accesibles a la razón y valiosas para la ética. Bautizó su versión mutilada como *The Life and Morals of Jesus of Nazareth*, obra que la posteridad conocería como *la Biblia de Jefferson*, un volumen, hoy expuesto en su residencia de Monticello, con ausencias palpables en cada página donde suprimió lo milagroso.

El historiador John Dominic Crossan ofrece una interpretación diferente. Al igual que Jefferson, Crossan declara: «Supongo que Jesús… no curó ni pudo curar [la lepra] ni ninguna otra enfermedad».[27] En cambio, el significado de esas historias es que, aunque Jesús no curaba enfermedades reales –especialmente las que son incurables como la lepra–, sí se acercaba a los leprosos y a otras personas marginadas. Eso –concluye Crossan– es lo que transmiten los relatos de curaciones: que la respuesta compasiva de Jesús ayudó a los enfermos a recuperarse de la «enfermedad», la cual él define como «el aislamiento y rechazo social» que solían padecer, facilitando así su capacidad para sobrellevar la dolencia física y quizá descubrir el poder de autocuración.

Sin embargo, muchos cristianos creen que los milagros ocurren. Desde el siglo I hasta el siglo XXI, muchos han afirmado sanar a los enfermos en nombre de Jesús; y hasta el día de hoy, la Iglesia católica certifica a los auténticos santos investigando las pruebas de las curaciones que se les atribuyen. Muchas otras iglesias cristianas también fomentan la práctica de la sanación. Unos cien años después de Jefferson, Mary Baker Eddy, tras sufrir durante décadas una enfermedad aparentemente incurable, declaró que Jesús la había curado mediante el poder de la oración. En el año 1879, fundó la Iglesia de Cristo Científico «para restablecer el cristianismo primitivo y su práctica perdida de la sanación»,[28] un movimiento que ahora cuenta con cientos de miles de miembros en todo el mundo.

Como es bien sabido, los investigadores han descubierto que la pérdida del habla, la parálisis, las enfermedades mentales e incluso la ceguera, entre otras afecciones, pueden tener origen psicosomático. En ocasiones, estos síntomas se resuelven de repente si se alivia la intensa angustia subyacente. Y puesto que ciertas personas son expertas en aliviar esa angustia, algunos estudiosos creen que los exorcismos y las curaciones de Jesús «eran el resultado del cese repentino de... determinados trastornos psicológicos».[29] Stevan Davies interpreta algunos de los milagros de Jesús de esta manera, desafiando lo que su maestro, Morton Smith, escribió en *Jesús el Mago*. En su libro *Jesus the Healer*, Davies señala que Jesús utilizó técnicas similares a las que los chamanes y curanderos practican en otras culturas.

En cuanto a quienes escribieron los evangelios, aunque seguramente pretendían relatar lo que Jesús hizo en realidad, relatos como estos confirman que no pretendían simplemente escribir historia. Más bien, como hemos señalado, puesto que veneraban a Jesús como visionario y profeta, incluso como «Hijo de Dios», escribían para promover su mensaje y animar a la gente a sumarse a su movimiento. Pero cuando tratamos de «corroborar» esos relatos crípticos e intentamos explicarlos, lo primero que aprendemos es lo mucho que no sabemos, y probablemente no podamos saber. Además, los relatos de milagros, como tantas otras cosas en los evangelios, reflejan una antigua perspectiva cultural que mucha gente pasa por alto. Como señala el historiador Dale Allison:

> Hiciera lo que hiciera, Jesús no celebraba la racionalidad como virtud. Su tradición no era la filosofía grecorromana, sino el judaísmo popular galileo... Su mente... era poética, y su universo mental, lleno de espíritus invisibles e informado por la cosmología de las Escrituras hebreas, era mitológico.[30]

Sin embargo, muchos cristianos, sobre todo en Estados Unidos, tienden a leer la Biblia desde una perspectiva influenciada por el «fundamentalismo», un movimiento de principios del siglo XX iniciado por un grupo de pastores protestantes que decidieron aferrarse a los «fundamentos» de la fe. Los miembros de este grupo estaban de acuerdo en que los «cristianos creyentes en la Biblia» debían aceptar que el sentido literal de cada palabra de la Biblia es la verdad, una perspectiva que a menudo genera conflictos irreconciliables con las personas que aceptan puntos de vista científicos.

Las personas con mentalidad «fundamentalista» a menudo se pierden algunos de los mensajes más poderosos codificados en los evangelios. Porque, como hemos visto, Marcos construye cuidadosamente su narrativa, llenándola de sentidos que no son obvios a primera vista. Y así, sugiere Marcos, es cómo enseñaba el propio Jesús. Al igual que la poetisa Emily Dickinson, que aconsejaba: «Di toda la verdad, pero dila con rodeos,/el éxito está en el circunloquio». Jesús no solo enseña con parábolas, sino que también realiza milagros que ocultan –o revelan a quienes «tienen ojos para ver» (Marcos 8:18)– significados no evidentes.

¿Quién era capaz de entender esos significados? ¿Cómo descifrarlos? Al parecer, los escritores de los evangelios suponen que su público previsto de judíos devotos –«los que tengan oídos para oír»– reconocerían de qué modo las enseñanzas de Jesús –y sus actos– se hacen eco de relatos bíblicos acreditados. Muchos, sin duda, notarían cómo Mateo se inspira para narrar la historia del nacimiento de Jesús en Moisés, sus cuarenta días en el desierto en el éxodo de Israel por el desierto, y su ascensión a una montaña para pronunciar su «Sermón de la Montaña» en la ascensión de Moisés al monte Sinaí. ¿Inventaron los evangelistas la idea de crear tales resonancias? Yo creo que fue el propio Jesús quien enseñó de ese modo. Haciéndose eco de las historias bíblicas tanto en sus palabras como en sus acciones, Jesús podía efectivamente hablar a su pueblo «en clave». Porque, al igual que los pueblos colonizados de la India y África creaban formas de comunicación que resultaban ininteligibles para sus ocupantes europeos, Jesús ocultaba a menudo a los extranjeros, especialmente a los ocupantes romanos, lo que solo quería revelar a aquellos que, según decía, «tenían ojos para ver y oídos para oír».

¿Qué significado pueden esconder historias tan extrañas? Consideremos la historia más rara de todas: cuando Jesús se encuentra con un hombre desnudo gritando en un cementerio y expulsa de él una horda de demonios a una piara de cerdos, que salen en estampida y se ahogan en el mar. ¿Quién podría encontrarle sentido a eso? Yo diría que casi nadie, excepto los judíos galileos que, como Jesús, vivían bajo la dura ocupación romana. Los romanos cobraban impuestos exorbitantes, crucificaban a miles de judíos y causaban estragos en pueblos indefensos. Especialmente odiada era la Fretensis, la Décima Legión, un cuerpo militar de élite que Augusto había ordenado enviar a Judea en torno al año 4 a.C. para sofocar una insurrección judía tras la muerte de Herodes. Durante décadas, como ya hemos dicho, los soldados romanos estuvieron estacionados por toda Galilea y Judea para controlar a la población local. Los judíos consideraban el estandarte de Fretensis, blasonado con la imagen de un jabalí, todo un insulto: el cerdo era un animal que consideraban tan repugnante como los extranjeros impíos que lo portaban con orgullo.[31]

Cuando Marcos escribe, hacia el año 70 d.C., ha vivido la guerra de los judíos contra Roma y ha visto cómo terminaba en desastre. Después de que los soldados romanos profanaran el Templo de Dios de Jerusalén y lo derribaran, le prendieron fuego. Los comandantes romanos convirtieron entonces el sagrado Monte del Templo en una fortaleza militar, acuartelando a la legión Fretensis en el emplazamiento. A partir de entonces, e incluso con mayor intensidad después de que los judíos intentaran otra rebelión unos cincuenta años más tarde, en el 135 d.C., las fuerzas militares romanas trataron de erradicar la Ciudad Santa, degradando su estatus al de colonia. Obligados a someterse, los judíos reconocieron poco a poco que, como señala un historiador, «el emblema [del jabalí] significaba *Romanae potestati subiacere Iudaeos*», es decir, «el poder romano que somete a los judíos».

¿Qué puede significar, entonces, que Marcos cuente que Jesús, el Mesías de Israel, al encontrarse con un hombre enloquecido por muchos demonios, descubra su nombre: «*Mi nombre es Legión, porque somos muchos*»? Y cuando el Mesías los expulsa en un poderoso acto de exorcismo, incitando a la horda a salir en estampida y ahogarse en el mar, ¿quién de entre la población judía podría pasar por alto la alusión al despreciado enjambre de soldados de la Décima Legión? Esta dramática escena anticipa cómo el Señor expulsará a los soldados romanos y los destruirá, al igual que, en tiempos de Moisés, el Señor expulsó al ejército egipcio al Mar Rojo para que se ahogara. Cualquiera que reúna estas pistas –la historia de la liberación de Israel y los hechos sobre el terreno en el siglo I– leerá esta escena como una «señal» que promete que el Dios de Israel está de nuevo a punto de liberar a su pueblo.

Solo los judíos familiarizados con la historia de la Pascua entenderían este episodio. Porque lo que el Éxodo dice que sucedió después de que el Señor arrojara a los enemigos de Israel al mar es la clave de lo que Marcos contará a continuación. Antes de que el ejército egipcio se ahogara, el propio pueblo de Israel se enfrentó a las peligrosas aguas del Mar Rojo. El Señor dijo a Moisés: «Alza tu cayado, extiende tu mano sobre el mar y divídelo» (Éxodo 14:16), haciendo retroceder las turbulentas aguas y liberando al pueblo de Israel. También Marcos combina su parábola de la «legión» romana que se ahoga con el epílogo antes mencionado, cuando Jesús y sus discípulos se ven sorprendidos en el mar por un violento vendaval y corren peligro de ahogarse. En el momento en que Jesús, para asombro de los discípulos, ordena al viento y al mar que «se detengan y se calmen», rescatando así a sus seguidores de una tumba acuática, cualquiera que esté familiarizado con la historia del Éxodo entenderá lo que eso significa: que Jesús, como Moisés antes que él, ejerce el poder de Dios, que es el único que controla el viento y el mar.

A continuación, el Éxodo relata cómo el pueblo de Israel, tras escapar de la muerte del ejército egipcio y luego del mar embravecido, vaga en el desierto, hambrientos y temerosos de morir de hambre, hasta que el Señor les proporciona milagrosamente maná para comer. Haciéndose eco de esa historia, Marcos narra ahora cómo Jesús y sus seguidores «se fueron... solos a un lugar desierto». Pero mucha gente que los vio partir, dice Marcos, «fueron allá corriendo, a pie, de todas las ciudades y llegaron antes que ellos» (Marcos 6:32-33). Al llegar al desierto, Jesús se encuentra con una gran multitud y responde con compasión. Al anochecer, al darse cuenta del hambre que tienen y de que no hay nada que comer, asombra de nuevo a sus discípulos proporcionado milagrosamente comida para 5.000 hombres, además de las innumerables mujeres y niños de la multitud (6:30-44).

Cuando ni siquiera sus seguidores más próximos se percatan de lo que eso significa –que la liberación de Israel se escenifica ahora mismo ante sus ojos–, Jesús vuelve a actuar. Marcos cuenta una historia similar, de un segundo acontecimiento, poco después, en el que Jesús da de comer en el desierto, esta vez a más de 4.000 personas (8:1-21). A continuación, Marcos añade una nota irónica. Los fariseos, miembros de una secta judía concernida con la interpretación de la Torá, «salieron y comenzaron a discutir con él, pidiéndole una señal del cielo, con el fin de ponerle a prueba» (8:11). Como no han reconocido en absoluto la «señal» que se les acaba de proporcionar, Jesús, profundamente decepcionado, los despide con impaciencia: «No se dará, a esta generación, ninguna señal». Y cuando ni siquiera sus propios discípulos reconocen la «señal», Marcos vuelve a destilar ironía. De inmediato, Jesús sube a una barca con sus discípulos y les advierte que «tengan cuidado con la levadura de los fariseos», el ingrediente que estropea el pan de Pascua. Al escuchar eso, exclaman que se olvidaron de traer pan. Sorprendido de que incluso sus seguidores más cercanos tomen sus palabras al pie de la letra, Jesús estalla de frustración: «¿Por qué estáis hablando de que no tenéis panes? ¿Aún no comprendéis ni entendéis? ¿Es que tenéis la mente embotada? ¿Teniendo ojos no veis y teniendo oídos no oís?» (8:12-18).

Como reconoce el poeta William Blake, «ver» es lo importante. Al contrastar el enfoque de Lucas sobre el «Jesús compasivo» con el retrato de Marcos de un profeta airado, Blake escribe:

> La visión de Cristo que tú ves
> es el enemigo más profundo de mi visión;
> El tuyo habla de amor a toda la humanidad;
> ¡el mío habla en parábolas a los ciegos![34]

¿Jesús compasivo o profeta feroz, proveedor de signos inescrutables? Al formular estas preguntas, nos encontramos en el punto donde empezamos, planteando lo que todos, admiradores, enemigos, multitudes y discípulos por igual, siguen preguntándose: *¿quién es este hombre?* Jesús es un hombre de muchos secretos, y uno de los mejor guardados es el secreto de su identidad. En este momento culminante, Jesús reta a sus discípulos a responder a esa pregunta: «¿Quién dice la gente que soy yo?».

Pero antes de arribar a este célebre episodio, Marcos lo encuadra con *otra* historia milagrosa, que sirve de metáfora para lo que sigue. A diferencia de cualquier otra historia bíblica de milagros, esta se desarrolla en dos etapas. Para curar a un ciego, Jesús le pone saliva en los ojos, le toca y le pregunta: «¿Ves algo?». Alzando la vista, el hombre responde: «Veo a la gente, pues los veo como árboles, pero que andan». Como el hombre solo ha recuperado la visión parcial, Jesús vuelve a tocarle los ojos. Esta vez, el hombre abre los ojos. «Veía de lejos claramente todas las cosas» (Marcos 8:23-25).

Con esta anécdota, Marcos nos prepara para comprender de qué manera Pedro, uno de los primeros discípulos de Jesús, también llega a «ver» en dos etapas. Asombrados por la primera pregunta de Jesús («¿Quién dice la gente que soy yo?»), sus discípulos ofrecen respuestas provisionales: «Algunos dicen que eres Juan el Bautista, que has vuelto de entre los muertos»; «el profeta Elías»; «uno de los profetas». Entonces Jesús les desafía más directamente: «Pero ¿quién decís que soy yo?». Esta vez los demás permanecen en silencio, hasta que Pedro por fin se atreve a responder, acertando: «Tú eres el Mesías». Esto, al menos, *parece* correcto, ya que, por supuesto, Marcos lo ha anunciado en la primera línea de su evangelio (*«Esta es la buena nueva de Jesús, el Mesías, el Hijo de Dios»* [1:1]). Pero aquí, cuando Pedro pronuncia este nombre, Jesús le detiene bruscamente, diciéndole: «¡*No se lo digáis a nadie*!»[36] y se vuelve contra Pedro, llamándole Satanás.

Porque la respuesta correcta de Pedro lo es solo a medias. Tras permitir que sus discípulos vislumbren que es el Mesías, Hijo de Dios, Jesús matiza inmediatamente la respuesta de Pedro, advirtiéndole: «El *Hijo del Hombre* tiene que padecer grandes sufrimientos».[37] A lo largo de esta narración, pues, Marcos –o quizá el propio Jesús– superpone una segunda visión de su identidad a la primera. Es el Mesías, sí; pero también es el Hijo del Hombre, el término que utiliza más a menudo para referirse a sí mismo. Este último término, sin embargo, es ambiguo. En algunos contextos, significa simplemente «un ser humano».[38] Pero muchos de los judíos contemporáneos de Jesús reconocerían en cambio al «Hijo del Hombre» como una figura –humana o sobrenatural– que el profeta Daniel vio en una visión, de pie en el cielo ante el trono de Dios: alguien a quien el Señor mismo designa para gobernar el mundo, pero que solo recibirá el poder cuando regrese sobre «las nubes del cielo» (Daniel 7:13) después de haber sido rechazado y asesinado en la tierra.

Ahora vemos con qué sutileza construye Marcos este momento de clímax, utilizando la parábola del ciego sanado en dos etapas. En un primer momento, Pedro «ve» parcialmente quién es Jesús, pero solo más tarde –quizá no hasta después de la crucifixión– llega a comprender plenamente la complejidad de su identidad oculta. Advirtiendo a sus discípulos del sufrimiento que les espera, Jesús declara que él, como Hijo del Hombre, sería asesinado «y resucitaría a los tres días» (Marcos 8:31). Solo entonces –señala Marcos– volvería para gobernar el mundo como Hijo de Dios.

¿Previó Jesús realmente su propia muerte inminente y quizá incluso la futura resurrección? ¿O después de la muerte de Jesús, inventaron Marcos y otros escritores esas «profecías» y las escribieron como si él las hubiera predicho? Estoy de acuerdo en que, como sugieren muchos especialistas, es probable que Marcos escribiera algunas de esas «profecías» después de la muerte de Jesús. Sin embargo, lo que sucede a continuación demuestra que, desde el principio, Jesús fue plenamente consciente del peligro que corría al anunciar lo que predicaba –que el reino de Dios estaba a punto de irrumpir en el mundo–, al tiempo que insinuaba que él mismo tendría un papel importante que desempeñar.

Tras revelar a Pedro su identidad secreta como Mesías de Dios, Jesús comienza a representar ciertas escenas deliberadamente como «señales». Antes de entrar en Jerusalén, capital del imperio que una vez gobernó el rey David, se atreve a representar una famosa escena concebida por el profeta Zacarías, que imagina al Mesías designado por Dios llegando a Jerusalén montado no en un carro de guerra, sino en un asno, «victorioso y humilde» (Zacarías 9:9), para iniciar su reinado.

Según relata Marcos, Jesús se dirige directamente a Jerusalén, adelantándose a sus discípulos, que «estaban sorprendidos y los que le seguían tenían miedo» (Marcos 10:32). Dado que Santiago y Juan, sus discípulos más aventajados, suponen que Jesús está a punto de hacerse con el poder, empiezan a disputarse los principales puestos en su próxima administración (10:35-37). Al acercarse a Jerusalén, se detiene en una aldea cercana y ordena a dos de sus hombres que vayan al pueblo y encuentren un asno que nunca haya sido montado, lo desaten y lo traigan. Tras montar en el asno, Jesús inicia una procesión hacia la Ciudad Santa, ahora abarrotada de judíos que llegan para celebrar la Pascua. Al verle, muchos otros se unen a sus discípulos, gritando alabanzas a Dios, aclamándole como rey de Israel.

¿Qué esperaba Jesús que ocurriese? En este punto, los estudiosos discrepan. ¿Sabía alguien lo que sucedería después? La acción de Jesús sugiere su confianza en que el Señor se ocuparía del resto, es decir, destruir el orden del mundo romano e inaugurar el reino de Dios.

En todo caso, Jesús hace lo que cualquier peregrino judío devoto haría: se dirige directamente al Templo de Dios, «observa todo a su alrededor». Luego, al caer la noche, se marcha para pernoctar en el pueblo de Betania. A la mañana siguiente, de regreso a Jerusalén, «tuvo hambre». Viendo a lo lejos una higuera frondosa, fue a ver si encontraba algo en ella y «acercándose a ella, no encontró más que hojas; es que no era tiempo de higos» (Marcos 11:12-19). Entonces, dice Marcos, Jesús habló al árbol y lo maldijo: «*¡Que nunca jamás coma nadie fruto de ti!*».[39] Al día siguiente, al pasar junto al árbol, sus discípulos se asombraron al ver que se había marchitado hasta las raíces. Entonces Pedro se acordó de lo sucedido y dijo: «¡Rabí, mira!, la higuera que maldijiste está seca» (11:21).

¿Cómo debemos interpretar esto: un hombre adulto que maldice un árbol por no encontrar frutos fuera de temporada? Mientras que John Meier prefiere denominarlo un «milagro de destrucción», varios psiquiatras europeos y estadounidenses sugieren que es evidencia de una enfermedad mental.[40] Albert Schweitzer, el reconocido médico y erudito bíblico, tras años de analizar estudios históricos para su clásico *La búsqueda del Jesús histórico*, escribió también *El estudio psiquiátrico de Jesús*, que resume una serie de opiniones psiquiátricas. El analista europeo George de Loosten, observando la exaltada opinión que Jesús tenía de sí mismo y su brusco desprecio hacia su familia biológica, incluso cuando afirmaba que Dios era su padre, ofreció un diagnóstico de psicosis, con arrebatos de depresión, evidenciados en su «maldición completamente insensata de la higuera».[41] El psiquiatra estadounidense William Hurst insistió en cambio: «Todo lo que sabemos de él se ajusta… perfectamente al diagnóstico de paranoia».[42] Luego, basando su evaluación en dichos que el Evangelio de Juan atribuye a Jesús –dichos que ningún estudioso reputado tomaría como citas reales–, Hurst indica que la enfermedad de Jesús progresó hasta la «megalomanía».[43] Observando que el Evangelio de Juan dice que Jesús, al oír un trueno, lo interpretó como que Dios le hablaba (Juan 12:29), Hurst considera que esto confirma su diagnóstico. Por su parte, el psiquiatra francés Charles Binet-Sanglé, centrándose en episodios como el encuentro de Jesús con Satanás en el desierto, que considera una evidencia de las «alucinaciones» de Jesús, propone un diagnóstico de «paranoia religiosa».[44]

Sin embargo, como observa Schweitzer, muchos de los actos que estos psiquiatras consideran anormales, incluso psicóticos, eran elementos de creencias muy extendidas entre los grupos judíos de la época de Jesús, especialmente los comprometidos con el pensamiento apocalíptico. No podemos tomar en serio los «diagnósticos» basados en la falta de interacción personal con el supuesto «paciente» y prácticamente ningún conocimiento de su contexto cultural e histórico. Lo que muestran estos comentarios es hasta dónde puede llegar la incomprensión cuando los lectores contemporáneos, como estos eruditos psiquiatras, ignoran el lenguaje simbólico que «expresan» los actos de Jesús.

Porque lo que ellos toman como prueba de locura son «signos» que reconocería cualquiera que esté inmerso en el lenguaje de la Biblia hebrea. Al maldecir la higuera, Jesús se hace eco de los oráculos del profeta Jeremías (600 a.C.), que imagina al Señor dividiendo al pueblo de Israel en dos grupos, como dos grupos de higos: una cesta de higos maduros, buenos para comer, y una cesta con higos podridos e incomestibles. El profeta Oseas, escribiendo unos cien años antes, elige la misma metáfora, imaginando al Señor hablando a su pueblo: «*...en-*

contré yo a Israel, como breva de higuera en sus primicias vi a vuestros padres».[45] Pero Oseas sigue diciendo que cuando ciertas personas hicieron el mal, enojando al Señor, este declaró: «...de mi Casa los expulsaré –es decir, del Templo (popularmente llamado «casa del Señor»–. Y además, «...*su raíz está seca, ya no darán fruto*» (Oseas 9:10-16).

Es probable que Jesús –o Marcos, que narra esta historia– tuviera en mente esas profecías. Tras describir a Jesús maldiciendo la higuera, Marcos cuenta cómo Jesús regresa a Jerusalén y entra en el Templo. Y, mientras declama en voz alta los oráculos de Isaías y Jeremías sobre el juicio divino,

> comenzó a expulsar a los que vendían y a los que compraban en el Templo; volcó las mesas de los cambistas y los puestos de los que vendían palomas, y no permitía que nadie transportase cosas por el Templo (Marcos 11:15-16).

¿Acaso blandía un látigo, como relata el Evangelio de Juan? Sea como fuere, su violento asalto a la actividad comercial ordinaria del Templo provocó una feroz oposición. La próxima vez que se atreva a volver allí, las autoridades del Templo se reunirán para enfrentarse a él: «*¿Con qué autoridad haces esto? ¿Quién te ha dado tal autoridad para hacerlo*?».[46] Pero Jesús desvía la pregunta y se niega a responder, declarando: «*Tampoco yo os digo con qué autoridad hago esto*» (Marcos 11:33).

Paula Fredriksen llama burlonamente a este episodio la «Rabieta del Templo», insistiendo en que nunca ocurrió. En su lugar, propone un escenario más simple: que los líderes judíos encargados de mantener la paz, reconociendo que la presencia de Jesús en Jerusalén durante la Pascua atraía a grandes y fogosas multitudes que podrían encender un motín, decidieron ordenar su arresto de manera preventiva.[47]

Sin embargo, los seguidores más cercanos de Jesús ven incluso su escandaloso comportamiento en el Templo como una «señal». Esto es, en cualquier caso, lo que sugiere Marcos, quien escribe este episodio pasadas varias décadas desde la muerte de Jesús y poco después de que los ejércitos romanos atacaran, profanaran y derribaran el Templo. Quiere que los lectores vean en Jesús la ira del Señor contra las autoridades del Templo, los «higos podridos» destinados a ser expulsados de este, tal como había advertido siglos antes el profeta Jeremías.

Según Marcos, Jesús, apresado y arrestado por los guardianes del Templo, es retenido esa noche en el patio de la residencia de los sumos sacerdotes, donde los sacerdotes, el Consejo Judío y los escribas se reúnen rápidamente para un juicio nocturno, presidido por el sumo sacerdote como juez. Y aunque no se pudieron probar cargos menores contra él, cuando el sumo sacerdote le pregunta: «¿Eres tú el Mesías, el Hijo del Bendito?» Jesús responde: «*Sí, yo soy*, y veréis al Hijo del Hombre sentado a la diestra del Poder … y venir entre las nubes del cielo» (Marcos 14:62).

Marcos pretende que esta dramática escena muestre por qué Jesús exigió el secreto desde el principio. La primera vez que reconoce públicamente su papel de Mesías, es condenado a muerte, acusado de incitar a la revolución por pretender ser el rey de Israel. Probablemente por ese motivo, en la narración de Marcos, Jesús casi siempre habla de sí mismo como «Hijo del Hombre», insistiendo en su doble identidad: no solo Hijo de Dios, sino también Hijo del Hombre. Es su tapadera, el Clark Kent de su Superman. Además, al escribir hacia el año 70 d.C., Marcos es muy consciente, al igual que su audiencia, de que Jesús fue capturado y asesinado cuarenta años antes, y tiene que matizar cualquier expectativa de victoria inmediata por parte de Jesús. Así pues, mientras insiste en que la muerte de Jesús como Hijo del Hombre «tenía que suceder», Marcos proyecta su reinado anticipado como Hijo de Dios hacia un futuro desconocido.

¿Es este, pues, *«el misterio del reino de Dios»* (Marcos 4:10-12)? Cuando leí por primera vez estos escritos y me quedé perpleja, me convencí de que historiadores como William Wrede habían encontrado la respuesta. Wrede, que publicó, en el año 1901, *The Messianic Secret in the Gospels*, señaló que el «misterio» era lo que Pedro había adivinado, es decir, la identidad oculta de Jesús como Mesías. Ahora, sin embargo, tras haber reflexionado sobre esta cuestión durante algún tiempo, explorando diversas fuentes, me doy cuenta de que Marcos no ofrece una respuesta sencilla.

¿Cuál es, entonces, ese otro misterio que, según Marcos, Jesús contó en privado a sus discípulos, pero nunca reveló en público, un misterio que podría ayudar a los seguidores de Jesús a entender su papel, y el de ellos, en el momento actual? ¿Cuál es el mensaje que hace que la historia de su vida, su muerte y sus milagros sea tan convincente como para que sigamos hablando de ella? ¿Qué significa su promesa de la llegada del «reino de Dios»? Una vez más, nos quedamos en la oscuridad, y las fuentes ofrecen poca certeza. Lo que inferimos de los evangelios del Nuevo Testamento depende de lo que consideramos pruebas válidas y de lo que decidimos ignorar. En consecuencia, los intérpretes de los evangelios toman rumbos radicalmente distintos, y eso es lo que debemos explorar a continuación: el «misterio del reino de Dios».[49]

3. ¿Cuál es la «buena nueva»?

De qué modo el mensaje del «reino de Dios» se transforma en «¡Jesús es Dios!»

Los primeros relatos coinciden: la «buena nueva» que anuncia Jesús es: «¡El reino de Dios está cerca!». Pero ¿qué es «el reino de Dios»? Si bien este mensaje centra todo lo que Jesús dice y hace, ¿qué significa en realidad? ¿Cómo habrían escuchado ese mensaje las personas que le oyeron predicar en Galilea, hace dos mil años, y qué podría significar hoy para sus innumerables seguidores?

Según Marcos, este anuncio inflama a los seguidores de Jesús, que abruptamente dejan sus hogares y familias, abandonan sus preocupaciones y ambiciones anteriores y se unen a su grupo itinerante. ¿Qué esperan? Jesús inicia su actividad pública diciendo que debe anunciar este mensaje «pues para eso he salido» (Marcos 1:38-39), ofreciendo milagros como «señales» de la inminente llegada del rey. Inmediatamente, envía a «los doce» a anunciar «la buena nueva de Dios» por todas las ciudades de Israel (1:14; 6:7-13), esperando al parecer una respuesta inmediata.

Cuando me di cuenta por primera vez de que no tenía una idea clara de lo que significaba ese mensaje, volví a las fuentes en busca de pistas, pero las que encontré parecían desviarse en diferentes direcciones. ¿Se refiere «el reino» a la vida después de la muerte en presencia de Dios, lo contrario de ser arrojado a la fosa de fuego llamada «Gehenna», es decir, al «infierno»? ¿Está el mundo actual a punto de ser envuelto y desechado como un pergamino viejo, o transformado a su estado original, restaurando el gobierno de Dios sobre una tierra gloriosamente renovada? ¿O se trata de un reino terrenal impregnado de valores divinos, quizá incluso la futura iglesia, como sugieren algunos cristianos hoy en día?

Cualquiera que sea el significado, Jesús insiste en que espera que llegue durante la vida de sus propios discípulos; Mateo y Lucas insinúan que ya ha llegado. Ambos informan de que Jesús dijo: «...ha llegado a vosotros el reino de Dios» (Lucas 11:20; *par.*), pero en otras ocasiones Jesús parece admitir que *todavía no* ha llegado. Y Marcos afirma que, justo antes de su muerte, Pedro, Santiago, Juan y Andrés volvieron a preguntarle: «*Dinos, ¿cuándo sucederá eso, y cuál será la señal de que todas estas cosas están para cumplirse?*» (Marcos 13:3-4).[1]

Como antes, Jesús habla de ese «misterio» solo en privado, con los miembros de su círculo íntimo. Respondiendo a sus preguntas apremiantes, advierte del peligro: la guerra que se avecina, agravada por el hambre y los terremotos, un tiempo en que sus seguidores serán perseguidos, traicionados por sus familias, atacados y asesinados. Y lo que es aún más estremecedor, cuando la gente, desesperada, vea que los extranjeros profanan y destruyen el gran Templo de Jerusalén, huirán a las montañas y experimentarán «una tribulación cual no la hubo desde el principio de la creación, que hizo Dios, hasta el presente» (Marcos 13:19). Haciéndose eco de los profetas clásicos, Jesús prevé una catástrofe cósmica: oscurecimiento del sol y la luna, estrellas cayendo del cielo, señales que presagian el fin de los tiempos.

De ese modo, Marcos, escribiendo hacia el año 70 d.C. –como hemos visto, poco después de la desastrosa guerra judía contra Roma–, presenta a Jesús, unos cuarenta años antes, prediciendo el mismo «tiempo de sufrimientos» que Marcos y sus contemporáneos recientemente han vivido, y que reconocen que *ha* sucedido durante sus vidas. Tal como lo cuenta Marcos, Jesús continúa diciendo que, después de que sucedan estas cosas, «*entonces* verán al Hijo del Hombre que viene entre nubes con gran poder y gloria» para juzgar y transformar el mundo (13:26).[2]

Muchos de los judíos contemporáneos de Jesús reconocerían que se hace eco de esperanzas compartidas por ellos, recordando la gloria del otrora poderoso imperio de Israel. Desde el reinado del rey David, mil años antes, su tierra había sido invadida y conquistada por sucesivos ejércitos extranjeros, primero los de Babilonia y luego los del guerrero macedonio Alejandro Magno. Esos conquistadores ordenaron impuestos abusivos y sometieron a su pueblo para que fuese gobernado a la fuerza por extranjeros impíos. Y no mucho después de que los líderes de Israel buscaran ayuda aliándose con Roma, el Imperio Romano, con su enorme poder militar, absorbió a Israel, rebautizándolo como su provincia romana de «Judea». Así pues, aunque reyes judíos como Herodes el Grande gobernaban nominalmente Judea en la época del nacimiento de Jesús, esos gobernantes, dominados por sus amos romanos, eran por consiguiente despreciados por muchos judíos.

Los que anhelaban la liberación de Israel se negaron a perder la esperanza, alentados por profetas como Isaías, Ezequiel, Oseas y Daniel. A lo largo de seis largos siglos oscurecidos por la guerra, esos profetas siguieron prometiendo que el Señor vendría a juzgar al mundo, destruyendo a los invasores enemigos y devolviendo a Israel la gloria de antaño. Porque, durante ese día, el «día del Señor», el Mesías de Israel, el rey elegido por Dios, convertiría o sometería a todas las naciones y gobernaría el mundo desde Jerusalén. Pero ¿cómo sucedería esto? Los intérpretes de los oráculos discrepaban profundamente sobre esta cuestión. ¿Decían los profetas que cuando Israel reuniese un ejército para luchar y derrotar a los despreciables extranjeros, el Señor les conduciría a la victoria? Muchos judíos devotos, en especial en zonas rurales como Galilea, adoptaron este punto de vista, tomando las profecías como un estímulo para almacenar armas y planear en secreto la revolución. Otros insistían en que tales esperanzas eran un error. En cambio, declaraban que las profecías ofrecen una visión apocalíptica del «día del Señor». En lugar de tomar la iniciativa y planear una guerra, su pueblo debía esperar el momento en que el Señor mismo iniciara el día del juicio, inaugurando la era venidera con un cataclismo apocalíptico, destruyendo y recreando el mundo presente, como lo hizo en el momento de la creación.

Cuando Jesús de Nazaret retomó el mensaje de Juan el Bautista sobre la llegada del reino de Dios, muchos de sus oyentes, incluso entre sus seguidores más cercanos, al parecer encontraron ambiguo su mensaje. Porque, como hemos visto, en el momento en que sus seguidores siguen preguntando: «¿Cuándo sucederán estas cosas?», Jesús repite lo que les había dicho antes: el reino vendrá *pronto*, en el plazo de una generación, y que algunos de ellos vivirán para verlo (Marcos 9:1).

Pero en la época en que Marcos escribió estas palabras, incluso a él le habrían resultado difíciles de creer. Ya había pasado más de una generación desde la muerte de Jesús; y cuando Lucas y Mateo revisan su relato –ambos repiten esa promesa– han transcurrido más de *dos* generaciones. Además, unos cuarenta años antes de que escribiese Marcos, cuando los seguidores de Jesús escucharon por primera vez la terrible noticia de que, pocos días después de que entrara en Jerusalén aclamado como el futuro rey de Israel, había sido traicionado, capturado y crucificado, muchos lo tomaron como una prueba de su completo fracaso. Y durante los años de guerra transcurridos desde entonces, cualquiera podía ver que el reino que había «llegado con poder» no era el de Dios. Por el contrario, era el poder de Roma, que reforzaba su férreo control sobre Judea. Lucas relata cómo algunos de los seguidores de Jesús, desilusionados, abandonaron el movimiento, diciendo: «Nosotros esperábamos que sería él el que iba a librar a Israel» (Lucas 24:21), dejando sin decir lo que parecía obvio: su fracaso. Mientras tanto, los de afuera –tanto judíos como romanos– se burlaban de los que permanecían fieles a Jesús, tachándolos de traidores a Israel o de simples necios, engañados por un falso profeta.[3]

Cuando empecé a investigar el trabajo de los historiadores centrados en las condiciones de la vida judía bajo la dominación romana, descubrí que muchos de ellos llegaban a la misma conclusión: que Jesús había fracasado. Samuel Reimarus, por ejemplo, escribiendo alrededor de 1744-48, rechazó lo que él veía como un elaborado barniz inventado siglos después por teólogos cristianos –es decir, la idea de que Jesús concibió el «reino de Dios» simplemente como «la iglesia futura».[4] En un libro que no se atrevió a publicar en vida, Reimarus insistió en que cualquier historiador serio debe entender a Jesús como un profeta judío del siglo primero que buscaba incitar una insurrección armada contra Roma, convencido de que Dios concedería la victoria a su pueblo.

Según reconstruye Reimarus, al principio Jesús anunció «el reino de Dios que vendrá pronto», con la esperanza de despertar a los judíos de toda Judea para que se unieran bajo su liderazgo y lucharan para recuperar la independencia como nación gobernada únicamente por Dios, gracias a su Mesías elegido. En consecuencia, primero dijo a sus seguidores: «No toméis camino de gentiles» (Mateo 10:5), ordenándoles en cambio que difundieran el mensaje por todas las ciudades de Israel, esperando, según Reimarus, que «la gente acudiera a él desde todos los lugares y lo proclamara inmediatamente Mesías». Al no ocurrir de ese modo, Jesús, decepcionado, decidió desafiar a los ocupantes romanos apelando directamente a las multitudes judías que llegaban a Jerusalén para celebrar la Pascua.

Al principio, como hemos señalado, pareció tener éxito, pues entró en la ciudad mientras las multitudes, enfervorizadas, le aclamaban: «Este es el profeta Jesús de Nazaret» (21:11), «Hijo de David», y coreaban: «¡Bendito el reino que viene, de nuestro padre David!» (Marcos 11:10). Cuando Jesús se dirigió al Templo a la mañana siguiente, desencadenando una segunda manifestación pública, desafió abiertamente a las autoridades del Templo, dispersando a los transeúntes mientras derribaba mesas y expulsaba a los comerciantes, denunciando las prácticas del Templo en nombre de los profetas. Pero, escribe Reimarus, «el pueblo de Jerusalén no se sublevó, como tampoco lo hicieron antes los galileos».[6] En cambio, tras la efímera agitación que provocó su manifestación, la mayoría de la gente, consciente de la creciente presencia de soldados romanos durante la Pascua, optó por el camino más seguro y se dispersó.

Lo que Marcos escribió en décadas posteriores sugiere que para entonces Jesús ya era consciente del peligro que corría. ¿Predijo realmente su propia muerte? También en este caso, Reimarus rechaza esa «profecía», suponiendo en cambio que Jesús seguía esperando una gran intervención divina que le procurase la victoria. Lo que confirma su interpretación, concluye Reimarus, es la conmoción y el terror que Jesús, apresado durante la noche siguiente, expresó, sobre todo, por su grito agonizante en la cruz: *«¡Dios mío! ¡Dios mío! ¿Por qué me has abandonado?»* (Marcos 15: 34).[7] ¿Qué otra cosa podrían significar esas palabras –se pregunta Reimarus– si no que Jesús sintió que había fracasado en inaugurar el reino terrenal de Dios y, en su agonía final, gritó que Dios también le había fallado a él?

Aunque muchos de sus seguidores –probablemente, la mayoría– abandonaron el movimiento, unos pocos obstinados se negaron a renunciar a la visión por la que habían sacrificado su vida. Algunos se atrevieron a afirmar que, tras su muerte, Pedro y otros lo habían visto vivo de nuevo, y anunciaron que Dios lo había resucitado de entre los muertos. Esta inverosímil afirmación –concluye Reimarus– encendió el movimiento que se convertiría en el cristianismo.

¿Es este un escenario imposible para el nacimiento de un nuevo movimiento religioso? Quien imagine que sí, puede pensar en lo que muchos de nosotros vimos suceder en Nueva York en los años 90, cuando el rabino Menachem Schneerson, líder carismático de la comunidad judía jasídica de Brooklyn, ingresó en el Beth Israel Medical Center tras sufrir un derrame cerebral a los noventa años. Casi todos los días, *The New York Times* publicaba en portada que cientos de sus seguidores se reunían fuera y dentro del hospital para rezar por él. Algunos insistían: «No puede morir», creyendo que era el Mesías de Israel, que por fin había llegado a su pueblo. Partidarios desde Nueva York a Londres hicieron circular historias milagrosas para demostrar el poder espiritual del rabino, algunos disimulando su identidad secreta y divina como rey elegido de Dios. Dos años más tarde, cuando murió de un segundo ataque, muchos abandonaron el movimiento, como hicieron la mayoría de los seguidores de Jesús cuando murió su líder.[8]

Otros, sin embargo, se negaron a rendirse, insistiendo en que «retornaría». Y desde entonces muchos investigadores, historiadores y psiquiatras han documentado cómo el movimiento Jabad que surgió en torno al rabino Schneerson sigue atrayendo a miles de devotos. Mientras conducía hacia Nueva York por la autopista West Side en la década de 1990, vi una enorme valla publicitaria en la que aparecía el rabino, sin nombrarlo directamente, anunciando: «¡El Mesías ha llegado!». Unos años más tarde, en un vuelo a Israel, me encontré rodeada de veinte mujeres que viajaban juntas, entonando canciones de alabanza a su Mesías, cuyo regreso esperaban. Además, desde que murió el rabino, su gente dice que muchos han visto o sentido su presencia obrando milagros y respondiendo a las plegarias, que ahora está más vivo que nunca. Fascinada por ser testigo de cómo se creaba de nuevo algo parecido al cristianismo visité su página web, que se actualiza a menudo y que, a día de hoy, afirma documentar muchos milagros recientes. Además, desde que el movimiento prendió hace varias décadas entre la comunidad jasídica de Brooklyn y Londres, se ha extendido por doquier: en la actualidad, el movimiento encarnado en los grupos judíos de Jabad cuenta con unos cien mil miembros en todo el mundo.[9] Y, si bien esta es una de las historias más recientes de un movimiento mesiánico que ha sobrevivido a la muerte de su fundador, no es ni mucho menos la única.[10]

Al igual que otros historiadores, incluido Dale Allison, menciono estos sucesos simplemente para demostrar que el escenario propuesto por Reimarus dista de ser imposible. Sin embargo, en mi opinión, su reconstrucción del movimiento inicial de Jesús sigue siendo simplista, ya que se niega a considerar cualquier elemento que desafíe su perspectiva estrictamente racionalista.

Pero, volviendo a Marcos y a otros escritos evangélicos, ¿cómo podemos saber qué hechos sucedieron realmente y cuáles no? La mayoría de las veces, no tenemos forma de saberlo. Durante siglos, los eruditos han reconocido que los evangelios relatan hechos históricos a la vez que los entretejen con parábolas, interpretaciones y momentos milagrosos narrados en lenguaje simbólico. Entonces, ¿cómo separar los hechos de lo que parece ficción para acercarnos a las intenciones de Jesús? ¿Creía realmente Jesús que el fin de los tiempos estaba próximo –la victoria de Dios sobre Satanás– o iba mucho más allá de creencias que en la actualidad muchos consideran absurdas e ingenuas?

En esta cuestión, los estudiosos discrepan profundamente. Los que ven a Jesús a través de la lente de la teología cristiana, como un ser divino, o incluso como Dios encarnado, se oponen enérgicamente al esquema de Reimarus. Seguramente –señalan–, Jesús no compartía puntos de vista comunes a otros judíos del siglo primero, como si pensara que el «reino de Dios» era un territorio terrenal gobernado por un rey de la dinastía davídica. En cambio, al ser divino, habría sido omnisciente; o, al menos, su visión habría trascendido con creces la de sus contemporáneos. Como muchas personas criadas en una cultura impregnada de creencias cristianas, yo también daba por sentadas estas ideas, es decir, que Jesús era mucho más que humano. Durante mi formación, rara vez cuestioné estos supuestos, ni siquiera les presté demasiada atención.

Sin embargo, después de investigar Marcos, Mateo y Lucas más detenidamente, he llegado a ver que estos primeros evangelios, leídos en su contexto del siglo primero, no apoyan los supuestos teológicos consagrados, por ejemplo, en el Credo de Nicea –credo que los cristianos escribieron siglos después de que viviera Jesús–, que declara, en efecto, que Jesús es Dios encarnado. Al igual que otros historiadores, he llegado a reconocer una verdad básica en el argumento de Reimarus: que lo que estos evangelios relatan de la predicación de Jesús ofrece abrumadoras evidencias de que, al igual que muchos de sus contemporáneos, aparentemente sí esperaba que el reino de Dios llegaría durante su vida. Al mismo tiempo, sin embargo, he llegado a ver los límites de la perspectiva de Reimarus.

Leído a su manera, el relato de Marcos no parece más que una fantasía tejida en torno a un Mesías fracasado, y los relatos del nacimiento no parecen sino elaborados intentos de encubrir un nacimiento ilegítimo. Entonces, ¿para qué molestarse con esas historias? Podemos encontrar muchos relatos de mesías fracasados.

No obstante, lo que queremos comprender es más fascinante y mucho más útil para entender cómo comenzó el cristianismo. Quienes adoptan un enfoque estrictamente racionalista pasan por alto, por ejemplo, lo que inspiró a Justino, un joven filósofo que vivió en Roma cien años después de la muerte de Jesús, a abandonar los dioses tradicionales de su familia, declarando que lo que había oído sobre Jesús «encendió un fuego en mi alma».[11] Cuando Justino empezó a leer los evangelios, descubrió que las palabras de Jesús «rebosaban poder»,[12] dieron un vuelco a sus valores y transformaron su vida. Más tarde, acusado en un tribunal romano de ser cristiano, Justino rechazó el famoso ofrecimiento de indulto del juez si aceptaba «renegar de Cristo».[13] En lugar de ello, aceptó con calma la sentencia de muerte, alabando a Dios por la fe que le permitía superar el terror a la muerte. A continuación, fue sacado de la sala del tribunal para ser azotado y decapitado, mientras sus cinco discípulos eran obligados a presenciarlo. Aun así, consiguieron mantener sus convicciones y le siguieron hasta morir ellos también.

Y eso era lo que quería entender cuando comencé estas exploraciones. ¿Qué hace que las historias de Jesús sean tan poderosas que incontables personas, miles de años después, sigan leyéndolas e interactuando con ellas, incluso arriesgando sus vidas por lo que encuentran en ellas?

Parte de la respuesta es que Marcos *no* escribe historia; no tiene intención de limitarse a relatar «hechos sobre el terreno». El relato que él llama «buena nueva», como hemos visto, mezcla milagros, teofanías («revelaciones de Dios») y «maravillas» (*thaumata*) con escenas cotidianas. Así, por ejemplo, al narrar cómo Pedro, Santiago y Juan llegaron a reconocer la relación íntima de Jesús con Dios, Marcos lo describe transfigurado ante ellos, irradiando luz; de pronto, aparecen Moisés y Elías conversando con él. En otros pasajes, hemos visto que los evangelios incluyen relatos en los que Jesús alimenta milagrosamente a miles de personas en el desierto e incluso resucita muertos.

Mientras que el audaz relato revisionista de Reimarus nos recuerda la necesidad de interpretar estas historias dentro de su contexto judío del siglo primero, los historiadores comprometidos con su enfoque racionalista tienden a simplificarlas en exceso. Algunos sugieren, por ejemplo, que el relato de la «transfiguración» –que Marcos presenta como una epifanía– no sería más que una interpretación errónea de un fenómeno meteorológico inusual: la luz del sol filtrándose a través de la niebla.

Otros intentan explicar el «episodio de los cinco mil» como una simple versión fantasiosa de un evento racionalmente comprensible: un niño comparte su merienda, lo que motiva a los demás a sacar comida de sus morrales para compartirla con sus vecinos. Esta versión incluso apareció en una película bíblica de los años 50 llamada *La túnica sagrada*. Eruditos como Reimarus buscan extraer el «grano histórico» de la cáscara imaginativa que lo envuelve. Si bien el resultado podría ayudarnos a comprender algo sobre lo que pudo haber ocurrido, estas perspectivas tan reduccionistas suelen despojar a las narraciones evangélicas de su significado profundo.

¿Cómo, entonces, se supone que debemos entenderlas los que adoptamos un enfoque histórico? ¿Podemos encontrar un bisturí delicado para separar lo que probablemente ocurrió en un sentido histórico –por ejemplo, la crucifixión de Jesús– de otros acontecimientos milagrosos, como la caída de la noche al mediodía, que Marcos entreteje en su relato? ¿Cómo distinguir entre una narración en que Jesús cura una fiebre de otra narración en la que resucita a un muerto al que llevan a enterrar? ¿Estamos seguros de saber lo que es posible o imposible?

Ante esas preguntas, algunos estudiosos expresan una preocupación distinta. Si reconocemos alguna parte de estas historias como leyendas o mitos, ¿quedaría algo del Jesús humano real? En el año 1835, David Strauss, historiador de la Universidad de Tubinga, cambió el enfoque de los racionalistas por un enfoque diferente. El bestseller que escribió, *Das Leben Jesu, kritisch bearbeitet*, se convirtió en una sensación. Después de que George Eliot lo tradujera al inglés como *The Life of Jesus, Critically Examined*, el conde de Shaftesbury atacó este tipo de crítica bíblica como «la más pestilente... jamás vomitada por las fauces del infierno».[14] En lugar de intentar separar la realidad histórica del mito, Strauss insta a sus lectores a admitir que los evangelios están plagados de mitos, leyendas y narraciones imaginativas. Aunque, por supuesto, mencionan hechos reales, como el bautismo y la crucifixión de Jesús, los narran con la intención de transmitir un significado espiritual. Leídos de ese modo, como también señala Schweitzer, los relatos evangélicos «no son simples crónicas históricas de [hechos] milagrosos», como tampoco «[hechos] falsamente interpretados que deban 'explicarse'» históricamente.[15]

Strauss propone que la genialidad de los escritores evangélicos es que entretejen deliberadamente el mito y la historia en un tejido de significado. Lo que da sentido a los acontecimientos que relatan es precisamente que se narran en el contexto de relatos bíblicos, temas mitológicos e imágenes poéticas. Su ambigüedad y complejidad abren la posibilidad de múltiples interpretaciones.[16]

Pero ¿cómo podría el mensaje de Jesús promover la fe, y mucho menos el convencimiento, si su significado no fuese evidente? Estos primeros evangelios ofrecen una amplia gama de sugerencias; no es de extrañar que la cuestión de qué significa «el reino» divida a los lectores hasta el día de hoy. Y como veremos, la interpretación que cada quien haga del «reino» depende en gran medida de qué evangelio –y qué dichos– elija priorizar.

Por ejemplo, muchos cristianos de la actualidad siguen esperando expectantes el final de los tiempos que Jesús prometió que «¡vendría pronto!». Así pues, entendemos fácilmente que muchos de sus contemporáneos compartieran esa visión, más extendida entre las comunidades judías hace dos mil años que ahora. Incluso diez o quince años después de la muerte de Jesús, el apóstol Pablo, inmerso en las profecías de la Biblia hebrea, insiste: «El tiempo es corto» (1 Corintios 7:29) –no hay tiempo suficiente para casarse y mucho menos para tener hijos–, apenas tiempo siquiera para morir. Pero después de que pasaran más de dos generaciones, como hemos visto, algunos de los seguidores de Jesús ya no podían ignorar las preguntas obvias. Si era un verdadero profeta, ¿por qué había fracasado su mensaje? ¿Por qué no había llegado aún el reino «con poder»? En el momento en que Mateo y Lucas, trabajando independientemente, se dispusieron a revisar la narración de Marcos, ambos estaban entusiasmados por tener nuevas pistas que ofrecer y nueva información que incluir. Durante esa época, hacia los años 80-90 d.C., ambos tuvieron acceso al menos a otra fuente primitiva aparentemente desconocida para Marcos: un conjunto de dichos y parábolas de Jesús que los eruditos denominan Q (de *Quelle*, «fuente» en alemán), que cada uno trata como una valiosa tradición primitiva y sitúa en el centro de su narrativa.

Sorprendentemente, quizá estas enseñanzas son escandalosamente radicales, y establecen exigencias morales que parecen casi imposibles de cumplir. Y aunque Mateo las conecta cuidadosamente con la tradición judía familiar, imaginando a Jesús subido a un monte para anunciar su «Sermón de la Montaña», igual que Moisés había recibido la Torá en el monte Sinaí, su Jesús reclama autoridad para desafiar –incluso revisar– los Diez Mandamientos. En lugar de prescribir una ética para la vida ordinaria, Jesús eleva las exigencias de la Torá a un tono febril. De ese modo, declara: «Habéis oído que se dijo a los antepasados: *No matarás; y aquel que mate será reo ante el tribunal. Pues yo os digo*:[17] Todo aquel que se encolerice contra su hermano, será reo ante el tribunal; pero el que llame a su hermano 'imbécil', será reo ante el Sanedrín; y el que le llame 'renegado', será reo de la gehena» (Mateo 5:21-22). Luego prosigue diciendo:

> Habéis oído que se dijo: *No cometerás adulterio*. Pues yo os digo: Todo el que mira a una mujer deseándola, ya cometió adulterio con ella en su corazón. Si, pues, tu ojo derecho te es ocasión de pecado, sácatelo y arrójalo de ti. (Mateo 5:27-29)[18]

¿Son estos preceptos adecuados para nuestra vida actual? Tomados al pie de la letra, podrían parecer una locura, como algo que ocurrió en la universidad donde enseño, cuando un estudiante recién convertido al cristianismo, y apasionadamente decidido a cumplir las enseñanzas de Jesús, se cegó un ojo antes de ser llevado a un hospital psiquiátrico, para un año de tratamiento. Con mucha más frecuencia, por supuesto, la gente ignora esta enseñanza radical o la cuestiona. ¿Está diciendo Jesús que Dios castiga no solo las malas acciones, sino incluso los impulsos emocionales normales? ¿No son estas enseñanzas contrarias a la naturaleza humana, contraintuitivas o, cuando menos, muy poco prácticas?[19]

Y qué decir de las famosas exigencias radicales que siguen:

> Pero yo os digo a los que me escucháis: amad a vuestros enemigos, haced bien a los que os odien, bendecid a los que os maldigan, rogad por los que os difamen. Al que te hiera en una mejilla, preséntale también la otra; y al que te quite el manto, no le niegues la túnica. A todo el que te pida, da, y al que tome lo tuyo, no se lo reclames. (Lucas 6:27-30)

¿Cómo podría alguien aceptar, e incluso invitar, el maltrato en un mundo tan cruel y aplastante como lo era entonces la Judea del siglo I –y como lo ha sido siempre gran parte del mundo–, especialmente para las personas empobrecidas, vilipendiadas y explotadas? Mateo sigue diciendo que Jesús concluyó estas palabras con una exigencia aún más sorprendente: «*Vosotros, pues, sed perfectos como es perfecto vuestro Padre celestial*» (Mateo 5:48).[20]

Por extremas que parezcan estas enseñanzas, las personas que comparten la visión apocalíptica de Jesús podrían no encontrar nada masoquista en ellas. Por el contrario, quienes estén persuadidos de que «el tiempo es breve» se apresurarían a adoptar estas prácticas. ¿Es, pues, este «sermón» una prescripción para la vida cotidiana, como suponen muchos creyentes? ¿O pretendía Jesús más bien que fuera una «ética provisional» que exigiera una acción moral radicalmente intensificada solo durante el breve tiempo que resta antes de que llegue el reino de Dios? Los cristianos han debatido esta cuestión durante siglos, incluso milenios. Algunos, entre ellos católicos y monjes ortodoxos, interpretan estas enseñanzas como «consejos de perfección» destinados a creyentes especialmente devotos, que rechazan los asuntos ordinarios de la vida, incluido el matrimonio, para vivir en la tierra «como ángeles» (Lucas 20:36).

Mi conjetura, al explorar las fuentes, es que Jesús se vio a sí mismo en la cúspide de una transformación que exigía nada menos que un compromiso total. Porque sus mandamientos de no sentir ira, y mucho menos expresarla, o de no sentir nunca deseo hacia la pareja de otra persona, ¿no son casi imposibles de cumplir, a no ser, quizá, en el poco tiempo que queda antes de que fulmine el mundo la catástrofe del fin de los tiempos? Una vez que reconocemos el contexto apocalíptico en el que habla Jesús, estas enseñanzas adquieren un nuevo significado –y un sentido de urgencia– que no habíamos percibido antes. Esta perspectiva nos ayuda a entender también sus paradójicas bendiciones, las «bienaventuranzas» y las «lamentaciones»:

> Bienaventurados los que tenéis hambre ahora, porque seréis saciados.
> Bienaventurados los que lloráis ahora, porque reiréis.
> Bienaventurados seréis cuando los hombres os odien, cuando os expulsen, os injurien y proscriban vuestro nombre como malo...
> Alegraos ese día y saltad de gozo, que vuestra recompensa será grande en el cielo.
> Pero ¡ay de vosotros, los ricos!, porque habéis recibido vuestro consuelo.
> ¡Ay de vosotros, los que ahora estáis hartos!, porque tendréis hambre. ¡Ay de los que reís ahora!, porque tendréis aflicción y llanto. (Lucas 6:21-25)

Por extrañas que resulten, estas frases no brindan claves para entender el mensaje de Jesús. En ellas, lejos de describir el mundo en el que vivimos en el presente, Jesús imagina este mundo al revés, sus valores destrozados, el statu quo bruscamente invertido. Los que ahora son «los primeros» en nuestro mundo, prominentes y poderosos, de repente –advierte– pueden encontrarse siendo los últimos en el reino de Dios, en el que «los últimos serán los primeros» (Mateo 20:16). Y como el día del juicio está cerca, Jesús dice: ¡cuidado! Ahora debes prepararte para sobrevivir «al día del Señor, día grande y terrible» (Joel 2:31, Malaquías 4:5; también aludido en Apocalipsis 6:12).

Una vez más, el mensaje de Jesús gira en torno a su visión del rey y al día del juicio que lo precede. ¿Cómo juzgará Dios? Hablando a los que pronto –y muy pronto– esperan enfrentarse a ese «día», Jesús revela el principio del juicio divino: «*Porque con la medida con que midáis* –a los otros en este momento– *se os medirá*» (Lucas 6:38).[21] En previsión de ese «día», debemos actuar con los demás ahora precisamente como esperamos que Dios actúe con nosotros entonces. Por ese motivo, Jesús advierte: «No juzguéis» a los demás, y «no seréis juzgados» con dureza tampoco; «No condenéis, y no seréis condenados». Porque, añade Mateo, «si vosotros perdonáis a los hombres sus ofensas, os perdonará también a vosotros vuestro Padre celestial; pero si no perdonáis a los hombres, tampoco vuestro Padre perdonará vuestras ofensas» (Mateo 6:14). Por eso, Jesús nos exhorta a «*dar*» –sin mezquindad, sino con enorme generosidad–. «*Porque con la medida con que midáis se os medirá*, una buena medida, apretada, remecida y rebosante» (Lucas 6:37-38).[22]

Esto –declara Jesús– es lo único que importa en este momento. Como ese día se acerca rápidamente, debemos obrar sin tener en cuenta nuestro bienestar ordinario. Lo que está en juego es si el Señor nos invitará a entrar en su reino o nos arrojará a las tinieblas. Por ese motivo, cuando sus discípulos le preguntan cómo rezar, Jesús les dice que recen por lo que esperan que suceda. Enseñando a sus seguidores el «Padre Nuestro», les dice que recen del siguiente modo: «Venga a nosotros tu Reino; hágase tu Voluntad así en la tierra como en el cielo» (Mateo 6:10-11). A continuación, conscientes de que se acerca el día del juicio, perdonamos a los demás, para recibir el perdón de Dios («Y perdónanos nuestras deudas, así como nosotros perdonamos a los que nos ofenden» [6:12]). Y, por último, rezamos para evitar los terribles sufrimientos que preceden al final de los tiempos: «Y no nos dejes caer en tentación, mas líbranos del mal (*peirasmon*: «el tiempo de la prueba» [6:13]). Aunque los seguidores de Jesús han recitado el «Padre Nuestro» durante más de dos mil años en toda situación imaginable, cuando Jesús lo enseñó por primera vez, estas palabras anticipaban con fervor el apocalipsis, el cual, según proclamó, era inminente.

Sin embargo, incluso al colocar esta enseñanza radical en el corazón de su evangelio, Mateo es consciente de las dudas que inquietan a muchos creyentes. Sobre todo, el tiempo se ha alargado, mucho más de lo que Jesús advirtió que debían esperar. Entonces, ¿por qué *no* ha llegado el fin de los tiempos? ¿A qué se debe la demora? ¿Acaso su profecía ha fallado o simplemente estaba equivocada? Al notar el tiempo transcurrido desde la muerte de Jesús, Mateo acumula múltiples advertencias para no rendirse: «Velad, pues, porque no sabéis qué día vendrá vuestro Señor» (24:42). «Velad, pues, porque no sabéis ni el día ni la hora» (25:13). Aparentemente preocupado por la posibilidad de que estas advertencias no sean suficientes, Mateo insta a los creyentes a recordar el diluvio que ahogó a todos menos a Noé. En consecuencia –afirma–, tenemos que permanecer despiertos, no como la persona a la que sorprenden unos ladrones entrando por la noche (24:43).

Siguen más advertencias, contadas en parábolas. En primer lugar, si el dueño de una casa regresa de manera inesperada y descubre que el criado abusa de su posición, lo «cortará en pedazos» y lo echará fuera (24:45-51). Segundo, si las damas de honor que esperan al novio no están preparadas para un retraso, quedarán excluidas del banquete nupcial (25:1-13). En tercer lugar, si un siervo al que se le encomendaron los recursos de su amo no trabaja con diligencia durante su ausencia, cuando el amo regrese ordenará a otros siervos: «Echen a este siervo inútil a las tinieblas de fuera. Allí será el llanto y el rechinar de dientes» (25:14-30).

De repente, sin embargo, Mateo detiene este aluvión de amenazas y aporta una imagen diferente. En lugar de parábolas extraídas de la vida cotidiana, ofrece una parábola que proyecta el reino de Dios en un futuro más allá de este mundo. «Cuando el Hijo del Hombre venga en su gloria acompañado de todos sus ángeles, entonces se sentará en su trono de gloria», y pedirá a todas las naciones que comparezcan ante él para ser juzgadas, separándolas a su derecha y a su izquierda, «como el pastor separa las ovejas de los cabritos» (25:31-32). A diferencia de su «sermón» severo y exigente, ahora Mateo presenta al Hijo del Hombre celestial haciendo una demanda mucho más simple: *Actuar con compasión hacia los necesitados*. En esta parábola, él, como juez divino, recibe con gracia en su reino a todos los que hacen lo mismo:

> Venid, benditos... recibid la herencia del Reino... Porque tuve hambre, y me disteis de comer; tuve sed, y me disteis de beber; era forastero, y me acogisteis; estaba desnudo, y me vestisteis; enfermo, y me visitasteis; en la cárcel, y vinisteis a verme. (Mateo 25:34-36)

Cuando sus asombrados oyentes insisten en que nunca lo vieron necesitado y mucho menos lo ayudaron, él les da su famosa respuesta: «*Cuanto hicisteis a uno de estos hermanos míos más pequeños, a mí me lo hicisteis*».[23] Luego, volviéndose hacia los de su izquierda, los reprende por haber ignorado a los necesitados y lo hace con dureza: «Apartaos de mí, malditos, al fuego eterno preparado para el diablo y sus ángeles» (25:40-41). ¿Mateo evoca esta visión para sugerir una alternativa a las exigencias casi imposibles de ese «sermón» anterior? Sospecho que la respuesta es afirmativa. O tal vez, como indican otros estudiosos, ¿se dirige con esta parábola a los gentiles, a quienes espera ver unirse a los seguidores de Jesús: personas que quizá no cumplan las estrictas exigencias de la Torá, pero que podrían adoptar una práctica más sencilla? Si es así, no es de extrañar que muchas personas –como yo– encuentren hoy en día esta parábola especialmente atractiva. Y puesto que esta escena trascendente pasa por alto la cuestión de cuándo –o si– el reino vendrá realmente a la tierra, se dirige a innumerables personas que han vivido siglos, incluso milenios, después de la vida de Jesús, transformando efectivamente «el reino de Dios» en una recompensa para los justos después de la muerte. Al mismo tiempo, Mateo también presenta al Hijo del Hombre maldiciendo a los condenados, amenazándoles con el sufrimiento eterno, visiones que inspirarían a cristianos como Dante, más de mil años después, a crear una elaborada arquitectura pluricameral de infierno, purgatorio y cielo.

Lucas, que también se enfrenta a la cuestión del momento del reino, tiende a omitir el mensaje referido al futuro, para hacer hincapié en la enseñanza que insinúa que el reino ya está presente en la tierra, al menos parcialmente: su poder transforma el mundo en este momento. Así pues, luego de que Lucas imaginara a Jesús leyendo la profecía de Isaías referente a la «buena nueva» en la sinagoga de su ciudad natal, hace que Jesús concluya anunciando: «¡[La buena nueva] que termináis de oír, se ha cumplido *hoy* ante vosotros! (Lucas 4:21).[24] Sorprendentemente, Lucas presenta a Jesús criticando a la gente que «creía que el reino de Dios aparecería de un momento a otro» (19:11), diciéndoles que *dejen* de buscar señales:

> Habiéndole preguntado los fariseos cuándo llegaría el reino de Dios, les respondió: «El reino de Dios viene sin dejarse sentir. Y no dirán: 'Vedlo aquí o allá'». (Lucas 17:20-21)

Ahora Lucas parece dar un gran salto. Lo siguiente que relata es a Jesús diciendo que el reino ya está aquí: «¡*Porque el reino de Dios ya está entre vosotros*!» (17:21).[25] ¿Significa esto que Lucas está reinterpretando el reino como una realidad presente, en lugar de un evento catastrófico al final de los tiempos? Algunos académicos afirman que sí, añadiendo que, sin duda, esto es lo que Jesús siempre había querido decir, algo que Lucas entendió correctamente.

El teólogo Marcus Borg, por ejemplo, afirma que, si bien Schweitzer y otros sostienen que Jesús era un profeta apocalíptico, en realidad pretendía transformar la tradición apocalíptica, imaginando el reino de Dios como una realidad *interior*. En lugar de esperar el fin del mundo –sostiene Borg–, cuando Jesús instaba a la gente a «buscar el reino de Dios» utilizaba esa expresión metafóricamente para animarlos a imaginar «una visión distinta de la vida actual», una visión de la vida «centrada en Dios».[26] Como profesor y especialista en la Biblia, Borg desea subrayar claramente la relevancia contemporánea del mensaje de Jesús. Por ese motivo, en lugar de responder con tópicos a creyentes que esperan el fin de los tiempos, como suelen hacer los predicadores, parafraseando el dicho bíblico de que «porque mil años a tus ojos (los del Señor) son como el ayer, que ya pasó», se centra en el sentido que Lucas otorga al reino como una realidad presente. Y aunque aprecio su perspicacia, también apunto que su entusiasmo por este mensaje le lleva a obviar la complejidad que contiene el evangelio de Lucas.

Porque, cuando Lucas confecciona su evangelio, recopilando palabras de diversas procedencias, a menudo incluye mensajes contradictorios; y, a diferencia de Borg, Lucas no evita la paradoja. Por el contrario, inserta mensajes que se contradicen directamente. Por ejemplo, poco después de que Jesús reprenda a la gente que busca señales y espera la llegada inminente del reino (19:11), Lucas lo presenta ordenando a sus discípulos que estén atentos a las señales (21:25-27). Además, Lucas, como Mateo, proyecta en ocasiones el reino hacia un futuro desconocido después de la muerte. Cuando narra la escena de la crucifixión, por ejemplo, Lucas –y solamente Lucas– incluye la anécdota de un hombre crucificado y moribundo junto a Jesús, que le suplica: «Jesús, acuérdate de mí cuando vengas con tu reino». Entonces, según Lucas, Jesús le responde: «Yo te aseguro: *hoy* estarás conmigo en el Paraíso» (23:43).[27]

De ese modo, mientras algunos teólogos pretenden mostrar «lo que Jesús quiso decir realmente», como si siempre hablara con coherencia, hemos observado que Lucas evita ofrecer una identificación única del reino de Dios; en su lugar, lanza una serie dispersa de indicios. ¿Está aquí ahora? ¿Vendrá pronto en el tiempo futuro? ¿O en el más allá? Estoy de acuerdo con el crítico literario Frank Kermode en que esta misma ambigüedad –¿o deberíamos decir polivalencia?– ha excitado la imaginación de los creyentes durante milenios, y sigue haciéndolo.[28] Dado que, como hemos visto, Lucas admite que muchas personas, desilusionadas por lo que consideraban una profecía fallida, abandonaron el movimiento, podemos especular que él, como otros que intentaban aferrarse a la «buena nueva», se preguntaba si no habría entendido mal lo que Jesús quería decir. A menudo intenta salvar la profecía de Jesús reinterpretándola, una estrategia que los seguidores de líderes espirituales suelen utilizar cuando fracasa la profecía.[29]

Este proceso de revisión, por supuesto, no se detiene con Lucas. Desde entonces, durante miles de años, innumerables creyentes han luchado por comprender las enseñanzas de Jesús, y muchos siguen haciéndolo: así es cómo las antiguas tradiciones se renuevan y reinterpretan para sobrevivir a lo largo del tiempo. Lo que me asombra es que en estos relatos de Jesús brilla tanta energía que su movimiento, en lugar de estancarse en un callejón sin salida, ha terminado forjando nuevos caminos inesperados. Y más o menos al mismo tiempo que escribían Mateo y Lucas, o quizá poco después, otros aceptaron el mismo reto. Dos de ellos produjeron lo que podríamos llamar «evangelios contrapuestos»: el Evangelio de Tomás y el Evangelio de Juan. Cada uno de ellos va más allá de sus predecesores, para plantear reivindicaciones opuestas, y cada uno, como veremos, reviste enormes consecuencias.[30]

El primero de ellos, el Evangelio de Tomás, da un salto interpretativo más allá de donde llegó Lucas. Comenzando con las palabras «Estas son las palabras secretas que pronunció Jesús el Viviente y que Dídimo Judas Tomás consignó por escrito» (Tomás I),[31] el anónimo escritor de este evangelio, que se atribuye la autoridad del discípulo de Jesús, Tomás, se ofrece a revelar lo que Marcos se niega a contar: *«el misterio del reino de Dios»* (Marcos 4:11).[32] Al mismo tiempo, sin embargo, Tomás confirma lo que Marcos señala: que, si bien Jesús habla a las multitudes en lenguaje apocalíptico, predicando sobre el juicio y el reino venidero, revela en privado el significado más profundo oculto en estas palabras. En el Evangelio de Tomás, Jesús habla con ironía para aclarar las cosas a sus discípulos más cercanos:

> Dijo Jesús: «Si aquellos que os guían os dijeren: Ved, el Reino está en el cielo, entonces las aves del cielo os tomarán la delantera. Y si os dicen: Está en la mar, entonces los peces os tomarán la delantera. *Mas el Reino está dentro de vosotros y fuera de vosotros. Cuando lleguéis a conoceros a vosotros mismos, entonces seréis conocidos y caeréis en la cuenta de que sois hijos del Padre viviente*. (Tomás 3)[33]

Después de hacerse eco de lo que informa Lucas («el reino de Dios ya está entre vosotros» [Lucas 17:21]), aquí Jesús pasa a explicar que el reino de Dios no es un *lugar* en el espacio; no, como a menudo se imagina, en el cielo, o en el «paraíso». Tampoco es un acontecimiento en el tiempo, que arribe en el fin del mundo. Es más bien un estado de conciencia espiritual que ilumina quiénes somos realmente y quiénes hemos sido siempre, incluso antes de que se creara el mundo.

Cuando nuestro equipo de estudiantes de posgrado y profesores de Harvard abrió por primera vez el Evangelio de Tomás, sabíamos que, aunque muy leído en la antigüedad, había permanecido casi completamente desconocido durante unos dos mil años. Por consiguiente, esperábamos encontrar lo que nuestros profesores nos habían advertido: mitología extraña y conjuros mágicos confusos. En lugar de eso, nos quedamos asombrados; aproximadamente la mitad de las «palabras de Jesús» que aparecen en Tomás ya eran conocidas del Nuevo Testamento: la «parábola del grano de mostaza», «ama a tu hermano», «bienaventurados vosotros los pobres». Nos dimos cuenta de que quien las incluyó en la lista de dichos de Tomás, probablemente se basó en algunas de las «palabras de Jesús» recogidas en el Nuevo Testamento por Mateo y Lucas. Sin embargo, nos sorprendió aún más encontrar *otros* dichos –más de cincuenta– que eran totalmente nuevos. Cuando leí por primera vez la lista de los «dichos» de Jesús, este me llamó la atención. «Dijo Jesús: '*Cuando realicéis esto en vosotros mismos, aquello que tenéis os salvará; pero si no lo tenéis dentro, aquello que no tenéis en vosotros mismos os matará*'».[34] Asombrada por esta idea, tan parecida a las de la psicoterapia, pensé: «No tienes por qué *creerlo*, ¡simplemente es verdad!». Ansiosa por seguir leyendo, me fascinaron los retos que plantean estos dichos, y me encanta reflexionar sobre ellos.

Entonces, por supuesto, comenzamos a plantearnos algunas preguntas: ¿Qué *es* este evangelio? ¿Se trata de una auténtica enumeración de dichos de Jesús, desconocidos porque se dijeron en secreto? Una vez más, como tantas otras veces, no lo sabemos. Habiendo debatido estas cuestiones en otros lugares, al igual que muchos otros estudiosos, no puedo entrar en detalles aquí.[35] Lo que parece probable, sin embargo, es que quien escribió el Evangelio de Tomás, al igual que Mateo y Lucas, revisó y reinterpretó las enseñanzas que recibió. Además, dado que esas enseñanzas se comunicaban a menudo mediante la tradición oral, los oyentes pueden haber escuchado versiones variadas. También es posible que lo que señalan Marcos y Tomás sea cierto: que Jesús enseñó de distintas maneras, dependiendo de su audiencia y de la época y el lugar. Así pues, todavía hay muchas cosas que ignoramos, incluso ahora, más de setenta años después de que Tomás haya sido traducido a numerosos idiomas; los estudiosos de todo el mundo siguen debatiendo cuestiones como estas, a menudo en acaloradas discusiones, sin que se vislumbre acuerdo alguno.[36]

En lo que a nosotros respecta, observemos simplemente que muchos de estos dichos descubiertos no hace tanto suenan verosímilmente como los rabinos de los siglos primero y segundo. Como señalan estudiosos de la tradición judía, algunos de los dichos de Tomás parecen correlacionarse con antiguas enseñanzas místicas judías, ocultas durante mucho tiempo a los forasteros, que solo oyeron hablar de ellas más de mil años después, tras su aparición en España, hacia 1300-1600, en ciertas colecciones de enseñanzas esotéricas judías, a menudo llamadas *cábala* («tradición»). En Tomás, por ejemplo, Jesús explica que «el reino» se refiere a la energía primordial llamada a la existencia cuando Dios declaró por primera vez: «Hágase la luz» (Génesis 1:3, citado en Tomás 50), un pasaje a menudo interpretado místicamente en la cábala. Como el Génesis aún no había narrado la creación del mundo, no podía referirse a la luz ordinaria, como la del sol o la luna. En cambio, aquí Jesús habla de la «luz» como metáfora de la energía divina que hace surgir todo cuanto existe: el mundo, con sus cielos y mares, bosques y desiertos, reptiles, aves y animales, incluidos nosotros mismos.

En la máxima 77 de Tomás, Jesús habla como una voz de esa luz primordial, que resplandece a través de todo lo que existe: no solo en nosotros mismos, sino en el sol, las estrellas, los árboles, las piedras y todas las criaturas.

> Dijo Jesús: «Yo soy la luz que está sobre todos ellos. Yo soy el universo: el universo ha surgido de mí y ha llegado hasta mí. Partid un leño y allí estoy yo; levantad una piedra y allí me encontraréis».[37]

Al reflexionar sobre lo que significa que hayamos sido creados a imagen de Dios, Tomás, al igual que el profeta Ezequiel, concibe la imagen de Dios, oculta en lo más profundo de nosotros, a través de la metáfora de la luz. En el dicho 24 del Evangelio de Tomás, Jesús añade: «*En el interior de una [persona] de luz hay siempre luz y él ilumina todo el universo; sin su luz reinan las tinieblas*».[38]

En este caso, Jesús nos enseña que, una vez que reconocemos que todos procedemos de la misma fuente divina, comprendemos quiénes somos, espiritualmente hablando. Porque, aunque normalmente nos identifiquemos como individuos separados, diferenciados de maneras obvias –por nombre, sexo, raza, etnia, edad, antecedentes familiares–, Jesús nos desafía a buscar un nuevo nivel de comprensión, reconociendo formas más esenciales en las que somos, espiritualmente hablando, lo mismo y parte de una sola familia: la familia de Dios, como enseña Tomás. Ahora «el Jesús viviente plantea preguntas y respuestas para un *nuevo* ritual bautismal que ofrece el renacimiento espiritual: «Dijo Jesús: "Si os preguntan: '¿De dónde habéis venido?', decidles: "Nosotros procedemos de la luz, de donde surgió la luz, que brilla a través de la imagen de Dios que hay en nosotros"». A continuación, «Jesús dice: "Si os preguntan: '¿Quiénes sois?'. Decid: 'Somos hijos de la luz… hijos del Padre viviente'» (Tomás 50-51).[39]

De ese modo, volvemos al tema que Jesús anunció al principio de este evangelio:

> Dijo Jesús: «Mas el Reino está dentro de vosotros y fuera de vosotros. Cuando lleguéis a conoceros a vosotros mismos, entonces seréis conocidos [por el Padre] y caeréis en la cuenta de que sois [hijos] del Padre Viviente». (Tomás 3)[40]

Tras conocer el Evangelio de Tomás, empezamos a comprender por qué ciertos líderes que se autodenominan «ortodoxos» (literalmente, de «pensamiento recto») consideraron peligroso su mensaje y lo rechazaron por ser una blasfemia diabólica. Porque, en lugar de venerar a Jesús como el único Hijo de Dios, como insistiría la tradición cristiana posterior, Tomás enseña que *todo* el mundo es potencialmente hijo de Dios, ¡igual que Jesús! Así, en el aforismo 13, cuando Tomás se dirige a Jesús como «maestro» (a menudo traducido en el Nuevo Testamento como «Señor»), Jesús rechaza el título, declarando: «¡No, yo no soy tu maestro!». Más tarde, explica a Tomás que quien comprenda su enseñanza secreta *«vendrá a ser como yo; y yo mismo me convertiré en él, y lo que está oculto le será revelado»* (Tomás 108).[41]

Una vez que vemos a Jesús como parte de nuestra familia espiritual, llegamos a reconocer a todos los demás seres como potenciales parientes. Esta comprensión transforma las relaciones, exigiendo que tratemos a cada persona que encontramos como a un miembro de nuestra misma familia:

> Decid, pues, desde el corazón que sois el día perfecto y que en vosotros mora la Luz que no falla. Hablad de la Verdad con los que la buscan... Afirmad el pie de los que vacilan y tended vuestra mano a los débiles. Alimentad a quienes tienen hambre y dad reposo a los cansados y levantad a los que quieren levantarse y despertad a los que duermen... Así pues, vosotros haced la Voluntad del Padre, puesto que de él procedéis. (Evangelio de la Verdad I 32-33)[42]

Habiendo ampliado la visión del «reino de Dios» aún más que Lucas, Tomás se centra en su presencia ahora mismo, en este mundo:

> Le dijeron sus discípulos: «¿Cuándo va a llegar el Reino?». Respondió Jesús: «No vendrá con expectación. No es cuestión de decir: ¡Helo aquí! o ¡Helo allá!, sino que el reino del Padre está extendido sobre la tierra y [la gente] no lo ve». (Tomás 113)[43]

Podemos trazar una pauta, pues, desde el evangelio de Marcos a los evangelios de Mateo y Lucas, y desde estos a Tomás, a medida que cada evangelista interpreta sucesivamente «la buena nueva del reino» de maneras que le interpelan poderosamente a él y a los oyentes a los que se dirige.

Hasta ahora, sin embargo, hemos dejado de lado otro evangelio: el Evangelio de Juan del Nuevo Testamento, que muchos cristianos consideran hoy como el más familiar de todos. Aunque el evangelio de Juan se ha vuelto enormemente influyente, lo he dejado para el final porque se desvía marcadamente del patrón que hemos visto en Marcos, Mateo y Lucas. Irónicamente, el autor anónimo que se hace llamar «el discípulo amado» es, con mucho, el revisionista más radical entre los escritores de evangelios del Nuevo Testamento. Como señaló hace tiempo el destacado erudito bíblico Rudolph Bultmann, «Juan» en realidad *omite* lo que todos los demás evangelistas consideran «el evangelio» –el *mensaje*, la «buena nueva del reino»– para centrarse, en cambio, en el mensajero: Jesús mismo.

Marcos, Mateo, Lucas y Tomás presentan a Jesús proclamando «el reino», pero Juan reescribe las palabras de Jesús para hablar *de sí mismo*. Juan abre su evangelio con un poema que recuerda al Génesis 1: «En el principio era el Verbo», la «Palabra» divina mediante la cual Dios creó el mundo (Juan 1:1). En las líneas siguientes, Juan identifica implícitamente a este «Verbo» con Jesús de Nazaret, que, según dice, «se hizo carne» en forma humana, como «hijo único de un padre» (1:14, 18). Luego, a lo largo de su evangelio, en una serie de dichos que los eruditos han bautizado acertadamente como los dichos «Yo soy», Juan presenta a Jesús insistiendo continuamente en que dice «*Yo soy*»: el «agua de vida», «el pan que baja del cielo», «la puerta», «el camino», «la vid», «la resurrección y la vida». Todo esto y más son metáforas del ser divino que Juan declara que no solo creó el mundo, sino que también se encarnó como Jesús.

Y mientras que Marcos, Lucas, Mateo y Tomás se centran principalmente en el *reino* de Dios, Juan casi nunca lo menciona. Al comienzo de su evangelio, solo habla de él una vez, y solo como un estado espiritual que únicamente los bautizados pueden «ver» (3:3). Y cuando el Jesús de Juan habla del reino, cambia radicalmente los criterios necesarios para «entrar» en él. En lugar de apelar al arrepentimiento para cambiar nuestra forma de vivir, el Jesús de Juan insiste sobre todo en que «debemos» creer –no en el mensaje del reino, sino en el propio Jesús– y sellar esta creencia aceptando el bautismo. Solo esto, insiste el Jesús de Juan, permite a los bautizados «*ver el reino de Dios*» (3:3).[44]

¿Qué es, entonces, lo que Juan dice que «debemos creer» acerca de Jesús? A medida que avanza su relato, Juan no deja lugar a dudas. De hecho, hace que Jesús declare: «*Si no creéis que Yo Soy, moriréis en vuestros pecados*» (8:24).[45] ¿Quién *es* él, entonces? A continuación, Juan presenta a Jesús reivindicando para sí el nombre divino que Dios dio a Moisés («Antes de que Abraham existiera, *YO SOY*» [8:58]),[46] una reivindicación que despierta el deseo de otros judíos devotos de lanzarle piedras para matarle por blasfemo (8:59). Poco después, cuando vuelven a amenazarlo con apedrearle, el Jesús de Juan vuelve a provocarles, insistiendo: «*El Padre y yo somos uno*» (10:30).[47] Juan eleva tan radicalmente el estatus de Jesús que, en su evangelio, el mensajero que ahora se ha convertido en el mensaje ya no es simplemente un profeta, o solo el Mesías. En su lugar, Juan acuña un nuevo término, declarando que Jesús es el «*Hijo unigénito*» de Dios, nada menos que Dios encarnado en forma humana.[48]

Al mismo tiempo, Juan reinterpreta el significado de la vida y la muerte de Jesús, presentándolo como el «Cordero de Dios» (1:29) que desciende del cielo para morir en sacrificio por «el pecado del mundo». En la línea más citada de su evangelio, Juan declara que esto demuestra el amor sobrecogedor de Dios: «*Porque tanto amó Dios al mundo que dio a su Hijo unigénito, para que todo el que crea en él no perezca, sino que tenga vida eterna*» (3:16).[49] La línea que sigue, sin embargo, se cita con mucha menos frecuencia: Juan advierte: «*Pero el que no cree, ya está condenado*» a morir por sus pecados por el pecado mortal de rechazar lo que exige su evangelio (3:18).[50]

Tras mencionar «el reino» al principio de su evangelio para decir que solo los bautizados pueden «ver el reino de Dios» (3:3), Juan lo menciona por segunda vez cerca del final, al relatar la escena del juicio de Jesús ante el gobernador romano. Aquí Pilatos, que supone claramente que hablar de un reino significa que Jesús trama una insurrección, exige saber: «¿Eres tú el Rey de los judíos?» (18:33). En respuesta, Juan hace que Jesús descarte las connotaciones tanto literales como apocalípticas del término y responda: «*Mi reino no es de este mundo*» (18:36).[51] Así pues, el Jesús de Juan explica antes a sus discípulos (14:1-6) que él habla de su «reino» como un dominio sobrenatural *más allá* de este mundo, al que regresará después de su muerte, invitando solo a aquellos que crean «en él» a unirse con él allí.

¿Qué podemos pensar del sorprendente giro que da Juan a su evangelio al sugerir que «el evangelio», el mensaje principal de Jesús, ya no se centra en la venida del reino de Dios, sino en el propio mensajero, que, en efecto, Jesús «*es Dios*» (1:1-2, 8:24)? Esta pregunta me ha intrigado –y preocupado– durante décadas. Desde que el mensaje revisionista de Juan («*Jesús es Dios*») se incluyó en el Credo de Nicea, que tanto católicos como protestantes utilizan hoy en día, declarando que Jesús es «*Dios de Dios, luz de luz verdadera, Dios verdadero de Dios verdadero, engendrado, no creado, de un solo ser con el Padre*»,[52] innumerables cristianos han venerado el evangelio de Juan como el «más espiritual» de todos. Y cuando me di cuenta de que este mismo evangelio ha inspirado a místicos y poetas cristianos –desde el místico católico del siglo XVI que se llamó a sí mismo «Juan de la Cruz» hasta los poetas anglicanos John Donne y T.S. Eliot–, al principio me resistí a admitir lo atípico que es el evangelio de Juan. Después de haberme esforzado por comprender qué motiva a Juan a escribir como lo hace, y de haberlo discutido en detalle en otro lugar, solo me atrevo a efectuar lo que me parece la sugerencia más sencilla.[53]

Sugiero que el evangelista que se llama a sí mismo «el discípulo amado» se ha encontrado con seguidores de Jesús que ofrecen enseñanzas como las que encontramos en Tomás, a saber, que todo ser humano, creado a imagen de Dios, es potencialmente hijo de Dios. Pero Juan, que centra toda su devoción en Jesús, a quien venera como hijo unigénito de Dios, considera que esas afirmaciones no solo son erróneas, sino que merecen la condenación eterna, y por eso –apunto– escribe el Evangelio de Juan para exponerlo de la forma más clara y contundente posible. Y, como sabe cualquiera que haya crecido en la tradición cristiana, este evangelio influyó enormemente en la forma que adoptaría el cristianismo ortodoxo en los siglos posteriores.

Esto, entonces, plantea una pregunta fundamental: ¿quién eligió los cuatro evangelios ahora incluidos en el Nuevo Testamento –Marcos, Mateo, Lucas y, sorprendentemente, Juan– pero excluyó fuentes como Tomás tildándolas de «herejía»? Esa pregunta surgirá nuevamente más adelante, a medida que avancemos. Por ahora, sin embargo, surgen dos interrogantes más inmediatos: Si «el misterio» en el corazón del mensaje de Jesús involucraba una visión apocalíptica que muchas personas hoy ya no comparten, ¿qué sigue haciendo que su historia sea tan convincente? Y si Jesús fue un profeta apocalíptico cuya profecía fracasó, ¿por qué fue crucificado? Estas son las cuestiones que abordaremos a continuación.

4. La Crucifixión: ¿qué ocurrió y cuál es su significado?

Marcos inicia su trepidante narración con Jesús anunciando la «buena nueva» y realizando sanaciones y exorcismos, intercalando episodios de desafío, milagro y suspense al tiempo que Jesús alienta las esperanzas de sus discípulos en un reino futuro. Pero a medida que su narración se oscurece hacia su conclusión, Marcos informa de que, cuando Jesús comienza a recorrer el camino hacia Jerusalén, «Jesús marchaba delante de ellos; ellos estaban sorprendidos y los que le seguían tenían miedo» (Marcos 10:32). Lo que Jesús les dice entonces les aterroriza aún más: espera ser traicionado, arrestado, juzgado, condenado, escarnecido y ajusticiado. Estoy de acuerdo con la mayoría de los estudiosos en que sus seguidores crearon predicciones detalladas como estas después de su muerte. No obstante, Marcos muestra que, al igual que otras personas valientes que se han atrevido a arriesgarse a morir debido a sus convicciones morales –Martin Luther King Jr., Alexei Navalny–, Jesús era plenamente consciente del peligro.

Lo que hizo a continuación intensificó enormemente ese peligro. Al igual que King y Navalny, organizó manifestaciones públicas. Jesús y sus seguidores enardecieron a las multitudes reunidas durante la Pascua, que abarrotaban la ciudad para gritar y aclamarlo como «Hijo de David», el rey de Israel. Si aquella «entrada triunfal» se pareció en algo a lo que describe Marcos, sin duda alertó a los soldados romanos apostados en la Ciudad Santa en previsión de posibles problemas. A la mañana siguiente, en lugar de retirarse, Jesús retornó a Jerusalén y se dirigió directamente al Templo de Dios. Gritando palabras de los profetas de Israel, mientras derribaba mesas y esparcía su contenido: «Y no permitía que nadie transportase cosas por el templo» (11:16). Cuando las enfurecidas autoridades del Templo y los sumos sacerdotes lo abordaron, exigiéndole saber «con qué autoridad» se atrevía a hacer tales cosas, se negó siquiera a responder (11:27-33).

Ahora la acción avanza rápidamente, impregnada de una sensación de desastre inminente. Poco antes de emprender estas demostraciones –explica Marcos–, Jesús habló con confianza a sus discípulos más cercanos, como si anticipara que el éxito estaba cerca, prometiendo que el reino de Dios llegaría durante su vida (9:1). Sin embargo, tan solo uno o dos días después, mientras compartía con ellos su última cena de Pascua, habló de una traición inminente y llevó a cabo una «señal». Entregando pan y vino a sus discípulos, habla como si les estuviera dando a comer y beber su propio cuerpo y sangre. ¿Se siente en conflicto, ansioso por lo que va a ocurrir? Esa noche –prosigue Marcos–, habla como si esperase que el reino llegara muy pronto: «*Yo os aseguro que ya no beberé del producto de la vid hasta el día en que lo beba nuevo en el Reino de Dios*» (14:25).[1] ¿O quería decir otra cosa: que solo esperaba celebrarlo con ellos después de su muerte, cuando el día del Juicio Final hubiera finiquitado el mundo y dado paso a la nueva era?

Después de la cena –prosigue Marcos–, Jesús y sus discípulos más allegados caminan fuera de las murallas de Jerusalén hasta el Monte de los Olivos, que domina la ciudad. Cuando arriban, Jesús les advierte de manera infausta: «Todos os vais a escandalizar, ya que las escrituras dicen '*Heriré al pastor y se dispersarán las ovejas*' [Zacarías 13:7].[2] Pero después de que me alce de nuevo, iré delante de vosotros a Galilea» (Marcos 14:27-28).

Al escribir esta escena en retrospectiva, es evidente que Marcos probablemente la concibe –al igual que la entienden la mayoría de lectores actuales– como una profecía de la muerte y resurrección de Jesús. Pero si Jesús realmente pronunció esas palabras aquella noche, cuando el desenlace aún era desconocido, ¿acaso él o sus discípulos habrían interpretado el oráculo de Zacarías como un anuncio de victoria? La profecía de Zacarías continúa diciendo que, tras un revés inicial, el Mesías de Dios conquistaría «a todas las naciones», y luego «mandaría la paz» y gobernaría el mundo «de mar a mar [...] hasta los confines de la tierra» (Zacarías 9:10).

Sin embargo, en este momento crucial, Marcos relata que Jesús, habiendo previsto que sus seguidores le abandonarían, les conduce al olivar llamado Getsemaní. Ordenándoles que se quedaran atrás mientras él seguía caminando, y llevando consigo solo a Pedro, Santiago y Juan, «comenzó a angustiarse profundamente y a agitarse». Les permite ver su vulnerabilidad: «Estoy terriblemente afligido, hasta la muerte; quedaos aquí, y velad» (Marcos 14:33-34). Luego, «arrojándose al suelo»

–explica Marcos–, reza desesperadamente para ser librado del horror que intuye inminente, incluso mientras lucha por aceptar que la voluntad de Dios puede diferir de la suya. Más tarde, esa misma noche, al reprender duramente a Pedro y a los demás por haberse quedado dormidos, Jesús ve de repente a una multitud de hombres armados «con espadas y palos», guiados por Judas, que «se le acercó de inmediato y le dijo: '¡Rabí!' y le besó» (14:43-45). Entonces, Marcos narra que Jesús es apresado y arrestado, mientras uno de sus discípulos, deseoso de defenderle, saca una espada y ataca, hiriendo torpemente al esclavo del sumo sacerdote. Pero en el momento en que sus seguidores ven que ha sido capturado y que probablemente será torturado y crucificado, huyen para salvar la vida.

La turba que lo arresta conduce a Jesús a la residencia del sumo sacerdote, donde «estaban reunidos todos los sumos sacerdotes, los ancianos y los escribas», para celebrar un juicio a gran escala ante todo el Consejo judío. Acusado de amenazar al Templo y desafiado a responder si se considera el Mesías, Jesús responde con valentía: «*Yo soy*» (14:62).[3] Aquí Marcos muestra por qué Jesús necesitaba mantener en secreto su identidad divina: la primera vez que lo admite en público, «todos lo condenaron como merecedor de la muerte» por blasfemo (14:64). A la mañana siguiente –prosigue Marcos–, tras una noche de insultos, burlas y palizas, los sumos sacerdotes y «todo el consejo» lo entregan al gobernador romano, Pilatos, acusándole de insurrección («decía que era el Rey de los judíos»).

¿Qué sucede entonces? Extrañamente, tal como cuenta Marcos, Pilatos parece despreocupado por la acusación, incluso poco convencido. Adoptando el papel de narrador omnisciente,

Marcos afirma conocer los pensamientos íntimos del gobernador: «Se dio cuenta de que los sumos sacerdotes le habían entregado por celos» (15:10). Sigue una historia familiar para los cristianos: Pilatos, reconociendo que Jesús no es culpable de sedición, se niega a dictar sentencia. Por el contrario, lo defiende. Pero después de intentar tímidamente tres veces ponerlo en libertad, Pilatos, «deseando satisfacer a la multitud» que clamaba por la pena de muerte, se somete a regañadientes a las exigencias de una turba vociferante y «lo entrega para que lo crucifiquen» (15:15).

¿Es esto lo que ocurrió realmente? Nadie duda de que Jesús fue crucificado; todos, desde sus devotos seguidores hasta sus más duros críticos, están de acuerdo en ello. Como escribe el historiador militar británico S.G.F. Brandon: «Por irónico que parezca, lo único cierto que se sabe de Jesús de Nazaret es que *fue crucificado por los romanos por rebeldía contra su gobierno en Judea*».[4] Sin embargo, los historiadores plantean serias dudas acerca de cómo sucedió; se trata de un momento crucial y problemático en el relato de Marcos. Lo que Brandon afirma como obvio incluye un hecho embarazoso que los escritores de los evangelios quieren suprimir: a saber, que Poncio Pilatos, el gobernador romano de Judea, juzgó culpable a Jesús y lo condenó a la pena habitual por traición a Roma. Y, como veremos, los evangelistas se esfuerzan por mitigar el impacto negativo de su veredicto, pues muchos que ignoraban casi todo acerca del Mesías, sabían eso. Tácito, un senador romano que despreciaba a los seguidores de Jesús como «una gente odiada por sus supersticiones», solo menciona que Pilatos (a quien llama «prefecto») sentenció a Jesús a una «muerte despreciable»,[5] una afirmación corroborada de manera independiente por el historiador judío Josefo.[6] Y cuando Justino «el filósofo», él mismo converso, se atreve a defender a sus correligionarios, solicitando al futuro emperador Marco Aurelio que impida a los magistrados romanos torturarlos y ajusticiarlos, admite: «Esta, insisten, es nuestra locura: adoramos a un hombre crucificado junto con el Dios eterno».[7]

La realidad de la crucifixión es espeluznante y cruda. Los militares romanos, famosos por inventar lo que Cicerón llama la «más cruel y horrible» forma de tortura, reservaban esta, la peor de todas, para los esclavos insubordinados y los insurrectos.[8] Los magistrados romanos que ordenaban crucifixiones a menudo mandaban colocar las cruces en caminos muy transitados como «un aviso»[9] para disuadir a otros, mostrando a hombres desnudos gimiendo y retorciéndose en una agonía que podía durar días. Los discípulos de Jesús, trastornados por la noticia de su arresto inesperado y muerte, después oyeron cómo lo habían flagelado, escarnecido y exhibido públicamente antes de clavar sus manos y pies, forzándolo a erguirse en la cruz, intentando apoyarse en sus pies mutilados para atrapar un último aliento.[10]

Al afrontar, pues, la tarea de escribir, Marcos se enfrenta a un enorme desafío. Mientras afirma anunciar «la buena nueva de Jesús, Mesías, Hijo de Dios», tiene que responder a objeciones abrumadoras. Si Jesús realmente hubiera sido el rey ungido por Dios, ¿cómo pudo fracasar tan estrepitosamente? ¿Cómo pudieron sus seguidores abandonarlo y esconderse, mientras los soldados enemigos lo capturaban, torturaban y crucificaban como a un vulgar criminal? ¿Y acaso no era ampliamente conocido como un sedicioso, mancillado por su asociación con la guerra que terminó en derrota?

Como hemos visto, al enfrentarse a cuestiones como estas, Marcos opta por situar su historia de Jesús no solo en el contexto de la guerra contra Roma, sino en el de la guerra cósmica entre el bien y el mal. Tal como él lo cuenta, los crudos acontecimientos de la vida y muerte de Jesús no podían entenderse sin el choque de fuerzas sobrenaturales que se desarrollaban en la tierra, con Jesús actuando de pararrayos de este conflicto. Así pues, Marcos no se limita a escribir una historia, sino que se propone narrarla desde el punto de vista de su dinámica oculta, es decir, desde el punto de vista *de Dios*.

Tras comenzar su evangelio con el relato del espíritu de Dios descendiendo sobre Jesús durante su bautismo, llevándolo a combatir a Satán, Marcos lo describe implicándose en un conflicto con las fuerzas del mal de manera constante. En primer lugar, contra los poderes demoníacos que atormentan a las personas poseídas, delirantes y enfermas; después, contra los líderes judíos que, desde el principio, «se confabularon contra él para ver cómo eliminarlo» (Marcos 3:6); y, más tarde, contra su propio discípulo Pedro, a quien denuncia como «Satanás». Rechazando duramente las protestas bienintencionadas de Pedro, Jesús reconoce que debe luchar hasta la muerte (8:33). Así pues, como hemos visto desde el principio, cada uno de los evangelios del Nuevo Testamento presenta la crucifixión de Jesús como la culminación de la lucha entre el bien y el mal iniciada en su bautismo.

Aunque Satanás rara vez aparece en escena en estos relatos evangélicos, desempeña un papel central en el drama divino. Al fin y al cabo, la historia que narran los evangelistas carecería de sentido sin Satanás. A menos que su captura y muerte no fuesen una derrota final, sino tan solo una escaramuza preliminar en un vasto conflicto cósmico que ahora envuelve al universo, ¿cómo podría alguien afirmar que un hombre traicionado por uno de sus seguidores, y luego acusado de traición a Roma y brutalmente ajusticiado, no solo era, sino que sigue siendo, el Mesías designado por Dios? Basándose en esta convicción, Marcos teje su narración cruda y descarnada.

Pero tras enmarcar su relato en el contexto de una guerra cósmica, Marcos no puede eludir la pregunta crucial: ¿Cómo explicar que un inocente terminase en la cruz? ¿Y qué credibilidad tenían sus discípulos al proclamar su inocencia, cuando Roma lo había ejecutado precisamente por sedición? Pilatos era prefecto de Judea y el único hombre autorizado para ordenar la crucifixión, y solo los soldados romanos tenían los medios, la experiencia y la mano de obra para llevarla a cabo. Inevitablemente, como todo el mundo sabe, Pilatos dio la orden. No hay otra manera de que pudiera haber sucedido. En este momento crucial, Marcos esquiva la cuestión. Negándose a afirmar claramente que Pilatos ordenó la pena de muerte, ofrece en su lugar su escenario alternativo, la escena del «Juicio ante el Sumo Sacerdote». Y, como veremos, Mateo, Lucas y Juan se esforzarán aún más por ocultar el mismo punto.

Los especialistas que investigan el procedimiento judicial judío han demostrado que lo que Marcos relata del «Juicio ante el Sumo Sacerdote» probablemente no sucedió. Paul Winter, por ejemplo, señala que, por lo que sabemos, el Consejo judío nunca se reunía por la noche durante el siglo primero. Incluso si lo hubiera hecho, la acusación mencionada por Marcos no conllevaba la pena capital: pretender ser el Mesías no era blasfemia, ya que el término «Mesías» no se refiere al Señor, sino al gobernante humano que lo representa. Además, en los casos en que el Consejo del Sanedrín se reunía y ordenaba una sentencia de muerte, la ley judía exigía un retraso de 24 horas antes de ejecutarse, y habría sido muerte por lapidación, no por el método que las fuerzas romanas utilizaban contra los esclavos insubordinados y los insurrectos de las provincias.[11]

Fergus Millar, historiador de Oxford de la Roma clásica, está de acuerdo con lo recién mencionado. En un influyente artículo, señala que la historia mucho más sencilla contada en el evangelio de Juan ofrece un escenario bastante más probable.[12] Los miembros del Consejo judío, preocupados porque las actividades públicas de Jesús durante la Pascua pudieran causar disturbios y provocar represalias romanas, siguieron un procedimiento más habitual: ordenaron su arresto y lo enviaron a Pilatos para que lo juzgase.

¿Podemos saber qué ocurrió realmente cuando Jesús fue crucificado? Algunos historiadores, como Crossan, señalando que los discípulos de Jesús huyeron en el momento en que fue arrestado, insisten en que no sabemos prácticamente nada. Subrayando que, cuando escriben sobre la crucifixión, los escritores evangélicos utilizan oráculos de los profetas de Israel y salmos para rellenar las lagunas, Crossan da a entender que lo hacen porque no sabían casi nada de lo que ocurrió en realidad.[13] Sin embargo, Crossan parece demasiado escéptico. Como señala Allison, Marcos pudo haber escuchado relatos de boca de algunas de las mujeres seguidoras de Jesús, entre ellas María Magdalena, María, la madre de Santiago y José, y Salomé, que, según él, estaban «mirando desde lejos» (Marcos 15:40-41), después de que los discípulos varones se hubieran escondido. Y puesto que las crucifixiones eran acontecimientos públicos, a menudo con multitud de espectadores, «tiene... bastante sentido histórico creer que algunas personas –algunas simpatizantes, otras hostiles, otras indecisas– compartieron con otros lo que vieron y oyeron».[14]

Allison también observa que cuando alguien muere repentinamente, «en todas las culturas[15] las personas suelen responder a la muerte buscando y contando historias sobre el amigo o familiar fallecido... Además, los recuerdos y la imaginación, poco después de una muerte, a menudo convergen en... los eventos que condujeron a la pérdida». En especial cuando una muerte es prematura, violenta y cruel, «la historia del fallecimiento puede volverse obsesiva»,[16] hasta el punto de que «eclipsa el relato de su vida; la forma en que murió prevalece sobre la forma en que vivió».[17] Eso parece haber ocurrido, de entrada al menos, en el caso de Jesús. Numerosos estudiosos coinciden en que, incluso antes de que Marcos escribiese, algunos de los seguidores anónimos de Jesús, conmocionados y afligidos, compusieron un primer relato de su muerte a partir de historias que, al parecer, circulaban por doquier. Así pues, cuando Marcos se puso a escribir, es probable que tuviera a mano no solo una lista de las enseñanzas de Jesús, sino también un «relato de la pasión» anterior: una historia que comienza con la detención y termina tras su sepelio.[18]

Durante la vida de Jesús, como hemos visto, los judíos devotos y militantes que luchaban por liberar Judea de la ocupación romana se enfrentaron a continuos fracasos. Alrededor del año 4 d.C., el dirigente revolucionario Judas el Galileo fue capturado y crucificado después de dirigir un ataque sorpresa contra un fuerte romano en Galilea. Los magistrados romanos respondieron a los estallidos de protesta y violencia con una violencia cada vez mayor, hasta que, en el 66 d.C., incluso los líderes judíos pusieron fin a su colaboración con Roma, desencadenando una guerra revolucionaria «en nombre de Dios y de nuestra libertad común».

Si bien Jesús fue ajusticiado unos treinta años antes, los contemporáneos que escribían sobre él y el movimiento que inició, ya fueran aliados o enemigos, los situaron en el contexto de los problemas de Judea en general.[19] Pues, cuando los sacerdotes del Templo de Jerusalén dejaron abruptamente de ofrecer los sacrificios diarios por el bienestar del emperador –exigidos por Roma–, declarando así la guerra de facto, el general Tito marchó con 60.000 soldados hacia Jerusalén para sitiar la ciudad. Cortaron las líneas de suministro para asediar y matar de hambre a sus habitantes, mientras las tropas asaltaban a los rebeldes y recorrían las calles, desatando incontables relatos de robos, violaciones y masacres. Tras cuatro angustiosos años de batallas por toda la ciudad, los romanos finalmente dominaron a los últimos judíos que se habían atrincherado tras los muros del Templo. Los soldados romanos profanaron el Templo al ofrecer sacrificios a Júpiter en el santuario más sagrado. Luego derribaron las enormes piedras del Templo y prendieron fuego a lo que quedaba, convirtiendo el centro de la Ciudad Santa en montones de piedras rotas, escombros y cenizas humeantes.

Dado que Marcos empezó a escribir sobre Jesús durante los últimos años de la guerra, o unos años más tarde, hacia el 68-70 d.C., no podemos entender su evangelio, ni los de Mateo y Lucas, hasta que no reconocemos que son, en efecto, *literatura bélica*. Al igual que otros judíos, los seguidores de Jesús se vieron conmocionados por estos acontecimientos que sacudieron el mundo. Sin embargo, algunos, como Marcos, parecían encontrar en ellos un rayo de esperanza. ¿No había predicho el propio Jesús que la Ciudad Santa sería «cercada por ejércitos» (Lucas 21:20), el Templo profanado y destruido? ¿No había advertido que los «signos del fin» (Marcos 13:22-30) precipitarían «una tribulación cual no la hubo desde el principio de la creación» (13:19), antes de que el mundo fuese aniquilado y transformado?

> Al salir del Templo, le dice uno de sus discípulos: «Rabí, ¡mira qué piedras y qué construcciones!». Jesús le dijo: «¿Ves estas grandiosas construcciones? No quedará piedra sobre piedra que no sea derruida. Pero cuando veáis la abominación de la desolación erigida donde no debe, entonces, los que estén en Judea, huyan a los montes». (Marcos 13:1-14)

Aunque vivieron esos años terribles, Marcos y otros se aferraban tenazmente a la esperanza de lo que Jesús profetizó que ocurriría después: «Y *entonces* verán al Hijo del Hombre que viene entre nubes con gran poder y gloria... Así también vosotros, cuando veáis que sucede esto, sabed que Él está cerca, a las puertas» (13:26-29).

Al mismo tiempo, Marcos y otros leales a Jesús eran intensamente conscientes de que muchos otros judíos los despreciaban por defender a alguien que tanto se parecía a otros rebeldes fracasados y falsos mesías, tal vez incluso como el propio Judas el Galileo, que fue crucificado por el mismo cargo junto con miles de sus hombres unos sesenta años atrás. El filósofo Celso, que escribió hacia el año 170 d.C., relata cómo los críticos judíos se burlaban de los seguidores de Jesús:

> ¡Os han engañado!... *¿Acaso un dios –un salvador, como tú dices, e Hijo del Dios Altísimo– sería traicionado por... los más cercanos a él...* [y sería] arrestado y ejecutado en las circunstancias más humillantes[?]... Dejemos de lado... la disparatada idea de que Jesús previó todo lo que le iba a suceder (un evidente intento de ocultar los humillantes hechos)... Un buen dios en verdad... que no pudo... evitar el desastre que terminó con su vida en desgracia... [En cualquier caso, dicen] había dicho de antemano a su banda de ladrones que no tendría un buen final y que terminaría siendo ajusticiado.[20]

Después de su muerte, algunos de los seguidores más devotos de Jesús, conscientes de ese tipo de ataques, y desesperados por demostrar que su Mesías no había fracasado, estudiaron detenidamente las Escrituras judías, en especial los oráculos proféticos y los salmos, en busca de indicios de que incluso lo peor que sucedió –la traición de Judas y la crucifixión de Jesús– escondía un significado más profundo. Y como en el caso de los relatos referentes al nacimiento, descubrieron muchos pasajes que les parecieron relevantes.

Sin embargo, ¿cómo podían imaginar los judíos devotos a Jesús como el guerrero triunfante y el Mesías designado por los profetas? Sorprendentemente, incluso antes de que se escribiesen los evangelios, algunos de los seguidores de Jesús empezaron a leer ciertos salmos atribuidos al rey David –salmos que hablan con la voz de un rey justo que sufre sin merecerlo, se lamenta y suplica ayuda, mientras espera la liberación de Dios– a modo de profecía de lo que le había ocurrido a su Mesías. El argumento de estos salmos (Salmos 18, 22, 31, 40, 42 y 69), como señala el biblista Richard Hays, suele pasar de la humillación y el peligro a la alabanza de la liberación por parte de Dios. No es de extrañar, pues, que los seguidores de Jesús interpretaran que, en momentos extremos, «Jesús rezaba los salmos»:[21]

> Muchos judíos devotos interpretaban estos lamentos y oraciones como si encarnaran la experiencia del propio rey David, o incluso del pueblo de Israel, tantas veces derrotado y humillado, pero que esperaba, e incluso insistía, en que su Dios sin duda les libraría. *Cuando los judíos que veneraban a Jesús leyeron estos «salmos reales» tras enterarse de su terrible muerte, sintieron que podían escuchar la voz de Jesús hablando a través de ellos.*[22]

El propio Pablo, que escribió décadas antes que Marcos, Mateo o Lucas, lee el Salmo 69:9 como si Jesús mismo estuviera hablando («Y caen sobre mí los insultos de los que te insultan»). Marcos y Mateo hacen afirmaciones similares, señalando que Jesús rezó la primera línea del Salmo 22 como sus últimas palabras (*«Dios mío, Dios mío, ¿por qué me has abandonado?»*). Lucas, sin embargo, se niega a incluir esa queja humillante en su evangelio. En cambio, lo sustituye por una oración humilde y confiada que se encuentra en otro salmo atribuido a David («Padre, '*en tus manos mi espíritu encomiendo*'» (Salmos 31:5).[23]

La lamentación del rey David por un amigo que se volvió en su contra también resonaba entre los creyentes. Algunos de ellos interpretaron que, al leer sus palabras con un sentido profético, lo escrito podía explicar la traición de Judas: «*Hasta mi amigo íntimo en quien yo confiaba, el que mi pan comía, levanta contra mí su calcañar*» (Salmos 41:9).[24] Incluso este chocante suceso formaría parte del plan divino. Marcos, observando el mismo pasaje, traza un camino interpretativo similar, afirmando que Jesús identifica que Judas es el traidor dándole un trozo de pan y declarando que el traidor, «uno de sus discípulos, el que Jesús amaba, *estaba en la mesa al lado de Jesús*».[25] El Evangelio de Juan lleva esta identificación aún más lejos, diciendo: «*Y entonces, tras el bocado*, entró en él Satanás. Jesús le dice: 'Lo que vas a hacer, hazlo pronto'» (Juan 13:26).[26] ¿Podría esto exonerar a Judas, si su papel en la crucifixión de Jesús estuviera divinamente predestinado? Aparentemente preocupados por esta pregunta, los escritores de los evangelios decidieron responder enfáticamente que *no*. Tanto Marcos como Lucas declaran: «*El Hijo del Hombre se va, como está escrito de él, pero ¡ay de aquel por quien el Hijo del Hombre es entregado!* ¡Más le valdría a ese hombre no haber nacido!» (Mateo 26:24).[27]

Además, al leer el Salmo 22 como profecía, los discípulos de Jesús sintieron que se correspondía de manera tan sorprendente con la crucifixión que incluyeron muchos de sus detalles en sus relatos de la muerte de Jesús. En los pasajes en los que el original hebreo de este salmo parecía menos apto para este propósito que la traducción griega, más accesible para ellos, los evangelistas, que escribían en griego, adoptaron esta última, una práctica que los traductores posteriores siguieron, más de mil años después, al traducir el siguiente pasaje del griego:

> Como el agua me derramo, todos mis huesos se dislocan... una banda de malvados me acorrala como para prender mis manos y mis pies. Puedo contar todos mis huesos; ellos me observan y me miran, repártense entre sí mis vestiduras y se sortean mi túnica. (Salmos 22:14-18)

Una frase del texto hebreo original es incierta y posiblemente indique, en cambio, que las manos y pies del sufriente se habían marchitado (hebreo: *ka'aru*).[28] Los traductores cristianos casi siempre optan por seguir la versión griega (*ōruxan*), que sugiere de manera más adecuada una forma romana de crucifixión, una práctica probablemente desconocida para los judíos en la época de David.

Cuando Mateo revisa la narración de Marcos, especialmente preocupado por contrarrestar las críticas de sus compatriotas judíos que desprecian a su Mesías, se centra aún más intensamente en los oráculos proféticos. Hemos visto cómo, en su relato del nacimiento, Mateo utiliza una traducción griega de las profecías de Isaías para validar su relato del nacimiento de Jesús: «una doncella (*parthenos*, en griego, en lugar del hebreo *almah*, «mujer joven») está encinta y va a dar a luz un hijo» (Isaías 7:14). Así también, al narrar la muerte de Jesús, aunque Mateo sigue de cerca el relato de Marcos, a veces cambia alguna palabra y añade nuevos epígrafes, para demostrar su convicción de que la crucifixión, lejos de ser una completa catástrofe, forma parte de un profundo plan divino.

Marcos ya había adoptado esta estrategia, añadiendo detalles encontrados en salmos y profecías a su narración de la muerte de Jesús. Incluso al decir que Jesús gritó, con las palabras del Salmo 22, que Dios lo había abandonado, Marcos pudo haber querido tejer un matiz de esperanza en la escena de la crucifixión, ya que el Salmo 22 termina con una nota de confianza y alabanza. En el momento en que Mateo revisa el relato de Marcos, omite los detalles que muestran la vulnerabilidad de Jesús, y prefiere subrayar que este no solo comprende que su muerte inminente es la voluntad de Dios, sino que la acepta con confianza. Así pues, aunque reconoce que Jesús está agitado en Getsemaní, Mateo evita decir que estaba «angustiado y agitado», admitiendo solo que sentía «tristeza» (Mateo 26:37). A continuación, escribe que cuando Judas llega para besarle, Jesús le reta, mostrando que es plenamente consciente de lo que ocurre. Por último, en lugar de la caótica escena que relata Marcos, Mateo presenta a Jesús completamente al mando, reprendiendo duramente al discípulo que lucha por defenderle:

> Le dice entonces Jesús: «Vuelve tu espada a su sitio, porque todos los que empuñen espada, a espada perecerán. *¿O piensas que no puedo yo rogar a mi Padre, que pondría al punto a mi disposición más de doce legiones de ángeles? Mas entonces, ¿cómo se cumplirían las Escrituras de que así debe suceder?»*. (Mateo 26:52-54)[29]

Incluso en este momento crítico, Mateo presenta a Jesús dando órdenes, enseñando la no violencia e informando a sus aterrorizados discípulos de que sus sufrimientos son necesarios para que se cumplan las Escrituras. Y cuando Mateo relata cómo Jesús, atado y golpeado, es condenado a muerte por el sumo sacerdote, y luego entregado a Pilatos para ser juzgado, añade un episodio para mostrar el remordimiento de Judas y su suicidio. Según cuenta, al enterarse Judas de que Jesús ha sido condenado a muerte, se arrepiente y vuelve al Templo para devolver el dinero manchado de sangre a las autoridades. Despreciado, arrojó el dinero al suelo, «fue y se ahorcó» (Mateo 27:5). También en este caso, Mateo alude a oráculos de Jeremías y Zacarías para mostrar que incluso el destino de Judas cumple las Escrituras (Mateo 27:9; véase Zacarías 11:12-13 y Jeremías 18-19).

Mateo aún tiene que enfrentarse a la cuestión más difícil: cómo afirmar que Pilatos nunca declaró culpable a Jesús. También en este caso sigue el ejemplo de Marcos, ampliando su narración para demostrar que Jesús *no* era un militante. Marcos ya ha dado la pista a la pregunta «*Si no, ¿cómo pudo ser crucificado?*», al presentar a Jesús condenado a muerte, pero no por Pilatos. Tanto Marcos como Mateo subrayan este punto escenificando el dramático «Juicio ante el Sumo Sacerdote», en el que Caifás, el sumo sacerdote judío, interroga a Jesús y se rasga las vestiduras mientras lo condena a muerte por blasfemia. Luego –afirman– las autoridades judías lo entregan al tribunal de Pilatos, acusándolo falsamente de sedición. Incluso allí, afirman estos autores, «los sumos sacerdotes y los ancianos del pueblo» engañan y presionan a Pilatos para que «entregue a Jesús» para que lo maten (Marcos 15:1; Mateo 27:1).

Siguiendo la estela de Marcos, Mateo presenta a Pilatos preguntando sin suerte a la multitud vociferante y enloquecida qué debe hacer con Jesús, mientras trata repetidamente de defender a un hombre que le parece inocente («Pero ¿qué mal ha hecho?» [Mateo 27:23]). En los tensos momentos previos a que Pilatos ceda a la presión de la multitud, Mateo añade dos episodios que intensifican enormemente la vacilación del gobernante y la culpabilidad de la multitud. En primer lugar, mientras Pilatos está sentado en el tribunal, su esposa le envía un mensaje urgente, en el que le dice «No te metas con ese justo» (Mateo 27:19). En segundo lugar, «viendo que nada adelantaba, sino que más bien se promovía tumulto, tomó agua y se lavó las manos delante de la gente diciendo: «'Inocente soy de la sangre de este justo. *¡Vosotros veréis!*'» (27:24).

En respuesta –consigna Mateo–, hacen precisamente eso: «*Todo el pueblo*» grita una respuesta aterradora: «*¡Su sangre sobre nosotros y sobre nuestros hijos!*» (27:25).[30] Según Mateo, eso funciona. Momentos después, Pilatos libera ante la multitud a un famoso insurgente llamado Barrabás y, tras ordenar azotar a Jesús, «*lo entregó para que fuera crucificado*»[31] sin haber pronunciado sentencia alguna, según insinúa cuidadosamente Mateo. Como señalan los historiadores de Roma, esta historia también es bastante improbable: liberar voluntariamente a un conocido insurrecto pondría en peligro la propia posición del gobernador e incluso su vida.

Cuando Lucas revisa de manera independiente la narración de Marcos, dirigiéndose a un público predominantemente gentil, parece aún más decidido a demostrar que, pasara lo que pasara en el tribunal, Jesús era inocente. Para ello, cuenta una historia mucho más inverosímil que, al igual que la versión de Mateo, solo implica a los enemigos judíos de Jesús. En primer lugar, Lucas evoca una historia muy improbable: «Los sumos sacerdotes, jefes de la guardia del Templo y ancianos» llegan a Getsemaní en persona, en lugar del pelotón armado que menciona Marcos, para arrestar a Jesús a altas horas de la noche. A continuación, según Lucas, Jesús detiene a Judas antes incluso de que se acerque lo suficiente para besarle, y desafía a los sumos sacerdotes y a la guardia del Templo, llamándolos en su cara agentes de Satanás, «el poder de las tinieblas» (Lucas 22:53).

Según recoge Lucas, a la mañana siguiente todo el Consejo judío juzga a Jesús y lo condena por unanimidad a muerte. Luego, al entregarlo a Pilatos, Lucas señala que los miembros del Consejo inventaron más cargos falsos: «Hemos encontrado a este alborotando a nuestro pueblo, prohibiendo pagar tributos al César y diciendo que él es el Mesías, un rey» (23:2).

En el relato de Lucas, como en el de Marcos, Pilatos ignora esas acusaciones y se limita a preguntar a Jesús si son ciertas. Aquí, como en el relato de Marcos, Jesús desvía la pregunta, y Pilatos lo acepta, declarando: «*Ningún delito encuentro en este hombre*» (23:4).[32] Pero cuando los sumos sacerdotes siguen insistiendo en la acusación, Lucas, y solo Lucas, añade que Pilatos envía a Jesús a Herodes, sugiriendo –contra toda lógica– que el rey judío tiene autoridad en este asunto. Y aunque Herodes estaba ansioso por ver a Jesús –dice Lucas–, quedó decepcionado cuando el prisionero se negó a responder a sus preguntas o a hacer milagros, y lo envió de vuelta a Pilatos. En ese momento, Pilatos vuelve a decir a la enfurecida turba judía:

«No he hallado en este hombre ninguno de los delitos de que le acusáis... Nada ha hecho, pues, que merezca la muerte... Así que... lo soltaré» (23:14-15). Mientras la multitud grita aún más enfurecida, Pilatos declara inocente a Jesús por tercera vez: *«No encuentro en él ningún delito que merezca la muerte, así que lo soltaré».*[33] «Pero –dice Lucas– ellos insistían pidiendo a grandes voces... '¡Crucifícalo! Crucifícalo'... y sus voces prevalecieron» (23:13-23).[34]

Aquí, pues, de forma aún más explícita que Marcos y Mateo, Lucas insiste en que Pilatos nunca sentenció a Jesús. En cambio –escribe–, Pilatos finalmente «sentenció que se cumpliera su demanda», y a Jesús «se lo entregó a su voluntad». Cuando le llevaban, echaron mano de un cierto Simón de Cirene, que venía del campo, y le cargaron la cruz para que la llevara detrás de Jesús» (23:23-26). Sorprendentemente, en un pasaje en el que Lucas escoge sus palabras con sumo cuidado, da a entender algo imposible: que «ellos» *–no los romanos, sino los judíos–* se llevaron a Jesús y lo crucificaron. También en este caso, según el relato de Lucas, Pilatos declara inocente a Jesús tres veces, ¡y nunca ordena realmente la crucifixión!

Pero Lucas no se detiene ahí. Después de imaginar a Jesús crucificado entre otros dos judíos acusados de insurrección, Lucas, y solo Lucas, hace que uno de ellos confiese su propia culpa y declare inocente a Jesús: «Y nosotros con razón somos condenados, porque nos lo hemos merecido con nuestros hechos; en cambio, *este nada malo ha hecho»* (23:41).[35] Lucas concluye este episodio mientras el centurión romano que estaba de guardia repite el mismo estribillo: «*¡Ciertamente este hombre era justo!*» (23:47).[36] ¿Cómo puede alguien encontrar creíble lo anterior? Del modo que lo cuenta Lucas, los sumos sacerdotes y el Consejo judío, a los que se suma la multitud, acusan unánimemente a Jesús de sedición, mientras que los romanos, desde el propio Pilatos hasta los miembros del pelotón de ejecución, lo *defienden*. Al escribir el libro de los Hechos como continuación de su evangelio, Lucas vuelve a insistir en el mismo punto: también aquí, cuando Lucas muestra a los magistrados romanos interrogando a los seguidores de Jesús, los romanos invariablemente los declaran inocentes.

Para sostener que los romanos no condenaron a Jesús a muerte, Lucas y otros seguidores de Jesús tuvieron que inventar, en efecto, un nuevo Pilatos –y lo hicieron–. Con el fin de inculpar a los líderes judíos y exonerar a los romanos, reemplazaron a Pilatos con una caricatura perdurable: la de un gobernante bienintencionado pero débil, preocupado por la justicia, intimidado dentro de su propia sala de consejo por las multitudes locales que gritaban afuera, hasta que, incapaz de resistir la presión, cedió y ejecutó a un hombre que sabía inocente.

Otros contemporáneos de Jesús, tanto judíos como romanos, describen a un hombre muy distinto. Incluso Josefo, el comandante judío que inicialmente luchó contra Roma y más tarde escribió sobre la historia de su pueblo de una manera calculada para ganarse su respeto, informa de que Pilatos mostraba desprecio por sus súbditos judíos, se apropiaba ilegalmente de fondos del tesoro del Templo y violaba de manera flagrante su sensibilidad religiosa.[37] Josefo también relata de qué modo Pilatos se enfrentaba a las multitudes de judíos que protestaban a gritos contra su política: cómo, por ejemplo, ordenaba a sus soldados que ocultaran sus armas mientras rodeaban a una multitud de manifestantes y luego, a una señal suya, atacaran y mataran a los que se negaban a dispersarse. Filón de Alejandría, un influyente miembro de la comunidad judía alejandrina, encargado de dirigir una delegación para negociar con el emperador Cayo en Roma, ofrece una acusación contundente, describiendo a Pilatos como un hombre de «carácter inflexible, obstinado y cruel», tristemente célebre por su «codicia, violencia, robo, asalto, *frecuentes ejecuciones sin juicio* y una ferocidad salvaje y desmedida».[38]

¿Qué motiva entonces a los escritores de los evangelios a caracterizar a Pilatos como lo hacen? No encuentro una respuesta sencilla. Obviamente, querían limpiar la reputación de su amado maestro, que, por lo que sabemos, *era* inocente de sedición. Pero, después de esforzarme por entender por qué hilaron sus diversas historias como lo hicieron, llegué a comprender que estos escritores también compartían una preocupación práctica urgente: *salvar su propia vida y las de sus compañeros creyentes*. Con la esperanza de atraer a nuevos adeptos a su movimiento, también eran muy conscientes de que su continua lealtad a un hombre crucificado por insurrección los ponía, como seguidores suyos, en grave peligro de afrontar idéntico destino.

En especial después de la guerra, los magistrados y soldados romanos que ocuparon Judea desconfiaban de cualquier atisbo de sedición renovada. Corrían rumores de que los parientes de Jesús habían sido arrestados en Jerusalén y acusados de planear una insurrección. Las informaciones enviadas desde regiones tan lejanas como la Galia –la actual Francia– y Roma, España y el norte de África, atestiguan que los seguidores de Jesús eran vistos popularmente con sospecha y desprecio. Aristócratas romanos como Tácito los consideraban peor que a los judíos: «[Para] los que se convierten... la primera lección que reciben es despreciar a los dioses, renegar de su patria y tener en poca consideración a sus padres, hijos y hermanos». Ellos «consideran profano todo lo que consideramos sagrado».[40] Tácito también cuenta que, debido a la animadversión pública contra ellos, el emperador Nerón los utilizó como chivos expiatorios en los disturbios civiles. Acusándoles de haber provocado incendios en Roma que dañaron gran parte de la ciudad –explica Tácito–, Nerón hizo arrestar a algunos de ellos, colgarlos de postes y quemarlos vivos en sus propios jardines como escarnio público, para disuadir a otros de provocar incendios.

Al mismo tiempo, entre los seguidores de Jesús por todo el imperio circularon rápidamente historias de cómo sus líderes más respetados eran perseguidos y asesinados. En el año 62 d.C., una turba linchó en Jerusalén a Santiago, hermano de Jesús, lapidándolo públicamente hasta la muerte cerca del Templo; algunos decían que fue el sumo sacerdote, Anano, el que ordenó su ejecución. Un par de años después, un magistrado romano ordenó el arresto del apóstol Pablo, al que luego ordenó azotar y decapitar. Al poco tiempo, el discípulo de Jesús, Pedro, entonces líder de un grupo con sede en Roma, fue arrestado, torturado y salvajemente escarnecido mientras era crucificado.

Para eludir ese peligro, los seguidores de Jesús optaron por hilar la historia de la ejecución de Jesús como si fuesen «los judíos» quienes urdieron su muerte, amplificando el papel de destacados líderes judíos que, como confirma Josefo –el historiador judío–, promovieron en efecto los cargos presentados a Pilatos (Hechos 2:1, Tesalonicenses 2:14-15).[41] Los que escribieron los evangelios después de Marcos empezaron a describir a Pilatos bajo una óptica cada vez más favorable. Como señala el historiador Paul Winter en su análisis *El proceso de Jesús*:

> El severo Pilatos se suaviza de evangelio en evangelio [de Marcos a Mateo, de Mateo y Lucas a Juan]... cuanto más se aleja en la historia, más simpático se hace su personaje.[42]

Al mismo tiempo, como hemos mostrado en otro lugar, al caracterizar a los *enemigos* judíos de Jesús, los escritores de los evangelios hacen lo mismo a la inversa.[43] Hemos visto cómo cada uno de los últimos evangelistas, Mateo, seguido de Lucas, presenta a «los judíos» cada vez más hostiles, ferozmente decididos a provocar la muerte de Jesús. Aunque Marcos señala a menudo que los dirigentes del Templo decidieron contener su hostilidad hacia Jesús debido a su popularidad entre «el pueblo», tanto Mateo como Lucas terminan sus relatos del juicio presentando a «la multitud» pidiendo a gritos su crucifixión. Marcos señala cierto antagonismo entre Jesús y los fariseos, pero Mateo en realidad retrata al propio Jesús lanzando odiosas acusaciones contra ellos, tildándoles de «hipócritas... serpientes y víboras» que merecen ser «condenados al infierno» (Lucas 13:31; Mateo 23:13-33).[43] Mateo, Lucas y Juan sostienen de manera mucho más explícita lo que Marcos insinúa en su relato: que los adversarios de Jesús están animados por Satanás.

Así pues, veamos ahora, por último, de qué modo el Evangelio de Juan –escrito unos diez o veinte años después que los demás (c. 90-110 d.C.), en una época en que algunos grupos de judíos desafiaban a los seguidores de Jesús, quien se llama a sí mismo «el discípulo amado»– sugiere que, desde el comienzo de la actividad pública de Jesús, algunos «judíos trataban con mayor empeño de matarle» (Juan 5:16-18). Juan repite esta acusación a lo largo de su relato, e incluso hace que el propio Jesús acuse a «los judíos» de «querer matarme» (7:19; 8:40), ¡como si él no fuera uno de ellos! Juan está de acuerdo en que acusan a Jesús de blasfemia, pero no por pretender ser el Mesías, un rey. En cambio, la versión de Juan intensifica enormemente la acusación: aquí «los judíos» acusan a Jesús de «hacerse igual a Dios» (5:18), una afirmación que, en la tradición judía, es obviamente una blasfemia.[44]

De ese modo, mientras que Marcos, Mateo y Lucas presentan a Jesús de manera mucho más creíble como un judío devoto y de mentalidad más tradicional que rechaza cualquier equiparación entre Dios y el ser humano (Marcos 10:18, Mateo 19:16-17, Lucas 18:19), y mucho menos entre Dios y él mismo, Juan quiere persuadir al lector de lo contrario: de que Jesús es Dios en forma humana. Juan llega a imaginar que Jesús reclama para sí el nombre divino («Yo Soy») que el Señor reveló a Moisés; y cuando lo hace, Juan dice que «los judíos» tomaron piedras para matarlo (Juan 8:58-59).

Por último, cuando el Jesús de Juan anticipa su muerte, no muestra ningún indicio de vacilación o dolor, y mucho menos de terror. Por el contrario, la narración de Juan desafía –y contradice directamente– lo que relatan Marcos y Mateo. En Getsemaní, el Jesús de Juan solo reconoce que «mi alma está turbada». Pero luego pregunta retóricamente: «*Y ¿qué voy a decir? ¡Padre, líbrame de esta hora! Pero ¡si he llegado a esta hora para esto!*» (12:27).[45] También aquí Juan va mucho más lejos que los demás. Mientras que Mateo muestra a Jesús en completo control durante su arresto, Juan lo presenta orquestando su propio arresto, juicio y ejecución.

Tal como lo cuenta Juan, Jesús no solo identifica a Judas como su traidor, sino que le ordena efectivamente que lo lleve a cabo («Lo que vas a hacer, hazlo pronto» [13:27]). A continuación, omitiendo la cena pascual como última cena de Jesús, Juan relata de qué modo Jesús conduce a sus discípulos a Getsemaní, «sabiendo todo lo que le iba a suceder» (18:4). En consecuencia, cuando Judas llega a Getsemaní al frente de un pelotón armado, Jesús se adelanta y exige saber: «¿A quién buscáis?». A la respuesta de los soldados y los guardias, Jesús se ofrece voluntario: «Yo soy», ante lo cual, dice Juan, «retrocedieron y cayeron a tierra». Al ver al pelotón de hombres armados en tierra, ahora indefensos, Jesús exige de nuevo saber a quién buscan; entonces les ordena: «*Ya os he dicho que yo soy; así que si me buscáis a mí, dejad marchar a estos*» (18:4-8).[46] En el momento en que Pedro intenta defenderle, atacando al esclavo del sumo sacerdote y cortándole una oreja, Jesús lo reprende: «¡Vuelve la espada a la vaina!» (18:11). A continuación, contraponiéndose al episodio en el que Jesús suplica a Dios que le perdone («aparta de mí este cáliz» [Marcos 14:36, Lucas 22:42, Mateo 26:39]), Juan presenta a Jesús anunciando su voluntad: «El cáliz que me ha dado el Padre, ¿no lo voy a beber?» (Juan 18:11).

Cuando es juzgado e interrogado por Pilatos, el Jesús de Juan le responde. Y cuando Pilatos afirma su propio poder («¿No sabes que tengo poder para soltarte y poder para crucificarte?» [19:10]), Jesús le corrige, declarando que todo poder le pertenece a Dios. De pie ante el tribunal, Jesús mismo dicta sentencia, no contra sí mismo, sino contra «los judíos», quienes, declara, son «más culpables» de manipular su injusta muerte que el desorientado gobernador: *«El que me ha entregado a ti tiene mayor pecado»* (19:11).[47] Y cuando Jesús declara: «Todo el que es de la verdad, escucha mi voz» (18:37), Pilatos termina preguntándole: «¿Qué es la verdad?». Incluso al final, cuando Jesús declara desde la cruz, con su último aliento, que «todo está cumplido» –es decir, su muerte voluntaria y necesaria–, Juan muestra que nadie podía matarlo. Por el contrario –dice Juan–, en ese mismo momento, «inclinando la cabeza entregó el espíritu» (19:30).

A finales del siglo segundo, a medida que los seguidores de Jesús continuaban predicando y difundiendo esas historias, su creciente éxito y popularidad, especialmente entre las clases populares y los esclavos de las ciudades, empezó a alarmar a hombres prominentes del círculo imperial de Marco Aurelio. El filósofo neoplatónico Celso, por ejemplo, al ver que ganaban fácilmente nuevos adeptos, pasó al ataque. Se dio cuenta de que los insultos por sí solos ya no bastaban para detener el crecimiento del movimiento, de manera que estudió cuidadosamente lo que escribían los cristianos, junto con lo que decían los críticos judíos. Entonces empezó a escribir su polémica obra, muy leída e influyente, *Discurso verdadero contra los cristianos*. Con la intención de desmontar cada uno de sus argumentos, Celso elabora pruebas convincentes, apuntando especialmente al «nacimiento virginal» y a la crucifixión. Desprecia a Jesús por haber sido traicionado por uno de sus propios seguidores y ridiculiza a sus partidarios por tener «la idea de decir que lo sabía todo de antemano».[48]

Celso concluye que los discípulos de Jesús inventaron las historias que escribieron sobre él; y aunque mentían, sus historias no estaban tan bien construidas como para ocultar esta monstruosa ficción (II.26) Afirmando a menudo hacerse eco de lo que los críticos judíos dicen, Celso añade que, aunque citan a los profetas, estas «profecías podrían aplicarse a miles de otros de forma mucho más plausible que a Jesús» (II.28),[49] a quien descarta como un fraude y un mago (I.5-6). A menudo cuestiona los relatos evangélicos, exigiendo saber por qué, por ejemplo, si Jesús murió voluntariamente, «profiere fuertes lamentos y gemidos, y reza para evitar el miedo a la muerte».[50] Observando astutamente cómo los escritores posteriores de los evangelios cambian y revisan la narración de Marcos, Celso señala que «algunos creyentes» se contradicen de manera flagrante y «alteran el texto original del evangelio tres o cuatro o varias veces, y cambian su carácter para poder negar las dificultades frente a la crítica».[51]

Por último, despreciando el movimiento como un culto, una «sociedad secreta»[52] «cuyos miembros se apiñan en los rincones»,[53] Celso declara que son plenamente conscientes de «la pena de muerte que pende sobre ellos» (I.3), apoyando los cargos capitales en su contra, ya que se niegan a prestar juramento de lealtad al emperador.[54]

Al parecer, Celso se percata de que el principal motivo de los cristianos para representar el «juicio ante Pilatos» como una farsa era defensivo, motivado por la preocupación de demostrar que Jesús fue acusado falsamente y, por tanto, que ellos también eran inocentes de sedición. Sin embargo, dar la vuelta a la historia como lo hicieron dio lugar a enormes consecuencias imprevistas. Cuando empecé a considerar los relatos de la crucifixión teniendo en cuenta estas preocupaciones, me sorprendieron y angustiaron cosas que nunca antes había advertido.

¿Cómo no me había percatado de que el modo en que los seguidores de Jesús dieron forma a estas historias –postulando a «los judíos» como agentes de Satanás– abría la puerta para que los cristianos demonizasen a los judíos ajenos a su movimiento de un modo que ha provocado turbulencias, violencia e incluso asesinatos en masa patrocinados por el Estado a lo largo de los dos mil años de historia del cristianismo? Cuando preguntaba a mis profesores en Harvard sobre esto, varios de ellos, incluido un distinguido profesor de Nuevo Testamento, que también era ministro luterano alemán, negaron vehementemente que los evangelios transmitiesen mensajes antijudíos, y mucho menos mensajes que alimentaran el antisemitismo. Obviamente, sin embargo, a menudo lo hacen, ya que durante siglos innumerables personas, tanto cristianos como judíos, han dado por sentado que *los judíos mataron a Jesús*. Muchos incluso han llegado a tomarle la palabra a Mateo, creyendo que lo que acusa de hacer a «todo el pueblo [judío]» (Mateo 27:25) implica a todos sus descendientes en el mal, un crimen que los cristianos de generaciones posteriores llamaron «deicidio», es decir, «matar a Dios».

¿Cómo es posible que yo, y otras muchas personas educadas en la tradición cristiana, no viéramos, al menos de manera consciente, las insidiosas implicaciones de esta narrativa? Preocupada por esta pregunta, volví atrás para rastrear lo sucedido. Después de que el emperador Constantino tomara repentinamente a Cristo como su divino patrón en el año 312 d.C., ordenando el fin de la persecución estatal de los cristianos, su situación comenzó a invertirse. En pocas décadas, los miembros de esta minoría antes marginada ganaron poder social y político y pasaron a ser considerados aliados del emperador. A finales del siglo IV, cuando los sucesores de Constantino reformaron los códigos legales romanos para «cristianizar» el imperio, no solo proscribieron la crucifixión y declararon la violación delito capital, sino que también decretaron duras penas contra los judíos, creando precedentes que han perdurado siglos, incluso milenios. En el proceso, como señala el historiador Timothy Barnes, «los prejuicios cristianos contra los judíos se convirtieron en inhabilitaciones legales».[55]

Además, dado que las convicciones religiosas despiertan fuertes emociones, las personas que buscan el poder han utilizado desde entonces versiones del cristianismo para promover sus agendas sociales y políticas. El rey Luis IX de Francia, por ejemplo, pidió a sus súbditos católicos que lucharan y mataran a los «infieles» musulmanes durante la Primera Cruzada; más tarde, como es bien sabido, los cristianos católicos y protestantes se mataron mutuamente durante tres décadas de «guerra religiosa» en Europa. Y cuando los cristianos europeos se encontraron con pueblos indígenas en lo que ellos llamaron el Nuevo Mundo, muchos asumieron que aquellos que «descubrieron» en las Américas no podían descender de Adán, y por lo tanto debían de ser menos que humanos, probablemente descendientes de especies animales, para convertirlos en «adoradores de Satanás».[56] Los dirigentes coloniales europeos de lugares como la India y África también adoptaron opiniones deshumanizadoras con el fin de imponer su dominio, como han hecho los traficantes y propietarios de esclavos durante más de tres siglos en América. Especialmente desde el siglo XVII, los cristianos que participaban en la trata de esclavos africanos afirmaban que los negros africanos son «hijos de Cam», a quienes el Noé bíblico maldijo a la esclavitud perpetua, una opinión que los cristianos supremacistas blancos mantienen hasta el día de hoy. Irónicamente, como ha demostrado Sylvester Johnson, algunos cristianos africanos apoyaron esa opinión, con la esperanza de que demostrara que los negros descendían de Adán y, por tanto, eran humanos.[57]

Al mencionar esta historia, mi intención no es ni desprestigiar ni defender a los escritores de los evangelios, que luchaban por sobrevivir en una época precaria, sino simplemente hablar abiertamente de lo que los cristianos a menudo optan por pasar por alto. Un amigo, criado en el catolicismo, objetó, preguntando: «¿Pero no es el cristianismo todo amor?». En el mejor de los casos, por supuesto, lo es; y más adelante espero demostrar que esto ha dado al cristianismo su poder de permanencia. Sin embargo, estas complejas historias transmiten simultáneamente un trasfondo que puede incitar al odio. Y, como los cristianos suelen identificarse con los discípulos de Jesús cuando leen los evangelios, durante unos dos mil años muchos han asociado a sus oponentes –ya fueran judíos o aquellos a los que más tarde consideraron «paganos» o «herejes»– con las fuerzas del mal y, por tanto, con Satanás. Una tradición secular obliga a los cristianos que acuden a la iglesia el Domingo de Ramos, una semana antes de Pascua, a representar el papel de judíos, gritando «¡Crucifícalo! Crucifícalo». En respuesta a esta práctica, los judíos de toda Europa a menudo se quedaban fuera de las ciudades durante el Domingo de Pascua, temiendo que las turbas salieran de las iglesias para vituperarles y atacarles.

Por extrema que sea la versión de Juan, culmina los intentos de los escritores de los evangelios de abordar la cuestión más difícil que se les planteó: cómo mantener la esperanza cuando se afronta una pérdida horrenda, especialmente cuando dicha pérdida se inflige de manera intencional. Viktor Frankl,[58] un psiquiatra judío que reflexionó a propósito de su experiencia como prisionero en Auschwitz, fue quien planteó esta pregunta, formulada tan a menudo, con mayor urgencia y contundencia. Frankl, que vivió una violencia inimaginable, centró su energía en preguntarse cómo era posible que él, o cualquier otra persona, sobreviviera cuando todo a su alrededor –el hedor del humo de los crematorios, las pilas de cadáveres y los cuerpos torturados y famélicos, los guardias armados, algunos de los cuales disfrutaban obviamente de su poder para violar, torturar y asesinar– apuntaba hacia la desesperación. Aunque él mismo no participaba de la tradición religiosa, Frankl reconoció que la búsqueda de sentido es una necesidad humana esencial. Lo original –y esclarecedor– es su idea de que ese sentido debe ser algo más que un cliché generalizado. Por el contrario, Frankl insiste en que el sentido que cada uno de nosotros descubre debe estar relacionado con su propia situación: un sentido específico que se encuentra en la vida de cada persona. Y cuando no hay nada que «encontrar», Frankl muestra cómo podemos, y a menudo debemos, *crear* sentido.

¿Qué significado tiene entonces la muerte de Jesús? A lo largo del Nuevo Testamento, cuando Jesús habla, consciente de que van a matarlo, las palabras que se le atribuyen rara vez indican lo que significa su muerte; tal vez, como sugiere un historiador, porque aún no conocía el desenlace de su misión. Pero, como señalamos al principio, justo después de su muerte, los seguidores que se negaron a perder la esperanza, como Pedro y Santiago, el hermano de Jesús, se reunieron conmocionados y apesadumbrados, y compartieron relatos de lo sucedido. El apóstol Pablo, que se unió a su movimiento unos años más tarde, dice que le contaron cómo habían empezado a dar forma a esas historias en un ritual que representaban «en memoria suya». Al reunirse para representar su «última cena», los seguidores de Jesús trataban de reforzar su convicción de que lo sucedido *tenía* sentido, como parte de un plan divino preestablecido.

Sorprendentemente, en escritos incluso anteriores a los evangelios –en las cartas de Pablo– encontramos su sugerencia más explícita de lo que podría significar la muerte de Jesús. Dado que el culto en el Templo de Jerusalén requería el sacrificio de animales, a menudo como expiación, cualquiera que buscara desesperadamente un significado a la crucifixión podría sugerir que Jesús murió como sacrificio humano, expiando el pecado. De hecho, Pablo dice que «la cosa más importante» que escuchó a Pedro y Santiago fue que Jesús «*murió por nuestros pecados, según las Escrituras*» (1 Corintios 15:3).[59] Recordando que la muerte de Jesús tuvo lugar en el tiempo de la Pascua, Pablo declara: «Nuestra pascua, que es Cristo, ya ha sido sacrificada por nosotros. Así que ¡celebremos la fiesta!» (1 Corintios 5:7).

Llama la atención que Pablo insista en que la muerte de Jesús, lejos de ser algo que ocultar, es, por el contrario, algo que «proclamar», que sostener y representar. Declarando que «recibió del Señor» lo que llegó a ver como su significado, ofrece este guion para el drama:

> el Señor Jesús, la noche en que fue entregado, tomó pan, y después de dar gracias, lo partió y dijo: «Este es mi cuerpo que se da por vosotros; haced esto en recuerdo mío». Asimismo tomó también la copa después de cenar diciendo: «Esta copa es la Nueva Alianza en mi sangre. Cuantas veces la bebiereis, hacedlo en recuerdo mío». *Pues cada vez que coméis este pan y bebéis esta copa, anunciáis la muerte del Señor, hasta que Él venga*. (1 Corintios 11:23-26)[60]

La práctica de esta comida ritual, en diversas formas, se extendió entre grupos que iban desde Jerusalén hasta Siria, África, Grecia y Roma. Como hemos visto, Marcos, Mateo y Lucas incluyen la escena de la «última cena» de Jesús, utilizando palabras similares de modo ritual, imaginando la muerte de Jesús como un sacrificio voluntario, dado, como dice explícitamente Mateo, «por muchos para perdón de los pecados» (Mateo 26:28).

Y, por último, el Evangelio de Juan intensifica la imagen de Pablo de que Jesús es el cordero pascual hasta un punto febril. En la primera escena en la que aparece Jesús, Juan el Bautista anuncia: «*He ahí el Cordero de Dios, que quita el pecado del mundo*» (Juan 1:29).[61] Al igual que Pablo, Juan insiste en que la muerte de Jesús revela el sentido de su vida. A diferencia de Marcos, que afirma que Jesús vino «a proclamar el reino de Dios», Juan coincide con Pablo en que vino al mundo «a morir por el pecado del mundo», una misión que solo «cumplió» con su último aliento.

Juan está tan empeñado en este tema que ofrece una cronología diferente del relato de la pasión. Mateo, Marcos y Lucas coinciden en que Jesús murió a última hora del viernes, tras haber celebrado una cena pascual la noche anterior. Pero Juan omite esa cena ritual y sitúa la última noche de Jesús en viernes. Solo así puede Juan presentar a Jesús como el cordero pascual. Al declarar que «los judíos» entregaron a Jesús a Pilatos un viernes por la mañana, Juan crea la siguiente imagen: Jesús, de pie en la sala de juicios de Pilatos, es condenado a muerte «el día de la Preparación de la Pascua» (Juan 19:14), hacia el mediodía, que, como señala Juan, es precisamente el momento en que se sacrificaban los corderos para la cena pascual de la noche.

A continuación, Juan inserta otro episodio para asegurarse de que cualquier persona familiarizada con el ritual de la Pascua reconozca su significado. Afirmando que «los judíos» no querían que los cadáveres quedaran expuestos «porque era Pascua», dice que persuadieron a Pilatos para que ordenara a los soldados romper las piernas de los crucificados con objeto de acelerar su muerte. Pero, según Juan, cuando los soldados enviados a despachar a los moribundos «vieron que Jesús ya estaba muerto», no le rompieron las piernas. Juan declara que él mismo presenció personalmente este hecho, un acontecimiento que, insiste, «sucedió para que se cumpliera la Escritura: 'No se le quebrará hueso alguno'» (19:36), recogiendo este pasaje, como si fuese una profecía, de una instrucción tradicional para los cocineros que preparan el cordero pascual (Éxodo 12:46).

Aquí termina nuestro breve repaso de las fuentes incluidas en el Nuevo Testamento, tras haber descubierto hasta dónde llegarían los seguidores de Jesús para encontrar sentido a su muerte, interpretándola en el contexto de la expiación y el sacrificio por el pecado. Si no lo hubieran hecho de ese modo, el movimiento que él inició probablemente no habría sobrevivido. Y vemos el mismo tipo de esfuerzo en fuentes más allá de las familiares, en el Evangelio de la Verdad, el Evangelio de Felipe, el Evangelio de María Magdalena y la Danza Circular de la Cruz. Al igual que Pablo, los autores anónimos de estas fuentes esotéricas intentaron sumergirse en significados más profundos de los relatos evangélicos, abriendo un abanico más amplio de perspectivas sobre el significado de la vida y la muerte de Jesús.

Una de ellas, que me parece de una belleza inquietante, es la Danza Circular de la Cruz, un canto místico, una salmodia y una liturgia ritual que se encuentran en los Hechos de Juan, una colección de antiguas tradiciones que podrían remontarse a los años 100-300 d.C. y que desde entonces han permanecido enterradas en su mayor parte en bibliotecas monásticas.[62] Al parecer, algún poeta anónimo, o tal vez algún grupo, compuso la Danza Circular para llenar el vacío que señalamos en el Evangelio de Juan, donde este omite la mención de una última cena pascual. En cambio, la Danza Circular nos indica que, después de que Judas saliera por la noche para iniciar la traición, Jesús habló intensamente con los demás, y luego los condujo al huerto de Getsemaní. Allí les invitó a unirse a él en una danza mística, rodeándole mientras empezaba a cantar. Y aunque está escrita de forma anónima, la Danza Circular, al igual que el Evangelio de Juan, está narrada como si fuera el propio discípulo Juan quien la contara. Lo que sigue son selecciones de un canto, un coro y un ritual mucho más largos:

> [Jesús] nos dijo que formásemos un círculo agarrándonos de las manos, y él mismo se colocó en el centro y dijo: «Responded amén».
> Y se puso a cantar un himno y a decir:
> «Gloria a ti, Padre».
> Le rodeamos y le respondimos: «Amén». «Gloria a ti, Logos: Gloria a ti, Gracia».
> «Amén...»
> «Te alabamos, Padre:
> Te damos las gracias, Luz;
> en quien no habitan las tinieblas...»[63]

Mientras Jesús canta, sus discípulos lo rodean, respondiendo «Amén» al ritmo de una antigua danza circular:

> «Seré salvado y salvaré». «Amén».
> «Seré liberado y desataré». «Amén...»
> «Comeré y seré comido». «Amén...»

Entonces, cuando una discípula entra en la danza, encarnando la Gracia, el canto continúa:

> «Danzad, danzad, todos vosotros». «Amén...»
> «Al Todo pertenece bailar en las alturas». «Amén...»
> «Quien no baila no sabe lo que ocurre». «Amén...»
> «Yo soy una lámpara para los que me ven». «Amén».

> «Yo soy un espejo para vosotros que me conocéis». «Amén».
> «Yo soy una puerta para vosotros [los que] llamáis a mí». «Amén».
> «Yo soy un camino para vosotros [los que] viajáis». «Amén...»

La Danza Circular es tradicional en el Asia Menor romana –en la actualidad Israel, Líbano, Siria y Turquía– y suele ser el elemento central de las celebraciones. Para ejecutarla, un líder, de pie en el centro, entona y canta las palabras atribuidas a Jesús, quizá tocando también la flauta, mientras los demás participantes giran a su alrededor, cantando y respondiendo con palabras extraídas principalmente del Evangelio de Juan. Aquí, como en el Evangelio de Juan, Jesús se refiere a sí mismo como «camino», «puerta» y «luz»; luego como un espejo para que todos los participantes «se vean a sí mismos en él», imaginando que todo el universo se une a ellos en esta danza sagrada. Lo que sigue, presentado como si fuesen palabras de Jesús, se pronuncia en voz alta o se canta:

> Ahora, si seguís mi danza, miraos en Mí que hablo, y cuando hayáis visto lo que hago, guardad silencio sobre mis misterios.
> Vosotros que bailáis, considerad lo que yo hago, pues vuestra es esta pasión del Hombre que he de sufrir.
> Porque de ningún modo comprenderíais lo que sufrís, a menos que el Logos hubiese sido enviado a vosotros por el Padre... Aprended a sufrir y seréis capaces de dejar de sufrir...

Durante el ritual de la danza, el celebrante pronuncia palabras atribuidas a Jesús, al igual que hacen los sacerdotes católicos y ortodoxos cuando celebran misa. Sin embargo, a diferencia de la interpretación habitual de la eucaristía como representación del sacrificio de Jesús, la Danza Circular representa el sacrificio de Jesús como el sufrimiento y la muerte experimentados por cada ser humano. Al mismo tiempo, dicha danza anima a los participantes a trascender su sufrimiento. Porque, como Jesús concluye aquí:

> Mi voluntad es que las almas santas armonicen conmigo... Hice una broma de todo, y no se hizo una broma en absoluto. Dancé... Al comprender, proclamad: «Gloria al Padre». Amén.

Al reflexionar sobre la Danza Circular, coincido con otros que la consideran una forma primitiva de ritual eucarístico («Comeré y seré comido») que los seguidores de Jesús crearon y pusieron en práctica durante aquellos primeros siglos. Aunque era sorprendentemente diferente de la misa que las iglesias católica y ortodoxa celebrarían posteriormente, innumerables cristianos de la antigüedad –quizá principalmente en Siria y Egipto– participaron en esta liturgia primitiva, cantando, entonando himnos y bailando «en memoria mía»

La íntima conexión entre Jesús y sus seguidores que la Danza Circular celebra como el significado de la muerte de Jesús coincide con lo que encontramos en otros evangelios descubiertos en época reciente. El Evangelio de Felipe, hallado en Nag Hammadi, ofrece otra interpretación de la eucaristía, la comida sagrada que, como dijo Pablo, «proclama la muerte [de Cristo]». El Evangelio de Felipe declara que «la eucaristía es Jesús» (Evangelio de Felipe II 63.21),[64] señalando que su nombre, traducido al siríaco, sugiere que Jesús es *«el que se ex-*

tiende» (II 63.22),[65] evocando tal vez una imagen suya tendido en la cruz. Cuando se consagra a través de la oración –prosigue Felipe– «el cáliz contiene vino y agua» (II 75.14-15),[66] simbolizando la sangre de Jesús. Y aunque este «misterio» sagrado (*mysterion*, término griego que puede referirse al propio ritual) se comunica mediante un lenguaje simbólico, el Evangelio de Felipe insiste en que no se trata en absoluto de meras palabras. Al contrario, el cáliz ofrecido en la eucaristía «está rebosante del espíritu santo... y cuando lo bebamos, recibiremos en nosotros» el espíritu vivo de Cristo (II 75.15 y *ss*).[67]

El Evangelio de la Verdad, escrito por un seguidor anónimo de Jesús (algunos sostienen que por Valentín, poeta y predicador más tarde calificado de «herético»), se propone revelar la enseñanza secreta del apóstol Pablo.[68] Su autor señala que Pablo, al igual que Jesús, enseñaba de dos maneras distintas: públicamente, proclamando «Cristo crucificado», un mensaje simplificado y condensado en un lema («Cristo murió por nuestros pecados»), mientras que en privado revelaba «misterios divinos» a unos pocos elegidos. Escribiendo a los creyentes de Grecia, Pablo explica que, la primera vez que vino a ellos, solo les ofreció el mensaje más sencillo (1 Corintios 2:1-5). Aunque quería enseñarles mucho más, dice que se sintió decepcionado al ver que solo eran principiantes, «niños en Cristo», tan inmaduros que solo podían digerir «leche», no «carne», el alimento sólido de los adultos (3:1-2). Pablo se apresura a añadir, sin embargo, que siempre que encuentra a personas espiritualmente maduras, «entre [ellas] hablamos sabiduría... la sabiduría de Dios, secreta y oculta», misterios que, según él, el espíritu de Dios le enseñó directamente (2:6-13).

Habiendo sido enseñado por el espíritu –prosigue–, se ofrece a revelar esos secretos ocultos en el Evangelio de la Verdad, «el *verdadero evangelio*», el cual, dice, «*es alegría*» (Evangelio de la Verdad I 16.31).[69] Ese texto secreto narra toda la historia evangélica en una nueva clave, por así decirlo, con el fin de abrir perspectivas más profundas. Esta historia comienza incluso antes de la creación del mundo, declarando que cuando «todos los seres» empezaron a existir, estaban aterrorizados, sumidos en la más absoluta tiniebla, sintiéndose abandonados, como niños que vagan en la oscuridad, buscando a sus padres perdidos. Pero cuando la Fuente divina de todo ser vio a su descendencia sufriendo por el miedo y la ignorancia, sin saber de dónde venían ni quiénes eran, se compadeció y envió a su Hijo, «el misterio oculto, Jesús el Cristo» (I 18.15-16),[70] para mostrarles, para mostrarnos quiénes somos realmente. Así pues, prosigue el relato, Jesús descendió al mundo para «mostrarnos...» (I 18,19),[71] y para revelar «el verdadero Evangelio», la alegre buena nueva de que pertenecemos a la familia de Dios, pues todos procedemos de la misma Fuente divina.

El relato continúa diciendo cómo, a través de Jesús, el Padre llama a cada uno por su nombre, enviando a su Espíritu a ir tras nosotros, extendiendo su mano para levantarnos del suelo, devolviéndonos «hacia el Padre, hacia la Madre, Jesús el de infinita dulzura» (I 24.7-9).[71] En este caso, reconociendo que «Padre» es una metáfora antropomórfica, este autor utiliza epítetos tanto femeninos como masculinos para la Fuente divina, imaginando una Madre divina que encarna el Espíritu y la Sabiduría (ambos términos femeninos en hebreo: *ruah*/espíritu; *hokhmah*/sabiduría).[72]

En cada giro de la historia, este autor sigue las indicaciones de Pablo, interpretando su misterioso comentario de que «los príncipes de este mundo… crucificaron al Señor de la Gloria» (1 Corintios 2:6-8) en el sentido de que, cuando Jesús vino al mundo, «los príncipes», aquellos que pretenden dominar a la humanidad mediante el miedo, se encolerizaron. Como amenazaba su poder, estos gobernantes hostiles le persiguieron y le acosaron hasta la muerte, «clavándole a un madero» (una imagen primitiva de la cruz). Luego, adaptando esta imagen, el Evangelio de la Verdad representa a Jesús crucificado como «fruto» de ese árbol, que florece en un nuevo «árbol del conocimiento». En efecto, a diferencia del árbol del Paraíso que trajo la muerte a Adán, la cruz, considerada como el árbol del «verdadero conocimiento», nos permite conocer a Dios a través de Cristo.

En el denominado «verdadero evangelio», la muerte de Jesús no se ve principalmente como expiación del pecado, como si un Padre amoroso no pudiera, o no quisiera, perdonar el pecado humano «sin efusión de sangre» (Hebreos 9:22), como insisten muchos cristianos. Este evangelio desafía esa idea, insistiendo en cambio en que el Padre no es «pequeño o irascible» (Evangelio de la Verdad I 42.5); al contrario, rebosa amor compasivo. Aquí, pues, el sufrimiento y la muerte de Jesús, como los nuestros, ya no se consideran un castigo por el pecado. En cambio, son simplemente el coste necesario de entrar en la vida humana, motivado por el amor. «¡Oh, qué gran enseñanza!, exclama este autor, señalando que Jesús descendió voluntariamente al mundo para librarnos del terror y la ignorancia, aun sabiendo que hacerlo le acarrearía una gran agonía, «puesto que sabe que su muerte es vida para muchos» (I 20.13-14).[73] Así pues, este evangelio enseña que Jesús vino al mundo para revelar «lo que está escrito en nuestros corazones», trayendo alegría al mostrarnos quiénes somos.

Al igual que otras fuentes encontradas junto a él en Nag Hammadi, el Evangelio de la Verdad sugiere que cuando llegamos a conocernos a nosotros mismos, llegamos simultáneamente a conocer que Dios es la fuente de nuestro ser. En lugar de un conocimiento *intelectual*, se trata de un conocimiento del *corazón*, un reconocimiento intuitivo de los aspectos más profundos y recónditos de nosotros mismos y de los demás. Además, este tipo de conocimiento (*gnosis*, en griego) implica la paradoja. Y su secreto es el siguiente: en primer lugar, debemos saber que no podemos «*conocer a Dios*» en el sentido de *comprender* la Fuente de todo ser, puesto que esa Fuente trasciende con mucho nuestro entendimiento. Al mismo tiempo, lo que *necesitamos* saber –y lo que podemos saber– es que estamos íntimamente conectados con esa Fuente. Por decirlo con las palabras que Lucas atribuye a Pablo, «pues en él vivimos, nos movemos y existimos» (Hechos 17:28).

Al explorar por primera vez este «evangelio», rebosante de imágenes poéticas y resonancias musicales, me di cuenta de que estaba destinado a ser escuchado, incluso predicado. Imagino que cuando fue escrito, y mucho después, alguien pudo haber contado esta historia a hombres y mujeres que ayunaban y permanecían despiertos toda la velada en la oscuridad de la noche que los cristianos llaman Sábado Santo, mientras esperaban ser bautizados en «la familia de Dios» durante la mañana de Pascua –el día en que los antiguos cristianos tradicionalmente bautizaban a los nuevos creyentes– diciéndoles en efecto: «*Esta es vuestra historia y la mía*». Aunque el obispo Ireneo ridiculiza a los «herejes» por contar historias míticas, este mito se entiende al modo platónico: un relato poético destinado a revelar la verdad más profunda de la experiencia humana.

Con independencia de que reconozcamos o no esas experiencias como propias, concluye el orador, esta historia mítica tiene consecuencias reales. Quienes no reconocen su verdad, quienes carecen de todo sentido de conexión con el Padre, con la Madre que es el Espíritu y con todos los seres, viven como en una pesadilla:

> Como si estuvieran sumergidos en el sueño y se encontraran atrapados en pesadillas. Bien huían a algún lugar, bien se daban vuelta extenuados después de perseguir a otros, envueltos en peleas; bien daban golpes, bien los recibían, bien caían desde grandes alturas, o bien volaban por el aire, aunque sin poseer alas. A veces les sucede (como) si alguien fuese a matarlos, aunque nadie los persiga, o bien como si ellos mismos mataran a sus vecinos, porque se encontraron manchados con su sangre. (Evangelio de la Verdad I 29.9-25)

Porque, como sabemos, las personas que ignoran la conexión espiritual y cuya vida está dominada por un sentimiento de aislamiento y terror, pueden, y a menudo lo hacen, convertir esas pesadillas en una horrible realidad. Pero quienes reconocen su conexión con todos los seres se ven impulsados a actuar de una forma que patentice que todos somos miembros de la misma familia:

> Hablad de la Verdad a los que la buscan… y tended vuestra mano a los débiles. Alimentad a quienes tienen hambre y dad reposo a los que sufren y levantad a los que quieren levantarse…
> Si, pues, estas cosas han sucedido a cada uno de nosotros, permanezcamos en silencio, en santidad. (Evangelio de la Verdad I 32.35-33.6)

¿Podría ser esta la enseñanza secreta de Pablo? Tampoco en este caso lo sabemos. Como dice el propio Pablo, solo la reveló en privado a ciertas personas, y no la escribió (1 Corintios 2:1-16). Lo que podemos decir, al menos, es que este evangelio ofrece otro ejemplo de cómo los seguidores de Jesús afrontaron el hecho de su crucifixión, encontrando sentido a su muerte, del mismo modo que todavía hace mucha gente.

Lo que me parece más asombroso de los relatos evangélicos es que los seguidores de Jesús consiguieron tomar lo que sus críticos consideraban la prueba más condenatoria contra su Mesías –su crucifixión– y transformarla en prueba de su misión divina. Tan poderosamente fueron capaces de reimaginarla que, hasta el día de hoy, innumerables cristianos de todo el mundo –católicos romanos, ortodoxos, protestantes y muchos otros– han convertido la representación ritual de la crucifixión en el centro del culto: la «misa», la «cena del Señor», la «santa comunión», a menudo llamada «eucaristía», del griego «acción de gracias».

Sin duda, esto no podría haber sucedido sin la convicción que se apoderó de algunos de ellos, y luego de muchos más, poco después de su muerte: que él había vuelto a la vida, resucitado. ¿En carne y hueso? ¿Su cuerpo marcado por cicatrices, elevado a una vida nueva y gloriosa? ¿Como una presencia espiritual? ¿Qué podemos hacer con eso, sino pasar ahora a los relatos de su resurrección?

5. La Resurrección: ¿qué dice la gente que ocurrió y qué podemos saber?

Las manifestaciones públicas de Jesús entusiasmaron a sus seguidores, aumentando sus expectativas, mientras que su repentina muerte los dejó conmocionados y desilusionados. Lucas los retrata afligidos, expresando su decepción: «Nosotros esperábamos que sería él quien iba a librar a Israel» (Lucas 24:21). Los relatos evangélicos sugieren que el movimiento que comenzó con Jesús se estaba deshaciendo: sus discípulos se escondieron para salvar sus vidas, sus seguidores se dispersaron y, sin duda, cientos de personas se alejaron. Los pocos que quedaban, sobre todo los hombres, seguramente sabían que mantener la lealtad a su líder crucificado invitaría a la sospecha y pondría en peligro sus vidas.

Entonces ocurrió algo, pero ¿qué? ¿La resurrección? No lo sabemos. Dale Allison, que ha dedicado décadas a esta cuestión, la denomina «el principal enigma de la investigación del Nuevo Testamento».[1] Los informes que tenemos son breves y a menudo contradictorios. Algunos seguidores creían haber visto el fantasma de Jesús; otros, como veremos, insistían vehementemente en que lo que habían visto «*no* era un fantasma» (Lucas 24:39). Y todos estos relatos hablan de sucesos no susceptibles a la documentación histórica: visiones de Jesús después de muerto y devuelto a la vida.

Los relatos evangélicos coinciden en que, cuando Pedro y otros discípulos oyeron por primera vez esos rumores, los desecharon como tonterías y «desatinos» (24:11) contados por mujeres, personas que se suponía carecían de juicio racional. Sin embargo, los rumores circularon y persistieron: «El Señor ha resucitado y se ha aparecido a Simón» (24:34), y después a otros hombres, entre ellos Santiago, el hermano de Jesús. Para los seguidores de Jesús, que veían su vida y su muerte en el contexto de las tradiciones apocalípticas judías, estas afirmaciones sobre la resurrección tenían un significado especial, pues despertaban la esperanza de que su «evangelio» *no estuviera equivocado*. Tal vez, como creían, *era* realmente el Mesías ungido por Dios, que llegaba para iniciar el fin de los tiempos, trayendo el día del juicio y los sufrimientos que señalarían la llegada del reino de Dios.

Durante casi dos milenios, innumerables cristianos han aceptado sus afirmaciones de que la resurrección de Jesús fue un acontecimiento único en la historia del mundo. Según recoge Lucas, Pedro dijo a la multitud de Jerusalén que, tras morir Jesús, volvió a la vida y su cuerpo resucitó de la tumba (Hechos 2:29-36). Hasta la Ilustración europea, como señala Allison, «los cristianos ortodoxos, católicos romanos y protestantes aceptaban los relatos neotestamentarios de la resurrección de Jesús como históricamente exactos en todos sus detalles, interpretándolos de manera literal».[2] A partir de entonces, sin embargo, muchos cristianos han llegado a considerar esos relatos solo como mitos disfrazados de hechos. Durante más de cien años, historiadores y eruditos han llenado miles de libros y artículos debatiendo una amplia gama de sugerencias: ¿Fueron alucinaciones o proyecciones fruto del dolor?[3] ¿Los discípulos de Jesús sacaron del sepulcro su cuerpo para fingir una resurrección? ¿Acaso alguien más lo robó o, como sugieren algunos historiadores, su cadáver fue arrojado a una fosa común, sin recibir sepultura alguna? ¿O serán ciertos los testimonios que afirman documentar su resurrección, describiendo encuentros reales con un Jesús vivo después de su muerte?

Una vez más, en mi opinión, no lo sabemos. Sin embargo, algunas personas dicen que *sí* lo saben, entre ellas el obispo anglicano conservador Tom Wright, que insiste en que puede demostrar que la «resurrección corporal» de Jesús es un hecho histórico: que después de que Jesús muriera y fuese enterrado, emergió, completamente restablecido a la vida, y se apareció a muchas personas, antes de ascender físicamente al cielo.[4]

Wright suele organizar conferencias para difundir sus posturas, como hizo recientemente: envió un equipo a Princeton y me solicitó debatir con él en un foro público. Su invitación implicaba claramente el papel que pretendía asignarme: el de una «liberal» de la Costa Este con la que, suponía, se podría contar para discutir que Jesús *no* resucitó físicamente. Sabiendo que este tipo de situaciones suelen escenificarse para ridiculizar a quienes cuestionan la visión literal que Wright considera la premisa básica de la fe cristiana, decliné la invitación. En su lugar, le sugerí que invitara a un miembro del Departamento de Historia de Princeton a debatir con él, sugerencia que rechazó; incluso Tom Wright se daba cuenta de que los historiadores rechazarían su posición por no tener nada que ver con la historia.

Al decir esto, no pretendo insinuar que las crónicas de la resurrección sean falsas. En mi opinión, la evidencia histórica no puede *probar ni refutar* la realidad que dio lugar a ese tipo de experiencia. Lo que sí *podemos* verificar históricamente es que, tras la muerte de Jesús, muchas personas afirmaron haberle visto con vida. Lo que resulta fascinante para mí, y para muchos otros, es cómo las diversas crónicas de visiones y apariciones catalizaron la explosión de actividad que condujo a la difusión del cristianismo por todo el mundo, y que incluso en el presente atrae a nuevos conversos.

¿Cómo sucedió? Puesto que nuestras fuentes más antiguas solo incluyen *una* crónica de primera mano, escrita por alguien que afirma haber «visto al Señor» –una narración compuesta probablemente durante los cinco años siguientes a la muerte de Jesús–, empezaremos con ella. Pablo de Tarso, un contemporáneo de Jesús que no le vio ni conoció durante su vida, pero que, enfurecido por lo que había escuchado, se propuso «destruir» a los seguidores de Jesús, nos lo cuenta con sus propias palabras, si bien escuetas y concisas. Los eventos lacerantes de su historia son bien conocidos:

> Porque vosotros ya habéis oído acerca de mi antigua manera de vivir el judaísmo, de cuán desmedidamente perseguía yo a la iglesia de Dios y trataba de destruirla y cómo yo aventajaba en el judaísmo a muchos de mis compatriotas contemporáneos, superándolos en el celo por las tradiciones de mis antepasados. (Gálatas 1:13-14)

La ausencia de descripciones físicas de Jesús en los relatos evangélicos dio a artistas visuales una amplia libertad para imaginar su aspecto. El artista estadounidense Warner Sallman afirmó que pintó *Cabeza de Cristo* (1940) inspirado en una visión. Se dice que esta imagen, adoptada principalmente por protestantes, fue reproducida más de mil millones de veces durante el siglo XX.

Guido Reni, prolífico artista italiano, pintó *Cabeza de Cristo coronado de espinas* (c. 1636), una imagen ampliamente reproducida, copiada y exhibida en iglesias católicas de todo el mundo.

El pintor holandés Rembrandt van Rijn (1606-1669) eligió ilustrar la historia del nacimiento de Jesús relatada por Lucas, mostrándolo en este y otros momentos de su vida como un hombre humilde que vivía entre los pobres. Esto contrasta de forma evidente con la escena de la Natividad de Lochner (abajo), que muestra a Jesús nacido como un príncipe, pronto a convertirse en el rey del mundo.

Aunque Stefan Lochner (c. 1410-1451) sea hoy menos conocido que otros artistas de su tiempo, en vida disfrutó de gran prestigio y reconocimiento. En su majestuosa *Adoración de los Magos*, Lochner eligió ilustrar la historia del nacimiento según Mateo, representando al Niño Jesús como un rey divino venerado por reyes de todo el mundo. La obra fue encargada originalmente para la capilla Santa María en Jerusalén (Colonia, Alemania) y luego fue trasladada a la Catedral de Colonia en 1810.

En su *Adoración de los Magos*, el pintor italiano Gentile da Fabriano (c. 1370-1427) eligió, al igual que numerosos artistas, combinar las historias del nacimiento según Lucas y Mateo, mostrando a Jesús nacido en un establo pero recibiendo la adoración de reyes.

Esta obra maestra, encargada para el *Retablo Strozzi*, se encuentra en la Galería de los Uffizi, en Florencia.

A menudo la gente se pregunta si Jesús fue una persona real. El registro histórico confirma que lo fue. Este es un modelo del Templo de Dios en Jerusalén tal como era en tiempos de Jesús, antes de que soldados romanos lo destruyeran durante la guerra en el año 66 d.C. Se exhibe en el Museo de Israel en Jerusalén.

Matthias Grünewald (c. 1470-1528), pintor renacentista alemán, representó las agonías de la crucifixión en su pintura más famosa, el *Retablo de Isenheim*, que hoy se encuentra en Colmar, Francia.

Raffaello Sanzio da Urbino, conocido como Rafael (1483-520), recibió del papa Julio II el encargo de representar la crucifixión. En lugar de mostrar la agonía humana, optó por pintar la escena inspirado en el evangelio de Juan: Jesús ofrece su cuerpo como pan y su sangre como vino para que los ángeles lo recojan. Esto origina el rito de la eucaristía, también llamado «Misa» (literalmente, «mesa»).

El artista italiano Piero della Francesca (c. 1415-1492) pintó esta escena para ilustrar la historia neotestamentaria de Jesús resucitado del sepulcro, con las heridas de la crucifixión visibles en su cuerpo.

En esta pintura, el poeta y artista inglés William Blake (1757-1827) ilustró un pasaje de los evangelios de Lucas y Juan, donde Jesús aparece ante sus discípulos tras la muerte, con un cuerpo luminoso y plenamente vivo.

En lugar de representar a Jesús resucitado de entre los muertos, el maestro italiano Caravaggio (1571-1610) pintó la experiencia narrada por el apóstol Pablo: la visión de Cristo como una luz resplandeciente en el cielo que primero lo cegó y después lo iluminó.

El artista bielorruso-francés Marc Chagall (1887-1985) realizó numerosas pinturas sobre la crucifixión durante la ocupación nazi en Europa, antes de huir de Francia. Con ellas denunció la ironía del intento de Hitler de exterminar al pueblo judío en nombre del rabino judío Jesús. La más célebre de sus obras, *La Crucifixión Blanca*, se exhibe hoy en el Instituto de Arte de Chicago.

Marc Chagall tituló esta pintura *Éxodo* (1963-1966), en honor a los judíos que dejaron Europa para buscar un hogar más seguro en el Estado de Israel (fundado en 1948). En ella se representa a sí mismo en la esquina inferior derecha cargando la Torá, que, según la tradición, Moisés recibió de la mano de Dios.

Una vez más, Chagall vincula el sufrimiento de Jesús con el de los judíos europeos, a menudo acusados de ser «los asesinos de Cristo». Esta idea hunde sus raíces en la distorsión del relato de la crucifixión presente en algunos textos del Nuevo Testamento (véase Mateo 25), donde se sugiere que el hecho ocurrió solo después de que «los judíos» insistieran ante la negativa explícita del gobernador romano a ordenar la ejecución.

En *El Crucificado*, Chagall evoca relatos evangélicos de la crucifixión yuxtaponiéndolos con escenas de tortura y ejecución de millones de judíos en Europa del Este durante la Segunda Guerra Mundial.

Countee Cullen, influyente poeta del Renacimiento de Harlem, creó esta imagen de un hombre negro linchado superpuesto sobre el Cristo crucificado como frontispicio de su famoso poema *El Cristo Negro* (1929).

Esta vidriera muestra a Jesús de pie llamando a la puerta del corazón, un tema que se reproduce a menudo en las iglesias protestantes estadounidenses. La ventana fue instalada en la Iglesia Bautista de la calle Dieciséis en Birmingham, Alabama, durante su fundación en 1911.

Esta es una fotografía de la misma ventana después de que el rostro (blanco) de Jesús fuera destruido por una bomba del Ku Klux Klan que mató a cuatro niñas negras que asistían a la escuela dominical en la iglesia en 1963.

Después de que la vidriera original fuera destruida en el atentado de 1963, el artista galés John Petts creó esta ventana para reemplazarla. Representa a un Cristo negro crucificado y está inscrita con las palabras de Jesús: «Me lo hicisteis a mí», haciendo eco del versículo de Mateo 25:40: «En verdad os digo, lo que hicisteis al más pequeños de mis hermanos, me lo hicisteis a mí.»

El artista español Salvador Dalí (1904-1989), a quien sus padres bautizaron Salvador tras la muerte de su hermano mayor y en referencia a Jesús como «el Salvador», pintó en 1951 *Cristo de San Juan de la Cruz*. En la obra representa a un Cristo joven, fuerte e inmaculado, suspendido entre la tierra y el cielo, con un título que alude al místico católico español del siglo XVI.

En contraste con Dalí, que en su pintura proyecta en Cristo su propia identidad y la de su hermano fallecido, Titus Kaphar, en *Holy Absence II* (2014), replantea la obra de Frans Pourbus (c. 1569-1577). Así, elimina los rostros de las figuras de san Juan Evangelista, María Magdalena y la Virgen María, y los sustituye por la imagen de un hombre negro. Como declara el artista: «Si no enmendamos la historia creando nuevas imágenes y nuevas representaciones, siempre vamos a estar excluyéndonos a nosotros mismos.»

La película *Son of Man* (2006), dirigida por el director sudafricano Mark Dornford-May, cuenta la historia de Jesús en el contexto de la política sudafricana. En este film, la representación de la muerte de Jesús recuerda a la *Pietà* de Miguel Ángel, así como a la muerte de Stephen Biko, quien fue torturado y asesinado por oponerse abiertamente al antiguo régimen afrikáner.

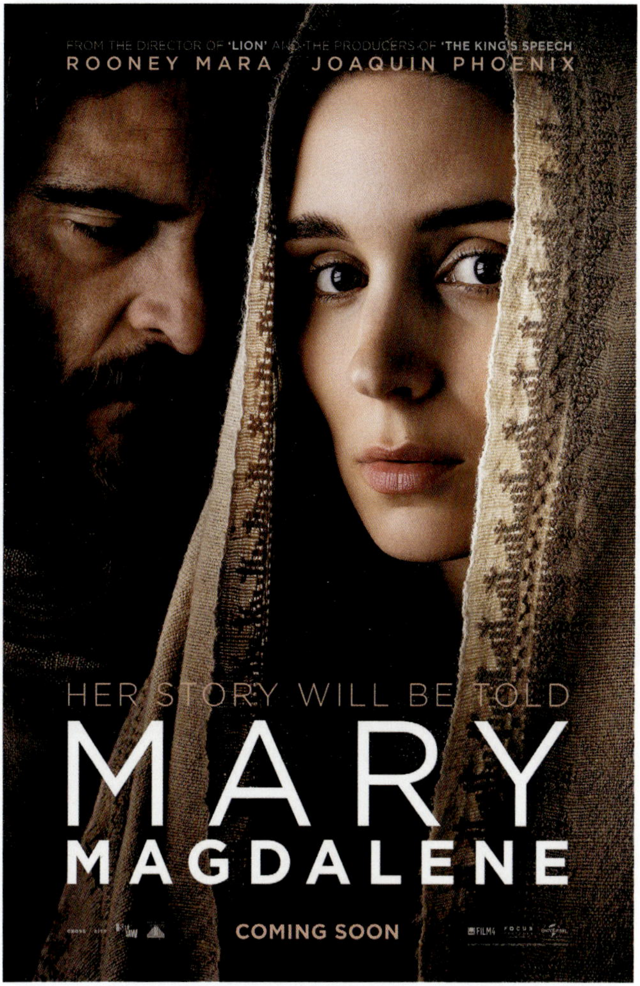

La película *María Magdalena* (2018), escrita por la guionista británica Helen Edmundson y dirigida por Garth Davis, ofrece una versión diferente de la historia de Jesús, centrada en María Magdalena. Desafía el estereotipo popular de María como prostituta, y en cambio la presenta como la discípula que mejor comprende el mensaje espiritual de Jesús.

Adaptando la novela de Nikos Kazantzakis, el director estadounidense Martin Scorsese dirigió y produjo *La última tentación de Cristo* (1988), una poderosa reinterpretación de la vida de Jesús como una lucha entre carne y espíritu.

Impulsado por un apasionado compromiso con la práctica tradicional de la Torá, Pablo confiesa que su vida se hizo añicos cuando «Dios tuvo a bien revelar a su Hijo en mí» (Gálatas 1:15-16), un acontecimiento tan inesperado y chocante que lo dejó atónito, reducido a un estado de impotencia y, como cuenta el libro de los Hechos, sumido en una ceguera temporal. Y si bien a menudo cuenta cómo le cambió por completo la experiencia de aquella visión –el feroz enemigo de los seguidores de Jesús se convirtió en su misionero más entusiasta–, las cartas de Pablo que se conservan apenas ofrecen detalles.

Sin embargo, circularon historias de lo sucedido, probablemente extraídas y ampliadas a partir de lo que contó a otras personas. El relato de los Hechos de Lucas incluye tres versiones, una de las cuales narra en voz de Pablo que, «cuando iba camino de Damasco», de repente se detuvo, viendo una luz brillante que lo rodeaba y oyendo una voz celestial. Sin embargo, Pablo insiste en que la persona que vio en aquella visión no era simplemente Jesús de Nazaret, maestro y profeta, como la mayoría de la gente lo había conocido. Pablo dice que lo vio como un ser divino, «el Cristo» (el ungido), transfigurado en una luz deslumbrante, vivo, poderoso e imponente. Y tras llegar a reconocer la presencia de Jesús en esta forma glorificada, Pablo declara que, más allá de toda duda posible, «*¿Acaso no he visto yo a Jesús, Señor nuestro?*» (1 Corintios 9:1).[5]

Lo que Pablo vio, al parecer, fue a alguien envuelto en luz, algo parecido a lo que el profeta Ezequiel afirmara haber visto cientos de años antes, cuando dijo haber recibido «visiones de Dios» (Ezequiel 1:1).

Tal vez para evitar una descripción excesivamente antropomórfica, Ezequiel escribe con cautela que vio *«algo que parecía una forma humana»*, eclipsado por *«algo parecido a fuego, con esplendor alrededor»*, una visión de lo que él llama *«la gloria* [en hebreo, *kavod*] *del Señor»*. «A su vista –escribe–, caí rostro en tierra» (Ezequiel 1:26-28), tal como Lucas relata que Pablo hizo, y escuchó una voz que le hablaba pero no veía a nadie (Hechos 9:4-7). De igual modo, unos cuarenta años después de Pablo, Juan de Patmos abre su propio relato de visiones proféticas contando cómo había tenido una visión gloriosa y aterradora de Jesús resucitado, «sus ojos como llama de fuego... su rostro, como el sol cuando brilla con toda su fuerza», que anunciaba «estuve muerto, pero ahora estoy vivo por los siglos de los siglos» (Apocalipsis 1:12-18). Tratando de describir lo sucedido, Juan también se hace eco del lenguaje de la Biblia hebrea, en este caso del relato del profeta Daniel sobre una visión celestial (Daniel 10:5-9). Así como Daniel dice que tembló, se puso pálido como la muerte y cayó al suelo, Juan sostiene que cuando vio esta visión de alguien «como un Hijo del Hombre», cayó a sus pies «como muerto» (Apocalipsis 1:13:17).

Al igual que Daniel y Juan de Patmos, Pablo quedó asombrado, sobrecogido. Y aunque, como ya hemos dicho, sus cartas hablan poco de esa experiencia, lo que escribe resuena con sus réplicas. Este encuentro con «Jesucristo, nuestro Señor» inició su transformación de fariseo airado y conservador, empeñado en destruir a los judíos que se desviaban de las prácticas tradicionales, en un hombre que no solo estaba dispuesto a relacionarse con los gentiles, sino que, viéndose a sí mismo como el portavoz («apóstol») elegido por Cristo para ellos, dedicaría el resto de su vida a su bienestar espiritual.

Sin duda, esto solo podía suceder a causa del poder de Dios. Por ese motivo, escribió más tarde, Dios ha enviado a nuestros corazones el espíritu de su Hijo, que clama: «¡*Abba*!» –¡Padre!– (Gálatas 4:6). Y como la Biblia cuenta de su famoso tocayo, el primer rey de Israel, Saúl, cuando el Espíritu de Dios vino sobre él, llenándolo de fuerza, este segundo Saúl, también conocido como Pablo, habla del Espíritu de Dios «convirtiéndolo en un hombre nuevo» (1 Samuel 10:6). Más tarde, sin poder describir una experiencia inefable, Pablo recurre de nuevo a los precedentes bíblicos, declarando que lo sucedido debía de ser su destino, predestinado por Dios, que «me separó desde el seno de mi madre y me llamó» (Gálatas 1:15), al igual que había llamado al profeta Jeremías.

Sin embargo, lo que los cristianos suelen llamar la «conversión» de Pablo no fue simplemente una cuestión de lo que Pablo *creía*. Por el contrario, como Alan Segal señala en su libro *Paul the Convert*, lo que le cambió fue esta experiencia, que, en palabras de Segal, implicaba «algo profundamente misterioso». Segal nos recuerda también que, aunque Pablo experimentó una conversión, esta no le llevó al «cristianismo», ya que aún no se había inventado la tradición denominada con ese nombre. En cambio, escribe Segal, Pablo «se convirtió a una nueva forma de judaísmo apocalíptico, místico y, para muchos de sus contemporáneos, sospechosamente herético».[6]

Después de que esta desgarradora experiencia le precipitara a una nueva e inesperada vida, Pablo luchó por comprender lo que Cristo pedía: cómo difundir «su evangelio» a todos, especialmente a los gentiles. Convencido de que su experiencia le había transformado, Pablo la concibió como un paradigma universal: «*El que está en Cristo, es una nueva creación*» (2 Corintios 5:17).[7] Luchando por articular una paradoja profundamente sentida, declara que la persona que solía ser está muerta: «*He muerto... a fin de vivir para Dios*: con Cristo estoy crucificado: y no vivo yo, sino que es Cristo quien vive en mí» (Gálatas 2:19-20).[8] Sin embargo, no señala que esto sucediera instantáneamente, como un relámpago, tal como Martín Lutero imaginara que ocurrió, o en palabras del poeta católico Gerard Manley Hopkins, «de una vez y súbitamente».[9] Tras el choque inicial, Pablo se dio cuenta de que su visión había catalizado un proceso que continuaría durante toda su vida, y más allá de la vida.

¿Cómo, entonces, traer a otros «a Cristo»? Pablo no desea simplemente que sus oyentes crean lo que predica. En cambio, anhela apasionadamente que ellos también «*sean transformados*». Al escribir a los romanos, promete que esto puede sucederle a cualquiera que sea iniciado «en Jesucristo» mediante el bautismo:

> *¿Es que ignoráis que cuantos fuimos bautizados en Cristo Jesús, fuimos bautizados en su muerte?* Fuimos, pues, con él sepultados con el bautismo en la muerte, a fin de que, al igual que Cristo fue resucitado de entre los muertos... también nosotros vivamos una vida nueva... *por una resurrección semejante a la suya*. (Romanos 6:3-5)[10]

Así pues, Pablo declara que quien desciende a las aguas bautismales –por lo general mediante inmersión en un río– es «bautizado en la muerte de Cristo» y «sepultado con Él». Al emerger empapado y recibir nuevas vestiduras, el bautizado está siendo «revestido de Cristo». Cuando esto ocurre, el bautismo anula las antiguas identidades del iniciado, incluidas aquellas de las que Pablo más se enorgullecía: ser judío, varón y nacido libre.[11] Quien es bautizado en la familia de Dios –proclama Pablo– ahora tiene igual dignidad que todos los demás:

> Pues todos sois hijos de Dios por la fe en Cristo Jesús. En efecto, todos los bautizados en Cristo os habéis revestido de Cristo: *ya no hay judío ni griego; ni esclavo ni libre; ni hombre ni mujer*, ya que todos vosotros sois uno en Cristo Jesús. (Gálatas 3:26-28)[12]

Una vez bautizados e infundidos con el espíritu de Dios –afirma Pablo– nuestros rostros irradian cada vez más luz divina, ya que «nos vamos transformando... cada vez más gloriosos: así es cómo actúa el Señor, que es Espíritu» (2 Corintios 3:18).

Después de este pasaje profundamente entusiasta y apasionado, Pablo vuelve a bajar a la tierra a sus oyentes, recordándoles que «este asombroso poder» solo procede de Dios, no de nosotros. Mientras vivamos en la tierra, seguiremos envueltos en luchas y sufrimientos. Aunque algunos de sus entusiastas admiradores insistieron más tarde en que, al ser bautizados, ya estaban viviendo una vida de resurrección (Efesios 2:6), el mismo Pablo se abstiene de efectuar semejante afirmación. En cambio, consciente de los retos a los que se enfrenta cada día, advierte que «transformarse en la imagen de Cristo» requiere tiempo y un esfuerzo continuo. Antes de experimentar la resurrección –declara–, nosotros, como Jesús, debemos sufrir y morir. Solo entonces podrá nuestro cuerpo terrenal ser «transfigurado en un cuerpo glorioso» (Filipenses 3:21); es decir, transformado, como la gloriosa presencia que Pablo contempló en su visión. Redactadas antes que cualquier evangelio canónico, las epístolas paulinas sitúan la resurrección como eje doctrinal definitorio de la identidad cristiana emergente.

Lo que Pablo experimentó resuena especialmente en lo que dice sobre la finalidad de la muerte. Cuando se le pregunta: *¿Resucitó realmente Cristo de entre los muertos? ¿Podemos realmente esperar ser resucitados después de morir?* Pablo responde:

> vacía es nuestra predicación, vacía también vuestra fe... Y somos convictos de falsos testigos de Dios porque hemos atestiguado contra Dios ... Porque si los muertos no resucitan, tampoco Cristo resucitó. Y si Cristo no resucitó, vuestra fe es vana: estáis todavía en vuestros pecados. Por tanto, también los que durmieron en Cristo perecieron. *Si solamente para esta vida tenemos puesta nuestra esperanza en Cristo, ¡somos los más dignos de compasión de todos los hombres!* (1 Corintios 15:12-19)[13]

«Pero dirá alguno: '¿cómo resucitan los muertos? ¿Con qué cuerpo vuelven a la vida?'» (1 Corintios 15:35). Ante esas preguntas obvias, Pablo aborda lo que se convertiría en un debate central, y se esfuerza por responder. En primer lugar, utilizando la metáfora de una semilla enterrada en la tierra. Dado que los judíos tradicionalmente envuelven los cadáveres en mortajas y los entierran, señala que cada tipo de semilla «tiene un cuerpo peculiar», al igual que hay muchos tipos diferentes de carne: humana, animal, ave y pez. La resurrección, dice Pablo, es de ese modo: «lo que se siembra», es decir, lo que se entierra, como una semilla o un cadáver, es perecedero; pero «lo que resucita es incorrupción», ya no terrenal, sino celestial (15:42): «*Lo que se siembra es un cuerpo natural, resucita un cuerpo espiritual*» (15:44).[14]

Al releer cuidadosamente este pasaje, sobre todo al leerlo en griego, tal como Pablo escribió, me asombró ver que los cristianos que me enseñaron en la escuela dominical, y algunos incluso en la escuela de posgrado, junto con muchos otros que presiden iglesias, a menudo confunden lo que Pablo aquí se esfuerza tanto por aclarar. Hemos visto que un número sorprendente de comentaristas, como Wright, insisten en que cuando Pablo escribe la carta que llamamos 1 Corintios, enseña «la resurrección del cuerpo *físico*», pero Pablo dice exactamente lo contrario. Lo que puede confundir a algunos lectores es que habla de dos tipos diferentes de «cuerpo». El primero, nuestro cuerpo terrenal actual –dice–, es «salido de la tierra... hecho de polvo», como el «primer ser humano, Adán». Lo que viene después de la muerte del cuerpo físico es lo que Pablo denomina el «cuerpo psíquico», es decir, un ser que no consiste en carne sino en *psique*, el término griego para referirse al alma. Eso es lo que Pablo llama el «segundo Adán», «la imagen del celestial, Cristo» (48-49).

Hablando con intensidad creciente, Pablo continúa: «Os digo esto, hermanos: *La carne y la sangre no pueden heredar el Reino de los cielos ni la corrupción hereda la incorrupción*» (15:50).[15] Y a continuación declara: «*¡Mirad! Os revelo un* *misterio*», algo que no podemos comprender plenamente ni describir adecuadamente con palabras. Porque «el Señor mismo, a la orden dada por la voz de un arcángel y por la trompeta de Dios, bajará del cielo, y los que murieron en Cristo» (1 Tesalonicenses 4:16-17) «resucitarán incorruptibles» ya que *«es necesario que este ser corruptible se revista de incorruptibilidad; y que este ser mortal se revista de inmortalidad»* (1 Corintios 15:50-53).[16] Solo entonces aquellos que están «en Cristo» experimentarán la alegría de ver «la muerte... devorada por la victoria» (15:54).

Me parece sorprendente que cuando Marcos y otros evangelistas relatan experiencias de resurrección, ofrezcan impresiones muy diferentes. En lugar de imaginar una presencia celestial –como declara Pablo–, cada uno de los evangelistas del Nuevo Testamento presenta la tumba de Jesús inesperadamente abierta y vacía, sugiriendo que el cuerpo físico ha resucitado. Lo más probable es que Pablo hubiera oído rumores de tales relatos. Sin embargo, tras su visión inicial, en lugar de buscar a los seguidores más cercanos de Jesús para saber más, Pablo dice que se mantuvo alejado de ellos, insistiendo en su propia y feroz independencia. Escribiendo a los creyentes de la Galia, declara:

> Porque os hago saber, hermanos, que *el Evangelio anunciado por mí, no es de orden humano*, pues yo no lo recibí ni aprendí de hombre alguno, sino por revelación de Jesucristo... Cuando Dios tuvo a bien revelar en mí a su Hijo, para que le anunciase entre los gentiles, al punto, *sin pedir consejo ni a la carne ni a la sangre, sin subir a Jerusalén donde los apóstoles anteriores*

> *a mí*, me fui a Arabia, de donde nuevamente volví a Damasco. (Gálatas 1:11-12, 15-17)[17]

Es posible que evitara a los seguidores más cercanos de Jesús por una razón más práctica: porque sospechaban de sus motivos. Un enemigo jurado que de repente dice ser «uno de ellos» podría intentar infiltrarse en el grupo. Lucas escribe en el libro de los Hechos que, cuando Pablo intentó por primera vez unirse a los discípulos de Jesús, estos le evitaron, ya que «todos le tenían miedo, no creyendo que fuese discípulo» (Hechos 9:20-26).

Solo después de haber trabajado como misionero durante tres años para lo que él llamaba «mi evangelio», Pablo afirma: «Subí a Jerusalén», al parecer con inquietud, «para visitar a Pedro» (Gálatas 1:18), donde también conoció a Santiago, el hermano de Jesús, que para entonces se había convertido en un guía entre los seguidores de Jesús en la Ciudad Santa. Desconfiado o no, Pedro permitió que la visita se prolongara durante dos semanas, durante las cuales él y Santiago, junto con otros, pudieron haber hablado con Pablo hasta altas horas de la noche, contándole anécdotas y detalles de la vida, arresto y crucifixión de Jesús.[18] Pablo afirma que antes de partir le estrecharon la mano, reconociendo su labor misionera. Sin duda, Pedro y Santiago le habrían dicho, tal vez para amortiguar su evidente orgullo, que ambos, a los que llama los «pilares reconocidos» del movimiento, *también* habían «visto al Señor». No solo eso: Pablo admite que le enseñaron una fórmula de predicación, diciendo que *cientos* de personas habían recibido esas apariciones:

> Cristo murió por nuestros pecados, según las Escrituras... Resucitó al tercer día... Se apareció a Pedro y luego a los doce; después se apareció a más de quinientos hermanos a la vez, de los cuales todavía la mayor parte vive y otros murieron... Luego se apareció a Santiago; más tarde, a todos los apóstoles. (1 Corintios 15:3-7)

Al repetir esta enumeración en una epístola, Pablo se añade inmediatamente a sí mismo, con una muestra de modestia de la que se retracta rápidamente:

> Y en último término se me apareció también a mí... *Pues yo soy el último de los apóstoles: indigno del nombre de apóstol, por haber perseguido a la Iglesia de Dios*... Antes bien, he trabajado más que todos ellos. Pero no yo, sino la gracia de Dios que está conmigo. (1 Corintios 15:8-10)[19]

Quizá no sorprenda que décadas después, cuando Marcos, Mateo, Lucas y Juan escriben sus evangelios, cada uno de ellos termina con una escena en la tumba vacía y con la esperanza de la resurrección. Porque, dada la vergüenza de la ejecución de Jesús, ¿qué otra cosa sino una enorme y milagrosa inversión podría validar su afirmación de contar la «buena nueva»? Del mismo modo, cuando Lucas escribe el libro de los Hechos como una secuela de su evangelio, primero presenta a Pedro dirigiéndose a multitudes en Jerusalén anunciando que al mismo hombre que murió y fue sepultado, «Dios lo ha resucitado», habiendo desaparecido su cuerpo de la tumba. Pedro ahora declara que ha sido llevado al cielo y «ha constituido Señor y Mesías a este Jesús a quien vosotros habéis crucificado» (Hechos 2:32-36).

Marcos concluye su relato original con un atisbo de apariciones futuras: un joven en el sepulcro promete a las mujeres, estupefactas, «lo veréis» (Marcos 16:5-7). Sin embargo, Marcos *sí* incluye un relato del entierro de Jesús, probablemente con la intención de desmentir los rumores que circulaban entre los críticos hostiles: que los seguidores de Jesús lo habían bajado de la cruz antes de que muriera y lo habían reanimado, fingiendo después su resurrección.[20] Por eso, Marcos insiste en que Jesús murió el mismo día de su crucifixión y que José de Arimatea, miembro del Consejo judío, fue a Pilatos «a pedirle el cuerpo de Jesús» (15:43). Solo después de que Pilatos comprobara con los soldados que Jesús estaba muerto –dice Marcos–, concedió el permiso. José compró un sudario, envolvió el cuerpo y lo enterró en una tumba excavada en la roca, sellando la abertura de la tumba con una gran roca. Antes hemos visto la famosa conclusión abrupta de Marcos, que habla de las mujeres que fueron al sepulcro, sorprendidas al encontrarlo abierto, y que, sobrecogidas por el miedo, «no dijeron nada a nadie, porque estaban aterrorizadas» (16:4-8).[21]

Este final suscitó las objeciones de algunos de los primeros oyentes de Marcos. ¿Cómo podía terminar lo que llama «buena nueva» con una nota de terror? Y si las mujeres no se lo contaron a nadie, ¿cómo pudo difundirse la historia? Cuando Mateo revisa la narración de Marcos, da la impresión de que la última línea le parece demasiado problemática. Simplemente la suprime y reescribe el episodio, cambiando tanto el tono como el motivo. Según Mateo, las mujeres «partieron a toda prisa del sepulcro, *con miedo y gran gozo, y corrieron a dar la noticia a sus discípulos*» (Mateo 28:8).[22] Incluso antes de que partiesen –añade Mateo–, Jesús se apareció a las mujeres, y ellas «acercándose, *se asieron de sus pies* y le adoraron» (28:8-9).[23] Dado que a menudo se supone que los fantasmas no tienen pies, este detalle es importante: Mateo pretende demostrar que Jesús resucitado no era un fantasma.[24] A diferencia de Pablo, imagina a Jesús resucitado *corporalmente* de entre los muertos.

Al igual que Marcos, Mateo narra la muerte de Jesús como un gran drama cósmico, y añade detalles aún más vívidos. Marcos ya había contado que, mientras Jesús agonizaba, el sol entró en eclipse, las tinieblas descendieron al mediodía y la cortina del Templo se rasgó, presagiando el juicio divino. Mateo compartía con muchos judíos la convicción de que, cuando llegara «el fin de los tiempos», todos los justos muertos resucitarían de sus tumbas. Pablo también declaró que la resurrección de Jesús era solo el «primer fruto» de la cosecha final de Dios, la gloriosa consumación por la que los judíos devotos rezan hasta el día de hoy: «Bendito seas, Señor Dios de Israel, que das vida a los muertos».[25] Ahora Mateo intensifica el drama para crear una escena asombrosa. Tal vez aludiendo a los cementerios que se ven incluso en la actualidad en el Monte de los Olivos, que domina Jerusalén, dice que inmediatamente después de la muerte de Jesús:

> Tembló la tierra y las rocas se hendieron. *Se abrieron los sepulcros, y muchos cuerpos de santos difuntos resucitaron. Y, saliendo de los sepulcros después de la resurrección, entraron en la Ciudad Santa y se aparecieron a muchos*. (Mateo 27:51-53)[26]

Para cuando escribe Mateo su evangelio, unos diez o veinte años después que Marcos, parece ser profundamente consciente de que los detractores acusaban a los seguidores de Jesús de fraude. Aquí contraataca, denunciando que «los sumos sacerdotes y los fariseos» inventaron mentiras, difundiendo historias de que los seguidores de Jesús habían robado su cuerpo para fingir la resurrección que él había predicho (27:62). Para reforzar lo escrito por Marcos, Mateo añade que los dirigentes judíos, previendo tal engaño, persuadieron a Pilatos para que enviara soldados romanos a sellar y asegurar la tumba, y luego a montar guardia allí. Pero, según explica Mateo, cuando las mujeres partieron hacia la tumba al amanecer:

> De pronto se produjo un gran terremoto, pues el Ángel del Señor bajó del cielo y, acercándose, hizo rodar la piedra y se sentó encima de ella. Su aspecto era como el relámpago y su vestido blanco como la nieve. Los guardias, atemorizados ante él, se pusieron a temblar y se quedaron como muertos. (Mateo 28:2-4)

En el momento en que llegan las mujeres, Mateo imagina a este ángel terrible transmitiéndoles una versión ampliada del mensaje que Marcos dice que habían oído de un joven: Jesús «ha resucitado» (28:6). Luego –señala Mateo–, cuando los soldados volvieron y contaron a los sumos sacerdotes esta asombrosa teofanía, los sacerdotes conspiraron para sobornarlos, ofreciéndoles mucho dinero para que mintieran y dijeran en su lugar que «sus discípulos vinieron de noche y lo robaron mientras nosotros dormíamos», una historia que, admite Mateo, «todavía se cuenta entre los judíos, hasta el día de hoy» (28:11-15).

Algunos historiadores cuestionan en la actualidad la premisa de esta historia. El obispo episcopal John Spong, citando a otros estudiosos, declara que, puesto que Jesús fue torturado y asesinado por ser enemigo de Roma, lo más probable es que nunca fuese sepultado. En su lugar, como innumerables esclavos insubordinados e insurrectos, «lo más probable es que el cuerpo de Jesús fuera arrojado a una fosa común».[27] Crossan lleva a cabo la misma observación, apuntando que lo que ocurrió fue aún peor. Aludiendo a un extenso catálogo de autores griegos y romanos que escriben sobre la crucifixión, Crossan señala que a las víctimas, bien atadas o clavadas a travesaños, la mayoría de las veces se las dejaba colgadas, desnudas e insepultas. Crossan escribe que, puesto que «la crucifixión romana era terrorismo de Estado... su función... era disuadir la resistencia o la revuelta... El cuerpo solía dejarse en la cruz para que lo consumieran las fieras»,[28] como halcones, buitres o perros salvajes: *la negación del entierro era el horror final.*

La prueba de ello –señala Crossan– es que, si bien muchos miles de judíos murieron crucificados, las excavaciones arqueológicas realizadas hasta ahora en Israel solo han encontrado uno (en la actualidad dos) al que se le diera una sepultura decente, ambos cadáveres de jóvenes de unos veinte años.[29] Crossan sabe muy bien que el historiador judío Josefo relata una rara excepción: después de que él mismo luchara contra Roma y fuese capturado (cooperando más tarde con los dirigentes romanos), vio una vez a «muchos prisioneros que habían sido crucificados; y cuando reconocí entre ellos a tres conocidos míos, se me encogió el alma». Como para entonces Josefo se había ganado la confianza del general romano Tito, dice que cuando «le conté, con lágrimas, lo que había visto», Tito le permitió que los bajaran para someterlos a tratamiento médico, tras lo cual «dos murieron, pero uno sobrevivió».[30] Citando esta anécdota, Crossan reconoce que el informe de los evangelios de que un influyente miembro del Consejo judío recuperó y enterró el cuerpo de Jesús, aunque extremadamente improbable, no es imposible. Pero dado que cada uno de los evangelios del Nuevo Testamento incluye una versión de la misma historia del entierro de Jesús, aparentemente incontestable, no encuentro razón suficiente para dudar de ella. Al fin y al cabo, Jesús no era un delincuente común; su popularidad y fama pública eran lo que le convertían en una amenaza para el poder romano. Y como hemos señalado, todos los escritos evangélicos coinciden en que, después de que Jesús fuese enterrado, las mujeres regresaron más tarde para encontrar la tumba abierta y el cuerpo desaparecido. Lo que realmente ocurrió en este caso es, por supuesto, controvertido.

Las historias son variadas y contradictorias. Lucas no llega a afirmar que la primera persona que «vio al Señor» fuese una mujer, pero otros tres evangelistas reconocen haber escuchado esa historia (Mateo 28:9; el segundo final de Marcos, en 16:9; Juan 20:14-16). Tanto Mateo como Juan coinciden en que María fue la primera persona que vio a Jesús resucitado (Mateo 28:9; Juan 20:14-18). Sin embargo, Lucas matiza estas declaraciones y afirma que cuando las mujeres encontraron la tumba de Jesús vacía, lo único que vieron fueron «dos hombres con vestidos resplandecientes», una descripción que sugiere que eran ángeles (Lucas 24:4). Como ya he explicado en detalle, los relatos de la resurrección tienen múltiples significados, más allá de la sorprendente afirmación de que un muerto ha vuelto a la vida.[31] Entre los seguidores de Jesús, cualquiera que afirmara haber recibido una visión de este tipo podía tener un estatus especial, como alguien especialmente cercano al «Señor», alguien cuya autoridad era importante. Hemos visto que Pablo, de quien antes se sospechaba que era un extraño y un enemigo, era especialmente sensible a su credibilidad. Cuando otros cuestionan su autoridad, él reivindica su visión, exigiendo que sus críticos respondan ante él: «*¿No soy yo apóstol? ¿Acaso no he visto yo a Jesús, Señor nuestro?*» (1 Corintios 9:1).[32]

Puesto que afirmar haber «visto al Señor» implica disputarse una posición entre los creyentes, los escritores que seleccionan las historias que van a contar, y deciden cómo contarlas, resaltan de hecho la importancia de aquellos cuyas historias incluyen. Conscientes de ello, varios historiadores indican que Marcos y Lucas rebajaron la categoría de las primeras versiones en las que las mujeres decían haber «visto al Señor» para disminuir su prestigio.[33] Por esa razón, Lucas admite que pudieron haber visto a «dos hombres» de pie en la tumba, lo que indica que eran ángeles, pero no «al Señor» mismo (Lucas 24:22-24). Marcos dice que en la tumba de Jesús solo vieron a un «joven», lo que a menudo implica que también era un ángel (Marcos 16:5). A diferencia de Mateo, Juan y el final más largo de Marcos, Lucas nunca refiere que ninguna mujer «viera al Señor resucitado. Es posible que supiera que la ley judía de la época prohibía a menudo el testimonio de las mujeres en los tribunales, ya que se suponía que eran testigos poco fiables.[34] En generaciones posteriores, vemos grupos rivales de creyentes –algunos defendiendo el liderazgo de las mujeres, otros ridiculizándolo– que relatan versiones opuestas de la afirmación de María Magdalena de haber «visto al Señor».

En el Evangelio de María Magdalena, por ejemplo, María declara haber «visto al Señor» en sueños y visiones, afirmación que Pedro y Andrés rechazan rotundamente:

> No creo que el Salvador dijera estas cosas, pues, en efecto, estas enseñanzas son ideas extrañas... ¿Habló, entonces, con una mujer en privado sin que lo supiéramos? ¿Debemos volvernos y escucharla? ¿Acaso la eligió a ella en vez de a nosotros? (Evangelio de María, BG 8502 10.2-3)[35]

En el evangelio que porta su nombre, María vence en la discusión. Pero después del siglo IV, cuando los líderes católicos y ortodoxos se hicieron cargo de la mayoría de las iglesias, relegaron su evangelio, previamente traducido a numerosos idiomas y difundido por todo el mundo cristiano, a la hoguera y la basura por ser «herético».

Dado que los escritores del Nuevo Testamento invariablemente priorizan la autoridad de los hombres, Lucas, como hemos señalado, informa que después de que Pedro y los demás desestiman las historias de las mujeres como disparates, los discípulos varones se sienten estimulados por lo que sí consideran noticias importantes: «¡El Señor *ha resucitado y se ha aparecido a Pedro*!» (Lucas 24:34). Al oír esto –escribe Lucas–, los hombres comenzaron a hablar con entusiasmo sobre otras apariciones: a dos hombres en el camino, luego al grupo de discípulos reunidos a cenar, mientras se escondían en una habitación cerrada. Lucas termina esta historia contando cómo el Jesús resucitado conduce a los discípulos varones a Betania y los bendice antes de ser «llevado al cielo» (24:51) mientras lo ven ascender, asombrados.

Entonces, ¿qué es lo que afirman haber visto las personas que dicen «vieron al Señor»? Parafraseando una pregunta hecha a Pablo: *¿Con qué cuerpo viene Jesús*? Ya hemos señalado que los relatos no son coherentes. No es de extrañar que comentaristas como Wright, que insisten en que Jesús resucitó *corporalmente* tras su muerte, que su cadáver resucitó y se elevó físicamente al cielo, se centren en los relatos de la tumba vacía. El pintor alemán del siglo XVI Hans von Kulmbach retrata maravillosamente la escena que acabamos de señalar (Lucas 24:51; Hechos 1:9), los discípulos mirando hacia arriba mientras solo quedan a la vista los pies de Jesús, que asciende a las nubes más allá de su vista.

Sin embargo, los intérpretes que imaginan a Jesús resucitado en formas más etéreas, como alguien visto en sueños, visiones o alucinaciones, se inspiran con más frecuencia en Pablo. En este sentido, el estudioso del Nuevo Testamento C.H. Dodd distingue entre dos tipos de narraciones relativas a la resurrección. Algunas de ellas –señala– se cuentan como «historias visionarias»,[37] en las que alguien afirma haber «visto al Señor» sin reconocerlo al principio, bien porque, como Pablo, el destinatario nunca lo había conocido, bien porque Jesús aparece bajo una forma distinta. Así, por ejemplo, Juan relata que cuando María Magdalena, afligida, fue al sepulcro de Jesús, «se volvió y vio a Jesús, de pie, *pero no sabía que era Jesús*» (Juan 20:14).[38] Confundiéndolo con el jardinero, se abalanza sobre él, preguntándole a dónde había trasladado el cuerpo y suplicándole que se lo devolviese. Entre otros muchos que han representado esta escena, el pintor holandés Rembrandt pintó a Jesús con un sombrero de jardinero y una paleta en la mano. Solo cuando Jesús pronuncia su nombre –«¡María!»–, esta le reconoce. Como señala Dodd, estas «historias visionarias» suelen terminar con un repentino y gozoso momento de reconocimiento antes de que Jesús desaparezca. Entonces, María exclama: «¡Mi rabí!». Pero antes de que pueda abrazarlo, él le advierte: «No me toques», y desaparece (20:16-17).

Lucas incluye un relato similar, que habla de dos seguidores de Jesús que, afligidos por su muerte, caminan hacia Emaús. Lucas dice: «Y sucedió que, mientras ellos conversaban y discutían, el mismo Jesús se acercó y siguió con ellos; pero sus ojos estaban velados y no le conocieron» (Lucas 24:13-16), ya que, como señala Marcos, se les apareció «bajo otra figura» (Marcos 16:12). Mientras hablaba con los dos hombres en el camino –dice Lucas–, «les explicó lo que había sobre él en todas las Escrituras» (Lucas 24:27). Solo más tarde, después de que le invitaran a compartir la cena, cuando «tomó el pan, pronunció la bendición... lo partió... se les abrieron los ojos y le reconocieron» (24:30-31) como aquel con quien, poco antes, habían compartido una cena pascual en la última noche de su vida. Entonces, como en el relato de Juan, «desapareció de su lado» (24:31).

Dodd contrasta estos relatos «visionarios» con las historias de «apariciones corporales», que varias personas consideran una prueba de la resurrección física de Jesús, historias relacionadas con la noticia de la tumba vacía.[39] Aunque Marcos no cuenta historias de este tipo, todos los escritores posteriores incluyen al menos una de ellas. Lucas, por ejemplo, afirma que, mientras los discípulos seguían escondidos, de repente «él se presentó en medio de ellos» (24:36). Pero en lugar de saludarle con alegría, Lucas afirma que «sobresaltados y asustados, creían ver un espíritu» (24:37). Entonces Jesús habla:

> ¿Por qué os turbáis, y por qué se suscitan dudas en vuestro corazón? Mirad mis manos y mis pies; soy yo mismo. Palpadme y ved que un espíritu no tiene carne y huesos como veis que yo tengo. (Lucas 24:38-39)

En este relato, a diferencia del de Emaús, Lucas hace hincapié en la resurrección corporal de Jesús. Muestra sus heridas, invitando a sus discípulos a «palpar y ver» que, efectivamente, está físicamente presente. Lucas llega a señalar que, como los discípulos seguían asustados e incrédulos, Jesús pregunta: «¿Tenéis aquí algo de comer?». Cuando le ofrecen un trozo de pescado asado, Lucas dice que «lo tomó y lo comió en presencia de ellos» (24:41-43). Ahora lo entienden: ¡los fantasmas no comen!

Juan, al igual que Lucas, también relata ambos tipos de historias. Inmediatamente después de contar la historia «visionaria» de María Magdalena, Juan sigue con una historia de «aparición corporal» que recuerda a la que terminamos de ver en el Evangelio de Lucas. También en este caso, Jesús se aparece de repente a los discípulos reunidos en una habitación cerrada con llave, mostrando abiertamente las heridas de las manos y del costado. Sin embargo –según relata Juan–, sus asombrados discípulos no le saludan con miedo sino con alegría; y antes de partir, Jesús sopla sobre ellos, infundiéndoles el poder del Espíritu Santo (Juan 20:19-23).

Después de narrar esta historia, Juan hace especial hincapié en añadir que el discípulo Tomás «no estaba con ellos cuando vino» (20:24). Cuando los demás le dicen: «¡Hemos visto al Señor!» Tomás se niega rotundamente a creerles: «Si no veo en sus manos la señal de los clavos y no meto mi dedo en el agujero de los clavos y no meto mi mano en su costado, *no creeré*» (20:25).[40] A continuación, para dar énfasis, Juan añade un segundo episodio. A la semana siguiente –dice–, cuando los discípulos se reunieron, «estando las puertas cerradas», Jesús se aparece por segunda vez, ordenando a Tomás que verifique la prueba empírica que exige: *«Acerca aquí tu dedo y mira mis manos; trae tu mano y métela en mi costado, y no seas incrédulo sino creyente»* (20:27).[41] Esta escena termina con la célebre sumisión de «Tomás el que duda», que reconoce el milagro, y Jesús le reprende, bendiciendo a aquellos –¡los futuros lectores de Juan!– que aceptan este testimonio sin pruebas físicas, *«los que no han visto y han creído»* (20:29).[42]

Al reconocer por primera vez la diferencia entre los relatos «visionarios» y los de «aparición corporal», me pregunté: ¿No fueron conscientes de esto los escritores de los evangelios? ¿Por qué tratan ambos tipos de relatos como si fueran intercambiables? ¿No se percatan de que los relatos que recogen hacen afirmaciones diferentes sobre cómo «resucitó» Jesús? Después de dar vueltas a estas preguntas durante algún tiempo, llegué a la conclusión de que, puesto que los seguidores de Jesús eran muy conscientes de que críticos como Celso ridiculizaban sus afirmaciones, optaron por recopilar e incluir el mayor número posible de relatos de la resurrección. Con independencia de que los detalles coincidieran o no, el efecto acumulativo de los diversos relatos reforzaba la convicción que más les importaba, es decir, que numerosas personas habían «visto vivo» a Jesús, más allá de cómo relataran lo sucedido. La misma preocupación parece haber motivado a los escritores anónimos que añadieron otros tres relatos de resurrección al abrupto final del Evangelio de Marcos, cada uno de ellos una historia ampliamente difundida que Lucas y Juan contarían más tarde con más detalle.

Como todo cristiano sabe, los relatos de los evangelistas sobre la tumba vacía siguen siendo, hasta el día de hoy, un elemento primordial en las celebraciones de Pascua. Y cuando Lucas escribe el guion de la primera predicación pública de Pedro, hace de la resurrección de Jesús de la tumba el punto principal: no solo un acontecimiento único en la historia de Israel, sino en la historia del mundo:

> Hermanos, permitidme que os diga con toda libertad cómo el patriarca David murió y fue sepultado y su tumba permanece entre nosotros hasta el presente… [Pero] él habló de la resurrección del Mesías, que ni fue abandonado en el Hades ni su carne experimentó la corrupción. A este Jesús Dios le resucitó; de lo cual todos nosotros somos testigos. (Hechos 2:29-32)

Allison, que centra su estudio más reciente sobre la resurrección principalmente en los relatos de la «tumba vacía», concluye que, aunque las pruebas históricas no puedan decirnos lo que ocurrió en realidad, «cuando los seguidores de Jesús supieron de su tumba vacía, la fe en su resurrección entró en el mundo».[43]

Lo que le ocurrió a Pablo, sin embargo, demuestra que una experiencia *visionaria* de «ver al Señor» también podía encender esa fe, *al margen* de cualquier historia acerca de una tumba vacía. Porque, como demuestra la vida de Pablo, sus visiones le sirvieron como prueba incontrovertible de que Jesús estaba vivo de algún modo inexplicable, transformado en «un misterio». Y cuando empecé a explorar los textos secretos descubiertos en Nag Hammadi, me sorprendió e intrigó ver que muchos cristianos llamados más tarde «herejes» seguían sistemáticamente el camino abierto por Pablo. El influyente poeta y maestro Valentín, por ejemplo, ampliamente conocido como discípulo de Pablo, afirmaba haber recibido no solo cartas de este, sino también la «sabiduría divina» que enseñaba en secreto «a los iniciados» (1 Corintios 2:6-7). Y como veremos, los seguidores de Valentín, lejos de centrarse en los relatos de la «tumba vacía», los dejan llamativamente de lado, y adoptan en su lugar una trayectoria claramente paulina de relatos «visionarios» de la resurrección.

Dado que las epístolas de Pablo, escritas entre veinte y cincuenta años antes que las de Marcos, Mateo, Lucas o Juan, fueron los primeros escritos que circularon ampliamente entre los seguidores de Jesús por todo el mundo romano, adquirieron una enorme influencia. A día de hoy, constituyen más del 60% de los escritos del Nuevo Testamento. Pero como «el gran apóstol» escribe a menudo en un lenguaje enrevesado y polémico, sus cartas suscitan también intensas controversias. Desde el principio del movimiento cristiano, grupos opuestos de admiradores suyos discutieron sobre lo que Pablo quería decir. Alguien incluso deslizó en el Nuevo Testamento una carta seudónimamente atribuida a Pedro que así lo admite. Su autor del siglo II, uno de los primeros en calificar las cartas de Pablo de «escrituras», reconoce no obstante que, aunque «nuestro querido hermano [os escribió], según la sabiduría que le fue otorgada, lo escribe también en todas las cartas cuando habla en ellas de esto. Aunque *hay en ellas cosas difíciles de entender, que los ignorantes y los débiles interpretan torcidamente* –como también las demás Escrituras– *para su propia perdición*» (2 Pedro 3,15-16).[44]

Mucha gente estaría de acuerdo, ya que las cartas de Pablo han dado lugar a interpretaciones contradictorias del cristianismo durante dos milenios. Unos cien años después de la muerte de Pablo, por ejemplo, un cristiano carismático llamado Marción predicó que «el gran apóstol» se había deshecho de la Biblia hebrea, instando a los creyentes a abandonar al Dios limitado e iracundo de Israel, que había creado un mundo tan deficiente que incluía escorpiones y mosquitos. Marción declaró que Pablo pretendía que los creyentes adoraran en su lugar a un Dios de amor superior, desconocido hasta entonces, a quien Jesús reveló por primera vez. Y, más de 1.400 años después de Marción, el monje católico Martín Lutero (c. 1517) separó a las iglesias cristianas occidentales al criticar a la Iglesia por insistir en que los creyentes deben hacer buenas obras, haciendo hincapié en que el mensaje principal de Pablo es la «justificación solo por la fe».

Tal vez la más explosiva de estas controversias, sin embargo, se refiere a la resurrección: debates que llegaron a un punto álgido décadas después de la muerte de Pablo y siguen sin resolverse entre los cristianos hasta el momento presente. Teniendo en cuenta estas controversias, empecemos por donde suelen empezar los cristianos «ortodoxos», por el obispo Ireneo, autoproclamado portavoz de los creyentes de «pensamiento recto». Enfrentándose a una intrincada maraña de afirmaciones contradictorias sobre Pablo, Ireneo reclama para sí la autoridad del apóstol, enfurecido porque sus principales objetivos, a los que llama «los discípulos de Valentín», se oponen a sus afirmaciones y se jactan de haber recibido acceso a los «misterios divinos».[45] De estos –dicen–, Ireneo, aunque obispo, no sabe nada.

Cuando Ireneo comienza a escribir el tratado magistral que titula *Contra las herejías* (llamado aquí por su título en latín, *Adversus Haereses*), dedica los cuatro primeros volúmenes, grandes y difíciles de manejar, a lo que considera sus errores menores. Pero en el quinto y último volumen, Ireneo apunta directamente a la peor de sus ofensas: sus oponentes «niegan la salvación de la carne, y rechazan su regeneración, diciendo que no es capaz de incorruptibilidad» (*Adversus Haereses*, V.2.1).[46] Desafiado a refutar su interpretación, Ireneo expone la suya en detalle, haciéndose eco de las palabras del apóstol en todo momento:

> Así como el grano de trigo [1 Corintios 15:37] se siembra en la tierra… así nuestros cuerpos… *enterrados en la tierra, y habiéndose descompuesto allí, resucitarán en el tiempo señalado*, puesto que… Dios [hace que] este ser corruptible se revista de incorruptibilidad; y que este ser mortal se revista de inmortalidad

> [15:53]... porque la fuerza de Dios se perfecciona en la debilidad. [*cf.* 2 Corintios 12:3][47]

¿Cómo pueden los cuerpos de carne y hueso transformarse en cuerpos inmortales e imperecederos, capaces de subir al cielo, como declara Ireneo que ha hecho el cuerpo de Jesús? Para explicarlo, ofrece una interpretación temprana de la eucaristía, con la intención de mostrar cómo las sustancias físicas se transforman en inmateriales, una teoría que los teólogos católicos medievales desarrollarían más tarde en teologías de la transubstanciación, de base más filosófica.[48] Así como Jesús reúne en sí mismo tanto la carne humana como el espíritu divino –sostiene Ireneo–, también la eucaristía, la comida sagrada de los cristianos, congrega dos realidades (griego: *pragmata*) en una. Pues cuando Jesús declara en la última cena que el pan que ofrece «es mi cuerpo» y el vino «es mi sangre», lo que quiere decir, apunta Ireneo, es lo siguiente:

> El pan, cuando recibe la invocación de Dios, ya no es pan ordinario, sino la Eucaristía, que consta de dos realidades, terrena y celestial; así también nuestros cuerpos, cuando reciben la Eucaristía, ya no son corruptibles, teniendo la esperanza de la resurrección hasta la eternidad. (*Adversus Haereses*, IV.18.5)

Lejos de tomar las palabras de Jesús en un sentido metafórico, Ireneo indica que así es como funciona de forma particular la eucaristía. Tal como yo lo entiendo, dice que cuando recibimos la eucaristía, ingiriendo pan y vino que milagrosamente se han *convertido* en el cuerpo y la sangre de Cristo, «nuestros cuerpos son alimentados» de tal manera que se van transformando gradualmente en cuerpos incorruptibles e imperecederos, incorporados a Cristo. La ingestión de estas sustancias transformadas a lo largo de nuestra vida, por tanto, permite finalmente que los cuerpos ordinarios, incluso después de muertos, se tornen «capaces de recibir el poder de Dios... músculos, arterias y venas», corazón y pulmones, restaurados, «perfeccionados en la debilidad» (2 Corintios 12:9), para que puedan ser alzados en la resurrección. Tras una larga y enrevesada exposición, Ireneo concluye: «Nuestra opinión está de acuerdo con la Eucaristía, y la Eucaristía a su vez establece nuestra opinión» (*Adversus Haereses*, IV.18.5). Ireneo concluye sus cinco volúmenes de polémica pronunciando una solemne maldición sobre los seguidores de Valentín, condenándolos a Satanás, sobre todo por distorsionar la enseñanza de Pablo acerca de la resurrección y «negarse a creer en la salvación de su carne»:

> *Que las personas que blasfeman del Creador... como los seguidores de Valentín, y todos los falsamente llamados gnósticos, sean reconocidos como agentes de Satanás por todos los que adoran a Dios*; por medio de ellos Satanás, incluso ahora... habla contra Dios, que ha preparado el fuego eterno para toda clase de apostasía. (*Adversus Haereses*, V.26.2)[49]

Para finalizar, asegura a los creyentes que «cuando Cristo retorne a la tierra para reinar en Jerusalén», resucitará los cuerpos descompuestos de los justos muertos, restaurándolos perfectamente con sus cuerpos imperecederos recién provistos. Y cuando llegue ese día –declara–, seguirán viviendo durante mil años, disfrutando de la gloria del largamente prometido reinado de Cristo en la tierra, una convicción que Ireneo comparte con otros creyentes de su época.[50]

Después de insistir mucho en su caso, Ireneo reconoce, de pasada, lo que sus críticos plantean como su objeción más obvia: ese pasaje de 1 Corintios 15 en el que Pablo dice precisamente lo contrario:

> Entre otras [verdades] proclamadas por el apóstol, está también la siguiente: «*Que la carne y la sangre no pueden heredar el reino de Dios*» [1 Corintios 15.50]. *Este es [el pasaje] que aducen todos los herejes en apoyo de su locura*, con el intento de molestarnos y de señalar que la obra de Dios no se salva. (*Adversus Haereses*, V.9.1)[51]

Entonces, ¿se equivocaba Ireneo? ¿Está diciendo Pablo simplemente que un cuerpo físico se *convertirá* en un cuerpo de resurrección? ¿O está diciendo algo diferente cuando insiste: «Seremos transformados» (1 Corintios 15:51-52)? ¿Está sugiriendo que después de la muerte se produce una transformación que ahora no somos capaces de comprender, un misterio en el que nuestra existencia anterior se ve «asimilada» por algo mucho mayor (15:51-54)?

Lo que Pablo quiere decir en este poderoso pasaje seguramente no es obvio. Pero, una vez más, los textos de Nag Hammadi nos sorprendieron. Cuando nuestro equipo de investigación abrió el Códice 1, el primero de la colección de trece pesados tratados encuadernados en cuero que se hallaron allí en el año 1945, encontramos en la primera página una «Epístola sobre la Resurrección», la interpretación más poderosa y directa de la enseñanza de Pablo que jamás había visto. Como todos estábamos familiarizados con la polémica de Ireneo, nos asombró –con cierta incredulidad al principio– descubrir que cada uno de los textos encuadernados en el Códice 1, junto con la «Epístola sobre la Resurrección», afirma rotundamente la fe en la resurrección. Solo después de formular numerosas cuestiones, releer y discutir las fuentes, nos dimos cuenta de que, aunque Ireneo y otros acusan a los seguidores de Valentín de «negar la resurrección», lo que en realidad hacen es diferente. La mayoría de las veces dejan de lado las historias de resurrección *corporal* y la «tumba vacía», para seguir en su lugar el camino que Pablo presenta. Antes de examinar cómo interpreta esta «Epístola» la resurrección, veamos cómo la leían los cristianos hace casi dos mil años. Como hemos señalado en nuestra introducción, el Códice 1, junto con otros libros sagrados, fue encontrado oculto en una cueva, donde los monjes de un monasterio cercano iban a meditar y rezar. Pacomio, un antiguo soldado convertido en mentor espiritual, erigió este monasterio cerca de la ciudad de Nag Hammadi, solo dos o tres años después de que los emperadores romanos pusieran fin a la persecución estatal. Justo cuando los cristianos empezaban a sentirse seguros para admitir su fe en público, Pacomio anunció que los ángeles le habían inspirado para construir este monasterio como una «nueva sociedad cristiana» en la tierra, un primer puesto avanzado del reino venidero.[52]

Cuando imagino la escena, alguno de los monjes que habían aprendido a leer llevaría este gran volumen de cuero desde la biblioteca del monasterio hasta el patio abierto donde sus hermanos monásticos, tras haber terminado el trabajo del día y compartido una cena temprana de verduras y pan, se reunían en el momento en que el día empezaba a declinar y se cernía la noche, sentados juntos en el suelo para las devociones vespertinas. De pie ante ellos, y colocando el pesado libro sobre un atril, el lector abría la primera página y leía la «Oración del Apóstol Pablo», haciéndose eco de las palabras del apóstol dirigiéndose a los monjes en oración, pidiendo al Señor que sintonizara sus oídos con lo que el Espíritu estaba a punto de enseñarles a través de esta lectura sagrada:

> Mi redentor... Soy tuyo... ¡Eres mi conciencia; llévame! ¡Eres mi casa de tesoros; ábrela para mí! ¡Eres mi plenitud; condúceme a ti!... Dame salud para mi cuerpo... y salva mi eterna alma luminosa y mi espíritu... Concédeme lo que ningún ojo de ángel ha visto ni oído de gobernante ha escuchado, y lo que no ha entrado en corazón humano... Amén. En paz: Cristo es santo.[53]

Ahora el celebrante inicia la siguiente lectura, «El Apócrifo [Revelación Secreta] de Santiago», que recoge cómo Jesús, habiendo muerto más de un año y medio antes, se aparece inesperadamente en su forma resucitada a su hermano Santiago y a Pedro. Cuando, sobresaltados, le preguntan: «¿Has vuelto a nosotros?», les insta a «venir hacia mí» abriendo sus corazones y enviando el corazón, la mente y el espíritu hacia arriba, para que puedan oír a los ángeles cantando alegremente en el cielo, una posibilidad que esta Revelación Secreta ofrece a los monjes que escuchan en la penumbra.[54]

Después de esto, siguiendo un patrón familiar del culto cristiano, el celebrante pasa a leer «el evangelio». Pero como sus oyentes son monjes dedicados a la práctica espiritual, en lugar de leer los evangelios del Nuevo Testamento utilizados en el culto ordinario de la iglesia, el lector abre el Evangelio de la Verdad, una interpretación mística del «evangelio» que pretende revelar lo que el Espíritu enseñó a Pablo.[55]

A continuación, el lector pasa a la «Epístola sobre la resurrección», una interpretación espiritual de Pablo. En ella, un maestro anónimo, seguidor de Valentín, responde a las preguntas planteadas por un discípulo llamado Rheginos: «¿Tenemos que creer en la resurrección? ¿Es un elemento esencial de la fe cristiana, o no?». El maestro responde que, aunque «mucha gente no lo cree», la fe en la resurrección es esencial. «Entonces –señala–, hablemos de ello».[56]

Reconociendo que lo que tiene que decir es difícil de entender, este maestro, al igual que Ireneo, se hace eco de las palabras de Pablo, pero las interpreta de manera diferente. Mientras Ireneo insiste en que nuestros cuerpos terrenales actuales son esencialmente los *mismos* que nuestros futuros cuerpos de resurrección, el maestro de Rheginos señala que Pablo se centra en la *discontinuidad*. Cuando Pablo habla de lo que fue «sembrado» en la tierra como semilla perecedera –es decir, el cuerpo físico– y que lo que sale de ahí es imperecedero (1 Corintios 15:42), Rheginos explica que el cuerpo tiene dos formas, señalando que Pablo diferencia dos tipos distintos: un «cuerpo físico... hecho de polvo»,[57] que perece, y un «cuerpo espiritual», que es imperecedero. Y del mismo modo que Pablo declara que «la muerte será devorada por la victoria», así, declara el maestro de Rheginos, «el Salvador devoró a la muerte», destruyendo su poder, de modo que «todos seremos transformados» (15:51):

> Se transformó en un ser imperecedero y abrió el camino a nuestra inmortalidad... Somos abrazados por él hasta nuestro declive, es decir, hasta nuestra muerte humana. Entonces somos atraídos por él al cielo, como rayos de sol... Esta es la resurrección espiritual, que engulle tanto lo psíquico [*psychikos*] como lo carnal [*sarkikos*].[58]

«Qué es, entonces, la resurrección?» Recordando el relato evangélico que cuenta cómo Pedro, Santiago y Juan vieron de pronto a Jesús transfigurado ante ellos, hablando con Moisés y Elías, el maestro dice:

> No pienses que la resurrección es una ilusión. No es una ilusión, sino la verdad. De hecho, es más exacto decir que el mundo es una ilusión, pero no la resurrección. . . Más bien, *la resurrección es la revelación de lo que es real, una transformación de las cosas y una transición hacia lo nuevo*.[59]

Puesto que el despertar espiritual es el comienzo de la vida de resurrección, incluso aquí en la tierra, este maestro anima a Rheginos a reconocer que, aunque todavía es un principiante en la fe, ya ha comenzado un proceso de transformación. El maestro termina con un reto. En lugar de formular más preguntas, debe sumergirse en la práctica espiritual: «¿Por qué ignoro la falta de ejercicio? Todo el mundo necesita practicar».[60]

¿Qué puede significar entonces la resurrección: milagro, suspensión de la ley natural, transformación radical tras la muerte? Entre los cristianos desde el siglo primero hasta nuestros días no encontramos un consenso unánime, ni deberíamos esperar encontrarlo. Sin embargo, al leer esta «Epístola» me sorprendió estar muy de acuerdo con ella. Aunque en el pasado acepté de manera irreflexiva la suposición racionalista de que las visiones de la vida después de la muerte no eran más que una proyección o un engaño, ahora cuestiono esa suposición, pero no, como señala el maestro de Rheginos, debido a ningún tipo de «convencimiento» o argumento lógico.

En cambio, ese tipo de suposiciones cambió cuando yo misma me vi sacudida por «experiencias que no acierto a explicar»,[61] al experimentar la presencia de personas fallecidas. Estas experiencias no estaban mediadas por la visión o el oído ordinarios, sino por otro modo de percepción que me resultaba inexplicable, pero que me parecía «más real que lo real», como apunta el maestro de Rheginos. En consecuencia, al igual que muchos otros que en su día asumieron que la muerte era simplemente –como comentó Steve Jobs– «apagar las luces», y que más tarde informan de que experiencias inesperadas los han llevado a imaginar algún tipo de vida después de la muerte, ahora sigo abierta al asombro, e incluso a la esperanza de algún tipo de transformación inimaginable. Lo que también me parece claro es que Pablo no habla de cuerpos descompuestos devueltos a la vida y elevados a los cielos, como postula Ireneo. En cambio, lo que Pablo llama «misterio» sigue siendo solo eso.

Sin embargo, incluso los historiadores racionalmente inclinados encuentran un hecho en el que casi todos están de acuerdo. El historiador Ed Sanders habla por muchos cuando dice: «Que los seguidores de Jesús... tuvieron experiencias de resurrección es, a mi juicio, un hecho, si bien desconocemos cuál fue la realidad que dio lugar a esas experiencias.[62] El movimiento que comenzó con Jesús flaqueó después de su muerte; y no fueron principalmente sus *enseñanzas* las que insuflaron nueva vida a sus seguidores, infundiéndoles lo que muchos experimentaron como un poder sobrehumano. En cambio, como ocurre con Pablo, fue la convicción de que el Jesús que murió había resucitado. Sanders escribe: «Lo creyeron, lo vivieron y murieron por ello. En el proceso, crearon un movimiento... que en muchos aspectos fue mucho más allá del mensaje de Jesús».[63] Y aunque las interpretaciones de los cristianos sobre la resurrección han fluctuado a lo largo de dos milenios en muchas más formas de las que podríamos mencionar aquí, como escribe Adolf von Harnack:

> Eso no afectó a la certeza de la convicción de que el Señor resucitaría a su pueblo de la muerte. Esta convicción, cuyo reverso es el temor de ese Dios que arroja [a la gente] al infierno, se ha convertido en la fuerza más poderosa a través de la cual el Evangelio ha conseguido [difundirse en todo el mundo].[64]

En otras palabras, el movimiento cristiano se hizo poderoso porque los cristianos podían afirmar que ofrecían «vida eterna», no solo a un emperador como Augusto, declarado tras su muerte divino por votación en el Senado, sino potencialmente a todo el mundo, incluso a mujeres, esclavos, niños que morían jóvenes, antiguos criminales. Y mientras los dioses y diosas de Roma aparecían en la escultura y la poesía más parecidos a los gobernantes imperiales de Roma que a cualquier otra persona, las historias de Jesús, cuyos seguidores le llamaban «Hijo de Dios», mostraban a alguien humilde y corriente, con quien la gran mayoría de los habitantes de Roma podían identificarse.

Además, aunque líderes como Ireneo se esforzaron por promover sus propios puntos de vista sobre la resurrección, insistiendo en que los cristianos de todo el mundo debían estar de acuerdo con ellos, sus esfuerzos no han conseguido poner fin a las especulaciones. En la actualidad, cuando los cristianos católicos, episcopales, ortodoxos, metodistas y luteranos «recitan el credo», alternan entre dos versiones bien conocidas, aunque la mayoría de los participantes no advierten ninguna diferencia entre ellas. El llamado «de los Apóstoles», que se remonta a los primeros discípulos de Jesús, concuerda con Ireneo y otros, al proclamar la fe «en la resurrección de la carne». Pero las versiones contemporáneas del Credo de Nicea, utilizadas en la actualidad en iglesias desde Inglaterra a Etiopía, desde Ucrania a Argentina, profesan más a menudo la fe en «la resurrección de los muertos», una frase ambigua que podría referirse tanto a la resurrección corporal como a la visión paulina de la transformación.

Sin embargo, lo que parece importar más que cualquiera de ambas interpretaciones es la posibilidad de que la fe pueda desafiar el final de la muerte, ofreciendo la esperanza de una nueva vida, no simplemente en una versión sombría del Hades, sino en una victoria inimaginablemente gloriosa y gozosa sobre la muerte, a la que Pablo llama «el último enemigo en ser destruido» (1 Corintios 15:26). Incluso sin entender lo que eso significa, me parece que, aunque no sea fácil de creer, es una esperanza que muchas personas aprecian.

Tanto si se aceptan como si se rechazan las narraciones bíblicas que hemos estado explorando, podemos entender que sigan siendo ciertas y poderosas para muchas personas. Por diversas que sean, se atienen a un patrón común. Estas historias comienzan en el mundo en que vivimos, a menudo plagado de enfermedades, guerras, desastres naturales y pérdidas abrumadoras, y luego cambian, a menudo de manera inesperada, a la clave de la esperanza. El poeta Dylan Thomas encarna este cambio en su poderoso poema «Y la muerte no tendrá dominio», cuyo título tomó de la traducción del rey Jacobo del texto de Pablo sobre la resurrección: «Sabiendo que Cristo, una vez resucitado de entre los muertos, ya no muere más, y que la muerte no tiene ya *dominio* sobre él» (Romanos 6:9):

> Y la muerte no tendrá dominio.
> Los hombres desnudos han de ser uno solo
> con el hombre en el viento y la luna poniente;
> cuando sus huesos queden limpios y los limpios huesos se dispersen,
> ellos tendrán estrellas en el codo y en el pie;
> aunque se vuelvan locos serán cuerdos,
> aunque se hundan en el mar de nuevo surgirán,
> aunque se pierdan los amantes, no se perderá el amor;
> y la muerte no tendrá dominio.

Este tipo de visiones, una de las principales razones del asombroso éxito de este improbable movimiento, siguen atrayendo a nuevos adeptos, como veremos en los últimos capítulos.

6. ¿Cómo Jesús se «convirtió en Dios»?

¿Quién es Jesús? ¿Es Dios? Hemos visto que solo el evangelio de Juan, escrito más tarde que los otros, imagina realmente a Jesús como Dios en forma humana.[1] El historiador Bart Ehrman, al relatar de qué modo esta visión exaltada de Jesús llegó a ser dominante entre sus seguidores, muestra que se fue aceptando cada vez más durante los siglos III y IV, por lo que podría considerarse una visión tardía. Pablo de Tarso, sin embargo, habiendo encontrado primero a Jesús como una brillante presencia celestial, ya estaba predicando que «Jesucristo, nuestro Señor» era un ser divino, efectivamente «igual a Dios», solo una o dos décadas después de la muerte de Jesús (Filipenses 2:6-11). Sin embargo, Pablo no imaginaba que la fe en Cristo comprometiera el monoteísmo. Al contrario, parece suponer que Jesucristo, por ser Hijo de Dios, manifiesta la gloria de Dios mismo.

Nuestra incertidumbre apunta a una realidad sobre el terreno. Solo unos 20 años después de la crucifixión, cuando las opiniones de los diversos grupos de seguidores de Jesús estaban moldeadas por las perspectivas de sus diferentes líderes, Pablo se queja de que, aunque algunos dicen: «Yo soy de Pablo», otros insisten, «Yo de Pedro», «Yo de Cristo» (1 Corintios 1:12-13). ¿Qué tenían en común? Y puesto que circulaban muchos escritos entre los grupos cristianos –no solo lo que Pablo escribió realmente–, sino otras «epístolas de Pablo» escritas en nombre de Pablo por sus admiradores anónimos, junto con una profusión de «evangelios»–, ¿cómo podían esos grupos alcanzar la unanimidad?

Uno de los discípulos de Justino Mártir, un sirio converso del siglo II llamado Tatiano, decidió simplificar las cosas. Hilvanando en una sola narración anécdotas y enseñanzas procedentes de cuatro o cinco relatos evangélicos, creó un texto unificado al que llamó Diatesarón («Armonía de los cuatro Evangelios»). Pero, al parecer, se trataba de un mosaico excesivo, que adolecía de coherencia literaria; pocos lo adoptaron.[2]

A continuación, unos diez años después (180 d.C.), Ireneo, a quien conocemos como misionero sirio entre los bárbaros de la Galia (actual Francia), expresó su consternación por el hecho de que un grupo de creyentes, predominantemente judíos, se centrara solo en el Evangelio de Mateo, y una creciente red de grupos gentiles desechara la Biblia hebrea y leyera solo a Lucas. Peor aún, según Ireneo, los discípulos del poeta y visionario egipcio Valentín leían sobre todo el Evangelio de Juan, e insistía en que lo malinterpretaban.[3]

Ireneo propone una solución diferente a la cuestión de qué evangelios son inspirados por el Espíritu, y cuáles –dice–, «Satanás instauró para engañar a la gente».[4] Advierte que «los evangelios heréticos» son como veneno, o brillantes trozos de cristal roto que solo los necios confundirían con auténticas joyas. Pero en lugar de respaldar un único evangelio, o tratar de combinarlos en un mismo texto, Ireneo sugiere que cada uno de los cuatro evangelios –Marcos, Mateo, Lucas y Juan– debe ser considerado como un único texto que aporta elementos diferentes de la verdad. Así pues, mientras Marcos presenta a Jesús como un profeta –explica–, Lucas lo retrata como un compasivo sanador y sacerdote. Mateo –añade– traza la genealogía de Jesús hasta el rey David, exponiendo su linaje *humano*, y solo el evangelio de Juan revela la genealogía *divina* de Jesús, como Hijo de Dios.[5]

En consecuencia, Ireneo declara que, aunque el Evangelio de Juan es el más importante, ya que presenta a Jesús como la encarnación de Dios, los creyentes «ortodoxos» necesitan los cuatro. Y puesto que el término «evangelio» se refería originalmente a lo que Jesús *predicaba*, y no a ningún texto escrito, Ireneo defiende lo que llamó el «evangelio cuádruple», un cuarteto de textos que apoyan *colectivamente* la proclamación de la «buena nueva». Así pues, Ireneo dio forma a la colección de que ahora encontramos en forma de Nuevo Testamento.

Viviendo a la sombra de la persecución, Ireneo se preocupó especialmente de consolidar los lazos entre una red de grupos cristianos de todo el mundo, desde Alemania hasta España, la Galia, Egipto y África. Ya había visto cómo amigos íntimos y compañeros creyentes de las ciudades de Lyon y Vienne eran atacados en disturbios públicos.[6] Luego se enteró de que habían sido arrestados y encarcelados en húmedas celdas, siendo retenidos hasta el cumpleaños del emperador, cuando serían torturados públicamente y asesinados en la arena mientras una multitud de ciudadanos miraban, gritaban y se mofaban. El propio Ireneo escapó por los pelos del arresto, ya que partió hacia Roma después de que los presos le rogaran que llevara una carta a los creyentes de la capital para informarles del peligro que corrían. Mientras se encontraba en Roma –relata Ireneo– tuvo una horrible visión de algo que estaba ocurriendo en Antioquía, su ciudad natal: la muerte de su amado mentor, el obispo Policarpo, de ochenta y seis años, conducido al circo repleto de espectadores que gritaban «¡Matadlo! ¡Que arda!» mientras era atado a una pira funeraria, y luego lo apuñalaron, le prendieron fuego y lo quemaron vivo.[7]

Durante casi 300 años después de la crucifixión de Jesús, sus seguidores vivieron bajo la amenaza de la persecución. Aunque las detenciones, torturas y horribles ejecuciones no eran sistemáticas sino más bien esporádicas, siempre constituían una amenaza. Porque entonces, como ahora, los gobernantes totalitarios comprendieron que arrestando y matando a unos pocos líderes clave, y enfocándose en un grupo específico de ellos, podían aterrorizar y silenciar eficazmente a muchos otros. A pesar de ello, sin embargo, el número de cristianos aumentó: como se jactaba el converso africano Tertuliano ante un magistrado romano: «Cuanto más nos matéis, más nos multiplicaremos; ¡la sangre de los mártires es semilla!»[8]

Pero en el año 312 d.C. ocurrió un milagro. Constantino, dirigente militar e hijo ilegítimo de uno de los gobernantes de Roma, causó conmoción en todo el imperio al convertirse en emperador, después de cambiar repentinamente su lealtad de los dioses de Roma a Cristo, el protector divino, quien, según él, le ayudó a matar a su principal rival en la batalla, otorgándole la victoria. Otras victorias siguieron bajo el estandarte de Cristo, confirmando la convicción de Constantino de que adorar a su nuevo protector le aseguraría el dominio del imperio, que los gobernantes romanos consideraban que era «el mundo entero». Poco después, Constantino y sus aliados ordenaron el fin de la persecución de los cristianos. Durante las décadas siguientes, hicieron mucho más: ofrecieron restitución por lo que los cristianos habían sufrido, devolvieron las propiedades confiscadas, ayudaron a reconstruir sus iglesias y nombraron a creyentes para puestos ventajosos en la administración.[9]

A medida que los dirigentes cristianos ganaban legitimidad, comenzaron a estructurar sus grupos de manera más formal, adoptando el modelo de la jerarquía en tres niveles del ejército romano. De ese modo, los «supervisores» (*episcopoi*, «obispos») ejercían su autoridad sobre los «ancianos» (*presbyteroi*, «sacerdotes») y sobre los «siervos» (*diakonoi*). Y ahora que Constantino estaba ansioso por reclutar obispos como sus aliados en el gobierno del imperio, se sintió frustrado y enojado al escuchar que, incluso después de haber liberado a los cristianos de la persecución y colmarlos de favores, algunos de ellos se negaban a ponerse de acuerdo entre sí sobre las cuestiones más básicas: ¿Es Jesús Dios? ¿Es menos que Dios? Y si es divino, ¿de qué manera?

Al escuchar las interminables disputas sobre estas cuestiones, Constantino decidió crear una red unificada de iglesias por todo el imperio. Convocó a más de 300 líderes cristianos de todo el imperio oriental a una conferencia en su palacio de verano en Nicea (Turquía), y les ofreció viajar gratis en el sistema imperial y una generosa hospitalidad. Cuando llegaron, se presentó personalmente para darles la bienvenida y les ordenó que redactaran un documento en el que se especificara en qué debían creer los cristianos. Lo que un comité de obispos redactó, y más de 300 de ellos aprobaron finalmente, vino a llamarse el Credo de Nicea, que ha influido enormemente en la doctrina cristiana a partir de entonces.[10]

Constantino ordenó a su aliado más cercano entre ellos, el obispo Eusebio de Cesárea, «Consigue 50 copias de las Escrituras [cristianas]», para que pudiera enviar una colección uniforme a las principales iglesias de todo el imperio. Primero, sin embargo, Eusebio tuvo que responder a la pregunta: «¿Cuáles?» ¿Qué debía figurar en esa lista? ¿Qué escritos debía designar como libros «reconocidos» y cuáles como «discutibles»? La cuestión de qué debía figurar en el credo y qué en el canon (literalmente, «lista estándar») de las Escrituras cristianas suscitó intensos debates. Eusebio comprobó cuidadosamente qué libros consideraban sagrados la mayoría de los obispos regionales y se leían en la iglesia durante la misa, y comenzó con la lista de Ireneo de «los cuatro evangelios», Mateo, Marcos, Lucas y Juan, añadiendo después las cartas de Pablo y planteando preguntas acerca de otros textos, como las «cartas» atribuidas a Santiago, Juan y Pedro. No pudo decidirse sobre el libro del Apocalipsis, del que se dio cuenta de que era un comodín: venerado y «reconocido» por unos, pero «discutido» por otros.[11]

A partir de la lista provisional de Eusebio, ¿cómo llegaron ciertos textos –entre los que destaca el Evangelio de Juan– a ser venerados como el canon de la verdad evangélica? Durante los 50 años siguientes, varios obispos de todo el imperio celebraron sus propios concilios para votar esa cuestión. Pero como la inmensa mayoría de las deliberaciones, discusiones y controversias sobre qué escritos incluir en el Nuevo Testamento no han dejado constancia escrita –los estudiosos de la actualidad solo pueden rastrear algunos puntos destacados de un proceso que permanece en gran parte oscuro–, lo mejor que podemos hacer es reconstruir algunos momentos fundamentales de ese proceso a partir de las fuentes dejadas por algunos de los principales protagonistas. El lector interesado encontrará cientos de libros dedicados a los pormenores de la canonización, pero aquí ofrezco el esbozo más breve posible de lo que ocurrió, o, quizá mejor, dos esbozos contrapuestos, ya que el establecimiento del canon del Nuevo Testamento no es en absoluto una historia sencilla, y va mucho más allá de lo puedo ofrecer en estas páginas.[12]

Cuando era estudiante visitante de posgrado en la Universidad de Oxford, pregunté a mi tutor cómo se formaba el canon. ¿Quién mejor para preguntarle que el profesor Henry Chadwick, sacerdote anglicano y decano de la catedral de Christ Church, un célebre especialista por los conocimientos que había expuesto en siete volúmenes en su influyente historia de la Iglesia cristiana? Chadwick me remitió a un libro en el que escribió que, alrededor del año 180 d.C., «el canon del Nuevo Testamento surgió de la bruma».

Lo que me sorprendió fue escuchar al profesor Chadwick hablar en un lenguaje poético poco habitual. ¿Se imaginaba el Nuevo Testamento bajando del cielo como una epifanía, sin ayuda del esfuerzo humano, para despejar «la niebla» de la incertidumbre humana? Esperaba una respuesta más realista. Pero en aquel momento, acababa de conocer a este hombre altivo y de pelo blanco que rebosaba confianza en su propia autoridad, y no insistí. Más tarde, releyendo su libro *The Church in*

Ancient Society: From Galilee to Gregory the Great, encontré otra respuesta tradicional: «La admisión en el canon estaba inextricablemente ligada a la ortodoxia de la doctrina contenida en el texto».[13] Una vez más, se había limitado a construcciones en pasiva: ni rastro de intervención humana.

Subrayemos lo que Chadwick omitió: la intervención humana. Su relato evita cualquier sugerencia sobre el modo en que se desarrolló realmente el desordenado proceso de «canonización». ¿Quién tomaba las decisiones sobre qué incluir en las «Escrituras» y qué textos descartar, censurar y destruir? ¿Sobre qué base se clasificaba a unos como «ortodoxos» (literalmente, «de pensamiento recto») y a otros como «heterodoxos» («que piensan de otro modo»)? ¿Quiénes eran los guardianes de la «admisión» –o exclusión– de textos o, más concretamente, de seres humanos?

Ramsay MacMullen, profesor de clásicas en Yale, ofrece una visión sorprendentemente distinta de cómo los dirigentes de la Iglesia construyeron lo que Chadwick denomina «ortodoxia de la doctrina». Lo que MacMullen muestra en su libro del año 2006, *Voting About God in Early Church Councils*, es que los resultados del Concilio de Nicea fueron intensamente controvertidos durante siglos después de que finalizase. Por medio de los antiguos registros de los concilios eclesiásticos convocados entre los años 325 y 553 d.C., MacMullen documenta los procedimientos, en los que grupos de obispos, algunos de ellos agricultores, comerciantes y maestros, se enzarzaban en acaloradas discusiones, con antagonistas que se gritaban unos a otros y en ocasiones llegaban a las manos. Incluso en el augusto y formal Concilio de Nicea, convocado por Constantino y al que asistió San Nicolás (no el que baja por las chimeneas en Nochebuena, afortunadamente), este se enfadó tanto con otro obispo que se levantó y le abofeteó públicamente.[14]

El emperador Constantino, que asistía a todas las sesiones, se impacientaba a menudo cuando los obispos debatían a propósito de los términos filosóficos griegos para describir la relación de Jesús con Dios. La siguiente pregunta era uno de los puntos conflictivos: ¿Qué significa decir que Jesús es «de una esencia o sustancia» (*homoousios*) con Dios? ¿Y cuál es la diferencia entre eso y afirmar que Jesús y Dios son «de sustancia similar» (*homoiousios*)? Después de sentarse durante días que se extendieron en agotadoras horas de debate sobre cuestiones que Constantino consideraba triviales, cuando finalmente escuchaba lo que pensaba que probablemente era una opinión mayoritaria decía, en efecto, «Quedémonos con esa opción». Para sorpresa de nadie, la práctica totalidad de los 300 obispos votaban a favor de la propuesta respaldada por el emperador.[15] Así pues, adoptaron efectivamente la opinión de Ireneo de que Jesús es, de hecho, Dios –una opinión casi siempre expresada en copiosas citas del Evangelio de Juan. El único disidente, un sacerdote africano llamado Arrio, que insistía en que todos los creyentes –al menos potencialmente– eran hijos de Dios, fue expulsado abruptamente del Concilio, junto con su único partidario. Después, el Concilio votó condenar a ambos disidentes a la condenación eterna.

En el proceso, el Evangelio de Juan se convirtió en la lente a través de la cual los cristianos que defendían el Credo de Nicea decidieron leer todos los Evangelios, una perspectiva que los cristianos católicos, y también muchos protestantes, han seguido desde entonces. En particular, lo que los obispos aprobaron en Nicea fue un marco que insistía en que solo la fe católica («universal», en griego) ofrece la salvación. A partir de entonces, lo que se convertiría en la Iglesia del Sacro Imperio Romano Germánico fue investida con lo que el Evangelio de Mateo señala que Jesús recibió después de ascender al cielo: «todo el poder en el cielo y en la tierra» o, por lo menos, todo lo que el Imperio Romano podía reclamar y convocar.

Sin embargo, después de que los obispos nicenos se esforzaran por consolidar la cristiandad en una única comunión universal, ratificando la afirmación de Ireneo de que «fuera de la Iglesia no hay salvación», los creyentes de las generaciones posteriores han seguido reflexionando, reimaginando y reinterpretando quién es Jesús y qué significa su mensaje. Los que se reunieron en Nicea acordaron, en general, leer en el culto los cuatro evangelios narrativos –Marcos, Mateo, Lucas y Juan–, ignorando las diferencias entre ellos, lo que promovió continuos debates, muchos de los cuales perduran hasta nuestros días. Incluso entonces, no hubo un acuerdo inmediato sobre lo que pertenecía al «canon», es decir, la colección cerrada de textos que llamamos Nuevo Testamento. Esta cuestión seguiría siendo fuente de controversia, como ya hemos apuntado, durante más de 50 años.

En consecuencia, lo que hoy llamamos «cristianismo», lejos de ser un movimiento único, se ramifica en innumerables corrientes que toman diferentes direcciones y denominaciones, haciendo hincapié en distintas interpretaciones. En la actualidad, más de un tercio de la población mundial se identifica como cristiana, lo que convierte al cristianismo en la mayor de todas las tradiciones religiosas. Sin embargo, al seguir el rastro de la expansión del cristianismo a lo largo de dos milenios, se observa una clara falta de unanimidad y, a menudo, conflictos entre las comunidades. Los dos grupos que más conversos atraen en la actualidad –por un lado, las iglesias católica romana y ortodoxa y, por el otro, los pentecostales– son casi polos opuestos. Los primeros hacen hincapié en la tradición, el misterio ritual de los sacramentos y la autoridad jerárquica, ya sea del papa católico o de los patriarcas de las iglesias ortodoxas desde Grecia hasta Egipto, Etiopía y Rusia, mientras que los cristianos pentecostales rechazan las pretensiones de autoridad clerical, insistiendo en cambio en que el Espíritu Santo infunde poder directamente a los grupos y creyentes individuales.

Incluso después del siglo XVI, cuando Martín Lutero iniciase su «protesta» contra la autoridad papal, dando lugar al cristianismo «protestante» y a la Reforma, muchos grupos surgidos de ese movimiento mantuvieron el Credo de Nicea y la santa cena como centro del culto, al tiempo que respaldaban la autoridad de la «única Escritura». Especialmente desde el siglo XVII hasta el XIX, otros reformadores religiosos, que eran parte de la «Reforma Radical», llevaron al cristianismo en nuevas direcciones, creando grupos tan diversos como la Sociedad de los Amigos (a menudo llamados cuáqueros), los Unitarios y Universalistas, la Iglesia de los Santos de los Últimos Días y la Ciencia Cristiana. Y en la actualidad, muchos cristianos evangélicos que rechazan las etiquetas denominacionales afirman mantener «los fundamentos» de la fe, respaldando la verdad literal de la Biblia.

No es posible seguir aquí este proceso de diversificación a lo largo de dos milenios. Pero como tema de nuestro último capítulo, quiero explorar «quién *es* Jesús» en la actualidad, investigando cómo lo ven una serie de creyentes recién conversos de diferentes partes del mundo, así como artistas, escritores y cineastas contemporáneos.

7. ¿Quién *es* Jesús para los nuevos conversos, artistas y cineastas que se interesan por él hoy?

¿Qué hay en Jesús, y en lo que la gente dice de él, que sigue interesándome a mí y a muchas otras personas? Empecé a plantearme esta pregunta tras mi primer encuentro con el cristianismo evangélico, una experiencia intensa, poderosa y breve. Cuando las exageradas pretensiones de esa iglesia de ofrecer la verdad última y la salvación mostraron de repente una cara oculta que yo no esperaba –un rechazo extremo a cualquiera que no hubiera «nacido de nuevo» y la costumbre de cerrar la puerta a las preguntas–, tuve que marcharme de allí, pero no pude deshacerme por completo de su encanto. Al descubrir el poder de la experiencia religiosa, supe que algo había sucedido en mí, algo transformador.

Reconociendo que Jesús no solo *era*, sino que sigue siendo una presencia poderosa en la vida de la gente de la actualidad, me pregunté: ¿Qué Jesús es el que ve cada uno? ¿Qué es lo que la gente de hoy considera más poderoso de él y de su mensaje? Porque, al igual que sus primeros seguidores revisaban constantemente su visión de Jesús, quienes en la actualidad se interesan por él adaptan de continuo lo que encuentran en la tradición. Aunque muchos cristianos insisten en que conocen –y saben mejor que nadie– exactamente «lo que Jesús quiso decir en realidad», sobre el terreno, el cristianismo sigue siendo un proyecto en desarrollo.

¿Quién es Jesús hoy para las personas que deciden convertirse? ¿Qué es lo que atrae a un grupo, o a una persona, hacia Jesús y las historias narradas acerca de él? Partiendo de esta pregunta, he encontrado respuestas que me llevan –literalmente– por todo el mundo, desde el sur de California hasta las remotas aldeas de Madagascar, desde la selva amazónica de Brasil hasta las abarrotadas calles de Benarés, desde Sudáfrica hasta el norte de España. El cristianismo sigue siendo la tradición religiosa más numerosa del mundo, y está ganando rápidamente nuevos miembros, sobre todo en Asia, África y América Latina; pero ¿qué alimenta ese entusiasmo?

Lo primero que encontré fue un grupo próximo. La antropóloga de Stanford Tanya Luhrmann empezó a interrogar a algunos de sus familiares que decían mantener una estrecha relación personal con Jesús. Tratando de entender cómo llegaban a hacer semejante afirmación, les preguntó: «¿Cómo llega Dios –o Jesús– a ser real para la gente? ¿Cómo son capaces las personas sensatas de creer en un ser invisible que tiene un efecto palpable en su vida?».[1]

Luhrmann decidió investigar la Iglesia Cristiana de la Vid, en el sur de California, una confesión protestante que, desde su fundación en el año 1982, ha atraído a miles de nuevos conversos, la mayoría de los cuales no tenían nada que ver con instituciones religiosas o las habían abandonado. A semejanza de mi propia experiencia del cristianismo evangélico, los cristianos de la Vid invitan a la gente a encontrarse con Jesús como su amigo más íntimo. Luhrmann escuchó que los miembros piensan en Dios «como alguien que interactúa con ellos como un amigo. Les habla. Los escucha. Actúa cuando le rezan... porque se preocupa».[2] Se propuso entender entonces cómo llegaban a pensar de ese modo.

Hace poco, visité Stanford, y me invitó a hablar en su seminario, organizando luego una comida para que me reuniera con doce psiquiatras del Medical Center de Stanford. Dado que los psiquiatras tienden a considerar la mente como una esfera privada, les pregunté: «Cuando oyen a alguien describir una conversación interior –o confrontación– con Dios o con Jesús, ¿asumen que la persona está delirando?». Sorprendidos por la pregunta, casi todos hicieron una pausa, asintieron y respondieron: «Sí».

Luhrmann, que ha escrito un libro sobre la esquizofrenia, es consciente de estas opiniones y plantea una cuestión similar en su libro sobre la práctica religiosa, *How God Becomes Real*. ¿En qué se diferencian las experiencias de «hablar con Dios» o con Jesús de la locura, en la que personas mentalmente desequilibradas interactúan con espíritus invisibles?

Tal como ella lo describe, los miembros de la Vid ven a Jesús como alguien que, siendo humano, ha experimentado todo lo que nosotros experimentamos, pero que, siendo también Dios, puede satisfacer nuestras necesidades. Caracterizando esto como «un cambio en la concepción americana acerca de Dios», cita a un miembro de la Vid que celebra este cambio, declarando: «¡Jesús murió para que pudiéramos rechazar la *re-*

ligión y abrazar la *relación*!».[3] En lugar de limitarse a ofrecer un conjunto de creencias, los líderes de la Vid explican que aprender a abrazar una relación con Jesús requiere *práctica*. Enseñan a los principiantes una serie de pasos para «desarrollar una nueva [comprensión de su] mente[s]»,[4] pasos que son los principios operativos por los que se rigen los miembros de este grupo. Luhrmann muestra que estas prácticas, al igual que las de la psicoterapia, tienen por objeto transformar gradualmente nuestra experiencia emocional. «Todas ellas –comenta– son formas de practicar la experiencia de sentirnos amados por Dios».[5]

Se anima a los principiantes a distinguir entre sus propios pensamientos y emociones y la «voz de Dios», percibida como una presencia más profunda e íntegra que requiere paciencia y habilidad para ser reconocida. El monje franciscano Richard Rohr describe esta habilidad como «volver al corazón»,[6] para encontrar el centro más profundo de uno mismo y «despertar las profundidades más hondas de nuestro ser en presencia de Dios, la fuente de nuestra... vida». Para hacer eso, estos evangélicos californianos utilizan prácticas intencionales –como la meditación, la oración y el canto– que los monjes cristianos y budistas, entre otros, han perfeccionado durante más de dos milenios.

Al comprometerse de forma persistente e intencionada con estas prácticas –es decir, cuestionarse interiormente, hablar con Dios, solicitarle consejo, visualizar a Jesús como presente y real–, la persona llega a transformar su sentido de la realidad. En el proceso –afirma Luhrmann–, a menudo la presencia de Dios y de Jesús se hace real en la experiencia de los creyentes, incluso cuando la duda es insistente. Observa que muchos cristianos de la Vid que persisten llegan a ser capaces de mantener el sentido de una relación personal con Dios, a quien ven como «siempre ahí, siempre escuchando, siempre respondiendo y siempre con nosotros».[7]

La investigación de Luhrmann demuestra que lo que suele impulsar a la gente a abandonar las iglesias tradicionales («religión organizada»), como me ocurrió a mí, es su *pasión por encontrar algo que resuene experiencialmente como verdadero*. En lugar de abrazar el viento vacío del ateísmo, muchos buscan una sensación de propósito, trascendencia de uno mismo, algo que nos ofrece la Vid, la cual se centra en la experiencia.

Dado que el resultado de esta práctica «contrarresta el aislamiento de la vida moderna»,[8] señala que ha permitido a muchos miembros de la Vid recuperarse de la adicción, las relaciones abusivas y la depresión. Por encima de todo, corrige las suposiciones externas de que estos conversos simplemente aceptan una serie de creencias irracionales. Por el contrario, han adoptado prácticas que transforman la percepción que tienen de sí mismos y les proporciona la experiencia de conectar con una fuente divina.

Para concluir su libro, Luhrmann habla de cuál ha sido su propia experiencia en la exploración de esta práctica: «No pretendo conocer la realidad última… a través del proceso de este viaje, a mi propio ritmo, he llegado a conocer a Dios».[9] Escribe que, si bien no se considera cristiana, su trabajo con la Vid le ha proporcionado una experiencia de «amor incondicional»; aunque es difícil de entender, «una vez comprendido, cambia cualquier otra cosa que una crea comprender. A mí me cambió».[10]

Los cristianos episcopales metodistas africanos de Arkansas también consideran que Jesús es un amigo íntimo, pero en una situación radicalmente distinta, con un tono marcadamente diferente. El profesor James Hal Cone, fundador de la teología de la liberación negra, describe de qué modo los miembros de su iglesia a menudo se imaginan a Jesús como un «hombre que padece... familiarizado con el dolor».[11] Habiendo crecido siendo negro en la pequeña ciudad de Bearden, Arkansas, durante la década de 1950, Cone relata que, cuando era adolescente, le aterrorizó enterarse del linchamiento de Emmett Till, de catorce años. Continúa relatando cómo, cada vez que alguien de ese pueblo era apresado y colgado de un árbol en un linchamiento, a menudo torturado y quemado vivo en una extraña escena festiva, los cristianos negros se refugiaban en Jesús.

Privados de cualquier camino efectivo hacia la justicia –dice Cone–, «mi gente», al enterarse de un acontecimiento de esas características, se reunía de inmediato en su iglesia local, llorando y cantando a Jesús, quien, para ellos, era un aliado profundamente humano pero divinamente poderoso. Pero en lugar de imaginarlo como el «mejor amigo» con el que podían compartir un café, como hacen algunos cristianos de la Vid, los cristianos de la AME (por sus siglas en inglés) comparten el sufrimiento de Jesús, centrándose en su captura, tortura e injusta muerte, seguros de que él entendería el sufrimiento de algunos de los suyos y su dolor devastador.

En estos tiempos de crisis –señala Cone–, la conocida canción espiritual que pregunta: «¿Estabas allí cuando crucificaron a mi Señor?» tiene una doble lectura: La crucifixión de Jesús se superpone con las personas linchadas, muchas de las cuales, en su agonía, gritaban las mismas palabras de Jesús: «*Dios mío, Dios mío, ¿por qué me has abandonado?*» o incluso «Padre, perdónalos...». Los miembros de la congregación escuchan al pastor predicar apasionadamente cómo Jesús compartió lo peor que han visto sufrir a su propio pueblo, al menos en su primer acto, en forma humana. Pero cuando Dios lo resucita de la muerte, ven a Jesús como un guerrero triunfante, cuyos enemigos tiemblan ante él. Ahora el Juez y Rey divino reina de forma suprema en el cielo: «*¡Cabalga, Cristo rey; ningún hombre puede detenerte!*».[12]

Dado que todavía se producen actos de violencia contra los negros, los cristianos afroamericanos de mentalidad tradicional siguen derivando consuelo de la profunda reserva de los relatos evangélicos, tanto en momentos de dolor desgarrador como en momentos de celebración. Como en la época del Imperio Romano, donde muchos esclavos y otras personas despreciadas como «chusma» rechazaron a los dioses tradicionales griegos y romanos para adorar en su lugar al humilde y sufriente Hijo de Dios, también hoy las personas marginadas se sienten a menudo atraídas por Jesús crucificado. Entonces, como ahora, la historia de la pasión infunde esperanza a quienes «sufren y mueren con él» y resucitarán con él, porque el sufrimiento terrenal asegura la alegría celestial.

Estos rituales afroamericanos se remontan a la primera forma de culto cristiano, cuando los seguidores de Jesús empezaron a representar su «última cena», reuniéndose en vigilias pascuales que duraban toda la noche, como las que se cantaban y bailaban entre el Viernes Santo y la mañana de Pascua con la «Danza Circular de la Cruz».[13] A lo largo de los siglos siguientes, los cristianos siguieron lamentando su muerte y celebrando su resurrección con cantos litúrgicos que desarrollaron originalmente a partir de los servicios de la sinagoga. Estos rituales de Semana Santa se han mantenido desde la época medieval y renacentista, inspirando la música coral de compositores como Palestrina y Bach, Mozart y Beethoven, y continúan hoy en día en la obra de compositores cristianos como el católico romano Olivier Messiaen y el ortodoxo oriental Arvo Pärt. Esa música, cantada en el ritual cristiano, es una línea que atraviesa la historia y, como muchos otros, he experimentado a menudo su poder.

Pasando ahora a regiones menos conocidas del mundo, veamos cómo se encuentra con Jesús el pueblo bicolano, que habita en aldeas remotas de Filipinas. Evangelizados por los católicos desde el siglo XVI, como señala la antropóloga Fenella Cannell, centran su culto en una imagen de Jesús a la que llaman Amang Hinulid o, familiarmente, Ama, al que también suelen representar crucificado y agonizante. Al igual que los católicos de todo el mundo, lo veneran, y han tallado su imagen en madera en una estatua reclinada de tamaño casi natural, pintada para que parezca un mestizo (una persona con mezcla de razas), es decir, de piel pálida, rasgos huesudos y pelo largo y castaño, con los ojos casi cerrados. Bajo las espléndidas ropas que le confeccionan las mujeres del pueblo, se distinguen sus brazos, pecho y piernas pintados con manchas de sangre, porque es «Cristo bajado de la cruz y tendido en la muerte, pero aún no sepultado».[14]

Tras crear una serie de canciones en su propia lengua para relatar la pasión de Jesús, estos cristianos rurales filipinos celebran la Semana Santa como la fiesta principal del año. El Viernes Santo, después de que las mujeres bañen la imagen de Ama, cuidándolo como a un pariente querido que ha fallecido, los hombres lo colocan en una caja de cristal y lo conducen desde su santuario a la iglesia; la multitud los sigue, cantando y llorando. Después de velarlo toda la noche del Sábado Santo, lo devuelven a su santuario, al amanecer de la mañana de Pascua.[15]

El antropólogo Vicente Rafael señala que lo que atrae a los bicolanos al cristianismo es la esperanza de una vida gloriosa después de la muerte. A diferencia de los romanos de mentalidad tradicional, que pensaban que solo emperadores y héroes ascendían a los cielos tras la muerte, los cristianos democratizaron el cielo. Desde que el apóstol Pablo predicó por primera vez, toda persona bautizada espera ser resucitada a la vida eterna. Esa esperanza ha llevado a muchas personas a abrazar la fe en Cristo, y sigue haciéndolo. La antropóloga Aparecida Vilaça, por ejemplo, señala que su padre adoptivo de la tribu, Paletó, un líder, hombre santo y curandero entre los indígenas amazónicos Wari, que aceptó el cristianismo de joven, decidió más tarde «dejar a Dios». Pero cuando envejeció, al darse cuenta de que muchos de sus parientes estarían en el cielo, «volvió a Dios», esperando «resucitar y estar cerca de Dios».[16]

En el pasado, muchos antropólogos desestimaron el cristianismo como si no fuera más que el sello de los imperialistas en las tradiciones indígenas, borrándolas de hecho. Sin embargo, como muestra Cannell, los bicolanos han optado por integrar la historia de la pasión de Jesús con antiguas tradiciones filipinas, aparentemente para hacerlas aún más poderosas. Desde la antigüedad, los curanderos bicolanos tratan de vencer a los espíritus hostiles, percibidos como especialmente peligrosos cuando alguien está muriendo.[17] Ahora, desde la tarde del Viernes Santo hasta la noche del Sábado Santo, cuando Jesús muere y desciende a los infiernos, los curanderos intentan apaciguar a los espíritus peligrosos con sacrificios tradicionales y votos de servicio. Luego los destierran pronunciando el nombre de Jesús y haciendo la señal de la cruz. En la mañana de Pascua, cuando resucita de la muerte, lo alaban sobre todo como *Jesús el sanador*, que ofrece curación y salud mediante el poder de Dios.[18]

En cambio, los conversos del pueblo piro de la Amazonia peruana han conocido a Jesús de otras formas. Primero, los misioneros católicos lo presentaron como el Crucificado y Señor en los cielos, que ofrece la vida eterna a través de los sacramentos de su iglesia. Después de que algunos misioneros católicos fueran asesinados por los piro, otros consiguieron bautizar a miembros de la tribu, al igual que los misioneros adventistas que les siguieron. Pero desde la década de 1940, los cristianos evangélicos de Wycliffe Bible Translators han tenido mucho más éxito, predicando a Jesús tal como lo presenta el Evangelio de Marcos: el Hijo amado de Dios que anuncia «la buena nueva para todos los pueblos». El reino de Dios viene, ¡y no tardará en llegar![19]

¿Qué significaba este mensaje para los piro? Lo que significaba para los misioneros estaba claro: los «cristianos creyentes en la Biblia» fundaron Wycliffe Bible Translators en el año 1934 para cumplir lo que el Evangelio de Mateo describe como el último mandato de Jesús («Id, pues, y haced discípulos a todas las gentes bautizándolas…» [Mateo 28:19]). Pero a diferencia de los misioneros anteriores, ya fueran católicos o protestantes, los miembros de Wycliffe Bible Translators fueron los primeros en aprender y hablar la lengua piro, y en traducir la Biblia a dicha lengua, para ganar conversos para Cristo. Al ver que estos forasteros mostraban respeto por su cultura mientras se esforzaban por aprender y hablar piro, muchos de los lugareños aceptaron su invitación.

En el plazo de una generación, los esfuerzos del grupo Wycliffe provocaron un gran cambio. Los piro atribuyen a estos nuevos misioneros estadounidenses el haberles permitido «liberarse de la esclavitud». Tradicionalmente, su pueblo había vivido en la selva, trabajando como agricultores para resarcir deudas, prácticamente esclavizados por los patrones «blancos» (principalmente los de ascendencia española y mestiza), que los despreciaban por ser «indios» analfabetos; de hecho, menos que humanos. Sin embargo, aceptar el bautismo cambió su estatus; como señala el antropólogo Peter Gow, «los hispanohablantes utilizaban el término *cristiano* para referirse a '*humano*', en contraste con la categoría '*animal*' o incluso '*diablo*'».[20] Dado que «la jerarquía racial se basaba en la fe religiosa, los blancos y los mestizos eran cristianos y los indios eran paganos». Pero cuando los miembros del pueblo piro aceptaron el bautismo, empezaron a identificarse como *cristianos*, es decir, como *humanos*, como «*gente blanca*».[21]

A medida que los piro construían sus casas alrededor de las escuelas y adquirían la poderosa habilidad de la alfabetización en sus propias comunidades, se convirtieron en los primeros en aprender a leer y escribir en lengua indígena, además del español, y muchos celebraban su «nueva forma de pensar y vivir».

Gow señala que los nuevos conversos podían ver que la promesa de Jesús de «*la llegada del reino de Dios*» empezaba a tener lugar de verdad en lo que ellos llamaban «*el buen mundo venidero*».[22] En este nuevo mundo, los piro dejaron, entre los años 1950 y 1990, de trabajar para los jefes y empezaron a vivir en sus propias aldeas, donde niños y adultos aprendían a leer y escribir. A partir de la década de 1970, también desarrollaron redes indígenas de comercio y vida comunitaria que les permitieron negociar directamente con los funcionarios del gobierno peruano, aumentando su poder social y ecológico.

Como demuestra Gow, no cabe duda de que los piro se beneficiaron social y económicamente de la conversión. Pero, en gran medida, los piro también vivían la «*buena nueva*»: un mundo transformado que los llevaba, como pueblo de Dios, a su plena humanidad y los unía en comunión con los cristianos de todo el mundo.

Aún más intrigantes me resultan los informes sobre cómo los recién convertidos encuentran que el cristianismo infunde un nuevo sentido a sus vidas. Por ejemplo, Eva Keller, que trabaja sobre el terreno en dos pequeñas ciudades de Madagascar, escribe que lo que atrae a los conversos es el *entusiasmo intelectual*.[23] Estos nuevos creyentes, miembros entusiastas de iglesias adventistas cristianas, dan testimonio de que han conocido a Jesús como la Palabra de Dios *en forma humana*, el maestro divino que les ha abierto a un mundo completamente nuevo.

Lo que me sorprendió es que los misioneros adventistas de allí, que aceptan la verdad literal de la Biblia, se abstienen de presentar una única perspectiva dogmática. Por el contrario, animan a los nuevos creyentes a «indagar en las Escrituras» por medio de un estudio intenso, con el fin de entender por sí mismos su significado, cuestionando el significado de cada pasaje. Porque, si bien los misioneros presentan la Biblia como una guía infalible para comprender el origen, el propósito y el destino del mundo, también explican que sus respuestas no son obvias, y no se hallan en la superficie. En consecuencia, como lo describe Keller,

> el estudio bíblico adventista no consiste en que unos enseñen la verdad a otros... Más bien, se trata de que cada uno descubra por sí mismo la verdad contenida en la Biblia por medio del estudio, la reflexión y la discusión. El objetivo... no es establecer una respuesta correcta, sino más bien propiciar la comprensión personal.[24]

A los adventistas se les enseña a descartar la información que contradice directamente la Biblia, como la teoría de la evolución humana a partir de los simios, pero aceptan las pruebas de su propia observación y de la ciencia. Keller señala que los nuevos conversos discuten con entusiasmo cuestiones como el origen de los distintos grupos étnicos, el desarrollo del sistema solar y la expansión del universo, y eligen entenderlas en el contexto de las ideas bíblicas sobre el principio y el fin de los tiempos. Dado que los adventistas creen que Satanás, activo en el mundo, trama constantemente para ocultar la verdad de Dios, estos conversos recientes también consideran que deben discriminar cuidadosamente entre la verdad de Dios y las mentiras de Satanás. Entre estos cristianos de Madagascar –afirma Keller–, «encontré personas que, a pesar de su falta de alfabetización y educación, se dedican con entusiasmo al estudio y al aprendizaje, más bien como científicos en busca de la verdad sobre el mundo».[25] La investigación de Keller ofrece una visión poco común de los posibles efectos del trabajo misionero y de Jesús como *maestro de toda sabiduría*.

Para los urapmin de Nueva Guinea, Jesús brilla especialmente como *maestro de justicia*. El antropólogo Joel Robbins reconoce que las antiguas tradiciones urapmin han abordado durante largo tiempo cuestiones relacionadas con la moralidad y que, como consecuencia, los cristianos urapmin se encuentran ahora «atrapados entre dos culturas». Robbins ve que muchos conversos buscan resolver cuestiones sobre cómo vivir una buena vida:

> Vivir con los valores primordiales contrapuestos de estas dos culturas es lo que les inquieta y hace que su experiencia del cambio cultural sea tan desgarradora, sobre todo porque la transformación moral es la preocupación primordial de la vida urapmin contemporánea.[26]

Alrededor del año 1950, los urapmin empezaron a matricularse en escuelas cristianas extranjeras, antes de regresar a casa para enseñar. Estos líderes indígenas ayudaron a su pueblo a integrarse en un mundo cultural más amplio.[27] Pero cuando estalló un renacimiento carismático en la década de 1970, algunos cristianos de entre ellos anunciaron que, a través del éxtasis, el Espíritu Santo les inspiraba directamente. A partir de entonces, la comunidad dejó de depender de la enseñanza de extranjeros. Y desde entonces, muchos otros, sobre todo mujeres, han recibido al Espíritu de Cristo, que les infunde autoridad para «trabajar el espíritu» en estado de trance, recibir revelaciones y ofrecer poderosas oraciones y curaciones, aumentando el respeto que se han ganado dentro de la comunidad.

Para el pueblo dalit de la India, desde hace mucho tiempo extremadamente marginado, Jesús se presenta como un amigo cariñoso y todopoderoso, como lo fue para los primeros cristianos de la antigua Roma. Como muchos de los primeros conversos esclavizados, los dalit han sido tradicionalmente rechazados por otros indios por ser «intocables», literalmente «parias», ya que no pertenecen a ninguna de las castas que la tradición hindú reconoce como humanas. El antropólogo Nathaniel Roberts, que vivió entre ellos durante largos años, observa: «En toda la India, se considera de manera estereotipada que los dalit son vagos, estúpidos, licenciosos, deshonrosos, solo aptos para el trabajo manual, sucios y repulsivos».[28] A medida que recorre su historia, Roberts señala que los políticos hindúes del siglo XX, incluido Mahatma Gandhi, solo consideraban necesario integrar a los «intocables» en la población hindú cuando se disputaban la mayoría con los musulmanes. Incluso más recientemente, añade Roberts, con el fin de reivindicar la India como nación hindú, los dirigentes gubernamentales consideraron finalmente que les interesaba incluir a los dalit como seres humanos, integrándolos en el hinduismo solo a finales del siglo XX y en el siglo XXI.

No es de extrañar que la gran mayoría de los cristianos indios sean dalit, atraídos por grupos minoritarios como los cristianos que les han dado la bienvenida y les han ofrecido unirse a ellos mediante el poder espiritual en una familia cristiana mundial. Desde que Jesús enseñó que practicar la compasión hacia todos los necesitados es lo que califica a una persona para entrar en su reino celestial (Mateo 25:31 y *ss.*), los dalit han abrazado sus enseñanzas.[29] Dentro de sus propias comunidades, en los barrios marginales de toda la India, tradicionalmente han considerado que el cuidado de los demás es un impulso natural, basado en la responsabilidad moral de reconocer nuestra humanidad común. La escritora estadounidense Isabel Wilkerson, que recientemente tomó prestado el término «casta» para caracterizar la situación de los afroamericanos descendientes de esclavos, señala que su pueblo comparte desde hace tiempo la misma convicción: lo que significa ser humano es ser una persona con valores intrínsecos, con independencia de su estatus, etnia o méritos.[30]

Como tantos otros, los cristianos dalit encuentran una poderosa esperanza en el sufrimiento de Jesús. El evangelio cristiano les desafía a transformar el sufrimiento desde una experiencia pasiva en una activa, a comprometerse con él como una tarea significativa:

> Lo que el cristianismo de los barrios marginales [dice] a los creyentes [es] que no son solo los perdedores de la vida, sino los «queridos hijos de Dios». La degradación de los chabolistas [ya no es] una injusticia inexplicable, sino un presagio de su propio triunfo inevitable, igual que el de Jesucristo.[31]

Hasta que llegue ese día, los dalit conversos, como los cristianos afroamericanos, abrazan la pasión por la justicia proclamada por los profetas de Israel. Aunque las persona ajenas al grupo se burlan de ellos por gritar y «balbucear» en la iglesia, «hablando en lenguas», Roberts señala que muchos cristianos dalit, antes analfabetos, ahora compran Biblias y leen atentamente cada palabra. Algunos, como los adventistas de Madagascar descritos por Keller, declaran: «Antes no teníamos nada, no sabíamos nada... Solo ahora hemos empezado a aprender. ¿Qué es Cristo? El conocimiento».[32] También en este caso, el mensaje de Jesús trae inspiración y educación, sacando a sus seguidores de la servidumbre y la pobreza.

Roberts participaba a menudo en el culto en los barrios marginales de Anbu Nagar, en la India. Cuando se encontró con la Biblia en ese contexto –escribe–, descubrió por primera vez «un libro que reverbera con los tambores de la justicia revolucionaria y la promesa de la igualdad humana».[33] Relata haber oído a creyentes en la iglesia gritar versos como los siguientes, «como una especie de grito de guerra extático»:

> Al que levanta del polvo al desvalido, y del estiércol hace subir al pobre (Salmos 113:7) ¡alabamos!... A ti que salvas al pueblo humilde, y abates los ojos altaneros (Salmos 18:27) ¡alabamos!... Al que libra al débil del más fuerte (Salmos 35:10), ¡alabamos!... Al que llevará el juicio de los pobres (Salmos 140:12) ¡alabamos!... Por estas promesas, ¡te alabamos!

Como muchos otros, los dalit aman al Jesús que promete justicia. En cualquier caso, por supuesto, no hay un «Jesús» diferente para cada caso, sino que todos ellos son refracciones reconocibles de la luz de los relatos evangélicos, con perspectivas que se solapan: cristianos «liberacionistas» que se oponen a versiones anteriores que servían a agendas colonialistas.

En los capítulos precedentes, hemos analizado estas perspectivas utilizando un nuevo enfoque de los estudios religiosos denominado «historia de la recepción», en el que examino cómo los primeros textos son recibidos y adaptados por escritores posteriores. Hemos visto cómo los primeros escritos de Marcos fueron recibidos y adaptados por los escritores que llamamos Mateo, Lucas y Juan. A diferencia de otros estudiosos en este campo, he incluido varios «evangelios secretos» para mostrar cómo quienes los escribieron recibieron lo que encontraron en los cuatro evangelios canónicos y los revisaron para incluir nuevas ideas. Como amante de la historia, me intriga infinitamente ver de qué manera estas fuentes antiguas avivan el fuego.

En este capítulo, nos hemos sumergido en otro nuevo campo académico que, desde el año 2010 aproximadamente, se denomina «antropología del cristianismo». Aquí hemos encontrado una manera de participar en un tipo diferente de «historia de la recepción». En lugar de comparar textos y variantes, me fascina comprobar de qué modo, en diversos relatos de nuevos conversos, cada grupo trata de recibir y revisar lo que significa «el evangelio» para ellos.

Pero no puedo concluir esta exploración de Jesús sin mencionar el asombroso y maravilloso trabajo creado por artistas, cineastas y poetas –muchos de ellos no conversos, y algunos ni siquiera cristianos– que se basan en las historias del evangelio para expresar sus propias verdades. Lo que más me gusta es que los artistas a menudo se preocupan menos de «hacer bien a Jesús» y más de invitar a la imaginación, a la perspicacia espiritual, a veces incluso a la caricatura, y de explorar y jugar con los relatos evangélicos, reinventándolos sobre la marcha. Como no podemos repasar dos mil años de arte cristiano, veamos brevemente cómo tres pintores del siglo XX, que trabajaron con pocos años de diferencia, eligieron retratar a Jesús.

Para el pintor surrealista español Salvador Dalí, criado en el catolicismo, la crucifixión fue una historia muy personal. Nacido en una familia católica poco después de la muerte de su hermano mayor a los dos años, Dalí recibió su mismo nombre de su hermano: Salvador. A lo largo de su vida, se identificó profundamente con el Salvador, que le daba nombre, y con su hermano fallecido: «Probablemente fue la primera versión de mí mismo, pero concebida demasiado en lo absoluto».[34] En *Cristo de San Juan de la Cruz*, pintado en el año 1951, Dalí entremezcla reflexiones familiares privadas con las de un místico católico del siglo XVI, representando a su hermano, un joven español de pelo castaño claro, perfectamente inmaculado, suspendido en una cruz en lo alto de la tierra, «ascendiendo angelicalmente al cielo», a la manera que Dalí imaginaba que hizo su hermano y también Cristo. Como ha señalado el psicoanalista C.G. Jung, muchas personas de la cultura occidental ven a Cristo como «el símbolo del yo»,[35] la esencia espiritual de cada uno de nosotros.

En contraste con la identificación de Dalí con Cristo, consideremos ahora cómo un artista de origen judío se apropió poderosamente de la imagen de la crucifixión de Jesús, convirtiéndola en un desafío político y moral para los cristianos. Marc Chagall huyó a Francia con el ascenso del nazismo en Alemania, después de que las autoridades denunciasen su pintura por «degenerada». Desde el año 1938 hasta el final de la guerra,

Chagall pintó obsesivamente escenas de crucifixión –docenas de ellas– en las que Jesús encarnaba a todo el pueblo judío. En su famosa obra *Crucifixión blanca*, de 1938, las caderas de Jesús están cubiertas con un manto de oración y hay una menorá encendida a sus pies. Inscrito en la cruz, sobre su cabeza, leemos un letrero, escrito en hebreo, que lo identifica como «Jesús de Nazaret, Rey de los Judíos». Encima de la cruz, como flotando en el espacio, hay tres hombres y una mujer, a menudo interpretados como Abraham, Isaac, Jacob y Rebeca, una de las matriarcas de Israel. Debajo y detrás de Jesús crucificado, Chagall representa aldeas judías europeas en llamas mientras los rabinos que transportan rollos de la Torá corren para protegerlos, madres desesperadas abrazan a sus hijos y refugiados aterrorizados tratan de escapar.[36]

Al tiempo que recupera la imagen de Jesús para su propio pueblo –y el de Jesús–, Chagall la convierte en una acusación *contra* los cristianos, muchos de los cuales pueden haberse hecho eco en la iglesia de la denuncia de Mateo contra «todo el pueblo» (griego: *pas ho laos*) judío (Mateo 27:25), incluso gritándola mientras celebraban la Pascua.

Los cuadros de la crucifixión de Chagall despliegan una amarga ironía para mostrar cómo los europeos formados por la cultura cristiana podían afirmar que «los judíos mataron a Jesús», utilizando al mismo tiempo esta afirmación contraria a los hechos como pretexto para matar judíos.

Unos treinta años después, el artista galés John Petts creó otra visión desafiante de Jesús. Petts diseñó una vidriera para la iglesia baptista Sixteen Street de Birmingham (Alabama) para sustituir a otra que quedó destrozada en 1963 por una bomba del Ku Klux Klan que mató a cuatro jóvenes afroamericanas. Petts sustituyó la imagen anterior de un Jesús «blanco», con el rostro destrozado por la bomba, por un Jesús negro, crucificado. Debajo de él, colocó una frase de Jesús que se lee no solo como posible bendición, sino como advertencia, aludiendo a la historia de linchamientos de Estados Unidos y haciéndose eco del versículo de Mateo 25:40: «*Cuanto hicisteis a unos de estos hermanos míos más pequeños, a mí me lo hicisteis*». Tanto Chagall como Petts reconocieron sin duda –y era su intención– que el impacto de sus obras depende de que los espectadores sean conscientes del poder moral de las enseñanzas de Jesús: que desafiaba a sus seguidores a abandonar el odio.

Cuando los cineastas se adentran en estas profundas aguas, también pueden sorprendernos. En el año 2006, por ejemplo, el cineasta Mark Dornford-May creó un drama sobrio y conmovedor que trasladaba magistralmente la historia de Jesús a un contexto contemporáneo. Tras iniciar su carrera en Londres con la Royal Shakespeare Company, Dornford-May, ahora ciudadano sudafricano, decidió ambientar *Son of Man* en un lugar ficticio llamado Afrika (Judea), y rodarla cerca de Ciudad del Cabo.

Son of Man se abre del mismo modo que Marcos abre su evangelio, enmarcando la historia en un conflicto cósmico. La primera escena se inicia en un desierto, donde Jesús, en soledad, reflexiona sobre su misión divina. Entonces aparece Satanás, tentándole para que la abandone. Jesús le reprende bruscamente: «¡Este es mi mundo!». Satanás, derribado y rechazado pero no vencido, desafiante: «¡No, este es *mi* mundo!». En lugar de volver a contar la historia de Jesús, Dornford-May selecciona una línea narrativa que le permite interpretar el conflicto que estuvo a punto de desgarrar su país de adopción, especialmente durante la lucha contra el apartheid. Sin embargo, para evitar una interpretación simplista de este conflicto desde el punto de vista racial, la película solo cuenta con actores negros, que hablan en la lengua sudafricana xhosa y en inglés.[37]

Comenzando con breves escenas de violencia bélica, la película pasa a una sorprendente escena de la anunciación del ángel Gabriel a la madre de Jesús. Pero en lugar del apacible entorno doméstico que describe Lucas, aquí María aparece primero presa del pánico, corriendo hacia el aula de una escuela para escapar de unos soldados en plena matanza. Solo entonces, después de respirar aliviada, ve de repente, para su horror, los cadáveres de los niños asesinados recientemente, apilados alrededor de la habitación. Al situarse entre ellos para ocultarse como si estuviera muerta, escapa a su destino. Tras el paso de los soldados, María, afligida, ve al ángel Gabriel, interpretado por un niño, quien le anuncia que dará a luz al Hijo de Dios. Conmocionada y llorosa, comienza a cantar en voz baja el Magnificat, como si fuera un canto fúnebre: «Engrandece mi alma el Señor… porque ha visto la humildad de su sierva… En adelante, todas las naciones me llamarán bienaventurada».

Poco después, el ambiente cambia; la oscuridad y la luz se entrelazan a lo largo de toda la película. Al salir el sol, toda una hueste de niños ángeles cantan alegremente al pueblo el tema musical de la cinta, mientras Gabriel anuncia una «buena nueva de gran regocijo» a los niños que pastorean cabras en la montaña. Poco después, José viaja con María, ya embarazada; llegan a un pueblo y les muestran un cobertizo donde refugiarse. El nacimiento del niño llena de alegría a María, José y los cabreros, que le ofrecen una cabra, y, más tarde, a tres reyes que llegan a caballo para rendir homenaje al niño santo.

Entonces, de nuevo, interviene la violencia. Así como el Evangelio de Mateo describe a soldados masacrando a niños varones, también aquí los soldados los arrancan de los brazos de sus madres. María, que observa desde lejos con lágrimas en los ojos, se da cuenta de que han venido a por su hijo. A continuación, Jesús aparece, ya adolescente, preparándose para la ceremonia de circuncisión xhosa, un ritual de iniciación a la edad adulta, que Dornford-May sustituye por la escena del bautismo de los evangelios. Cuando se convierte en adulto, el Jesús sudafricano es plenamente consciente de su misión: debe luchar contra Satanás. Decidido a hacerlo, reúne a algunos seguidores, cuatro de ellos mujeres, aquí nombradas con formas femeninas de los nombres tradicionales de los «doce discípulos», y se pone en camino con su grupo itinerante.

En ese momento empieza a hablar en público, con la esperanza de incitar a la gente de los pueblos de los alrededores a desafiar a la coalición gobernante de su país, formada por líderes despiadados a quienes han dado poder los regímenes imperialistas del mundo. Antes de comenzar, Jesús ordena a sus seguidores que entreguen sus armas, insistiendo en que su poder reside únicamente en la verdad: «No podemos matar; no necesitamos armas». Ahora habla abiertamente de lo que nadie se atreve a decir en voz alta, sobre las frecuentes «desapariciones» de quienes desafían a los dirigentes gubernamentales: «*Cuando te dicen que la gente desaparece sin más, ¡te digo que te han mentido!*».

Al mismo tiempo, ejerce su poder divino, resucitando a un muerto en su ataúd y exorcizando demonios de una niña poseída. Por último, mientras se dirige a una gran multitud, instándoles a levantarse y exigir la libertad, Judas graba en secreto sus actividades y las comunica a los gobernantes autoritarios, cuyo líder, «Pilatos», derrama agua sobre sus manos mientras asiente tácitamente al complot para matar a este predicador incendiario: «Esto no tiene nada que ver conmigo».

Luego, como en los evangelios, la historia avanza rápidamente hacia su inevitable desenlace, cuando una partida de búsqueda armada encuentra a Jesús por la noche. Tras apresarlo y torturarlo hasta la muerte, los soldados arrojan su cuerpo a un camión para enterrarlo en una zona remota, una escena que recuerda la muerte de Steve Biko, héroe del movimiento negro sudafricano contra el apartheid. Dado que esa inferencia es inequívoca, me pregunté cómo podría esta película avanzar hacia la resurrección. ¿O la omitiría Dornford-May?

Y lo que hizo me sorprendió, mostrando de qué modo las realidades contemporáneas pueden resonar con historias antiguas y darles nueva forma. Al final de la película, la madre de Jesús, como su hijo, se niega a capitular ante el miedo. En lugar de permitir que «desaparezca», desentierra su cuerpo con sus propias manos y lo lleva de vuelta a la ciudad en su regazo, sentada en la parte trasera de un camión, una escena que visualmente recuerda a la *Piedad* de Miguel Ángel. A continuación, acompañada por una multitud de mujeres, desafía a las autoridades y levanta el cuerpo de su hijo para colgarlo de una cruz como testimonio de la verdad de lo que habían hecho. A pesar de ser acorralada por soldados blandiendo armas y amenazando con disparar, dirige a los manifestantes que se unen a ella para ponerse en pie y, desafiantes, zapatear y bailar el *toyi-toyi*, como hacían los manifestantes para desafiar al apartheid, mientras entonan el himno negro sudafricano de la resistencia. Como los tiranos gobiernan infundiendo terror, la película sugiere que las personas que se atreven a desafiar a los líderes despóticos desenmascarando sus mentiras pueden finalmente triunfar sobre el mal, e incluso sobre la muerte, permitiendo que la vida regrese y florezca.

El desenlace de la película muestra a Jesús, vivo de nuevo, corriendo colina arriba, seguido por una multitud de niños vestidos como ángeles de Dios, mientras levanta el puño en señal de triunfo. Y mientras aparecen los créditos, Dornford-May muestra imágenes de un nuevo tipo de vida cotidiana en África, vivida sin miedo: niños en la escuela y otros jugando; madres atendiendo a sus familias; jóvenes enamorados paseando, bailando, cantando, renovando la vida ordinaria: una resurrección milagrosa.

Son of Man presenta de forma prominente a las mujeres, no solo contándolas entre los doce discípulos de Jesús, sino representando a la madre de Jesús, junto con su hijo, como una heroína. Por su parte, la película de 2018 *María Magdalena*, coescrita por Helen Edmundson, va un paso más allá, centrándose en la mujer más intrigante de los relatos evangélicos. Los evangelios del Nuevo Testamento la describen como una mujer que siguió a Jesús desde Galilea y ayudó a mantenerlo «con [sus] recursos», indicando que era rica. Marcos y Juan cuentan que participó en su entierro y fue la primera en verlo resucitado. Cinco siglos más tarde, sin embargo, el papa Gregorio I denigró la imagen de Magdalena en su sermón de Pascua de 591 d.C., confundiéndola con la «mujer pecadora» sin nombre que ungió los pies de Jesús (Lucas 7:36-50). Su sermón encendió la falsa y extendida creencia de que María Magdalena era una prostituta, un rumor que dio a los pintores licencia para retratarla como seductora y asombrosamente bella, o bien como una penitente avergonzada y harapienta. Y aunque el papa Pablo VI se retractó oficialmente en el año 1969, más de mil años después, de la denigración de María Magdalena por Gregorio, muchos cristianos siguen imaginándola como una seductora prostituta, como hace Martin Scorsese en *La última tentación de Cristo*, o como «mujer pecadora» promiscua, como hace Dornford-May en *Son of Man*.

Consciente de estos estereotipos, la dramaturga y cineasta británica Helen Edmundson los desafía. Desde la escena inicial de una mujer sumergiéndose en el mar, su película desplaza el centro de atención de Jesús a María, retratándola como una mujer que se niega a ser definida por su sexualidad o género. Al verla por primera vez, pensé: «Su Magdalena actúa como una mujer del siglo XXI atrapada en una cultura antigua». Pero como la película nos invita a identificarnos con Magdalena, nos recuerda que las mujeres de hoy siguen luchando contra la cultura patriarcal, en algunas zonas del mundo más que en otras. Gran parte del debate que sigue se debe a Helen Edmundson, que accedió generosamente a hablar conmigo sobre cómo creó su película.

Como demuestra *María Magdalena*, actuar de manera independiente era enormemente difícil para una mujer judía rural en la Judea del siglo primero. Cuando Magdalena rechaza el matrimonio con el hombre mayor que su familia ha elegido para ella, su padre y su hermano, conmocionados y luego enfurecidos, de entrada la acusan de estar poseída por el demonio y luego casi la ahogan mientras intentan un exorcismo. Al no conseguirlo, llaman a un curandero ambulante.

–Tu familia dice que luchas contra los demonios –le dice Jesús de Nazaret.

–Ojalá fuesen demonios –replica ella.

–¿Qué temes?

–Temo avergonzar a mi familia... No soy como se supone que debo ser.

–¿Qué anhelas?

–No estoy segura: conocer a Dios.

Mientras hablan, él calma sus temores, diciéndole que descanse:

–Aquí no hay demonios.

Simple y claro, ese diálogo revela lo que ambos tienen en común. Él percibe, como ella, lo que significa sentir la presencia de Dios; y él, como ella, ha parecido extraño desde su juventud. Más tarde, su madre le dice a Magdalena: «Sus amigos decían que tenía el demonio», ya que Jesús, también comprometido con el mundo espiritual, a veces era visto como un trastornado, como muestra el Evangelio de Marcos.

Retratar esta similitud entre ellos me parece una gran verdad. Porque, por mucho que ignoremos de Jesús, no era ni convencional ni corriente, ni toda la gente se sentía atraída por él. Tal como Edmundson describe en la siguiente escena, cuando Jesús llama a los pescadores para que abandonen sus redes y le sigan, Magdalena desafía a su familia para unirse a ellos. Su padre y su hermano llegan para apresarla y llevarla a casa, igual que la familia de Jesús intenta hacer con él tal como se describe en el Evangelio de Marcos (Marcos 3:20).

Como en *Son of Man*, la sensación de peligro se cierne sobre Jesús. A lo lejos se divisan cruces con hombres muertos y, en una escena caótica, una multitud desesperada se abalanza para acercarse a Jesús mientras practica una curación. Pero Magdalena persiste y se sumerge en el río uniéndose a los hombres que están siendo bautizados. Cuando llega para unirse al grupo de Jesús, Pedro frunce el ceño, quejándose de que una mujer entre ellos «dividirá nuestra comunidad» y advirtiendo de que «la gente nos juzgará», pero Judas, más joven e ingenuo que los demás, se hace amigo de ella.

Más tarde, María se acerca a Jesús cuando está solo y le dice lo que él parece no percibir: «Las mujeres tienen demasiado miedo a sumergirse con los hombres para bautizarse, y no pueden seguirte». Después, Edmundson muestra a Jesús –en el Día del Señor– dirigiendo su mensaje a un grupo de mujeres reunidas en torno a un pozo. En Caná, donde los evangelios ambientan una boda, Edmundson presenta un contrapunto: las mujeres se quejan a Jesús de lo que a menudo significa para ellas el matrimonio: «Somos mujeres; ¡nuestras vidas no nos pertenecen!». Sin inmutarse, él declara: «Vuestros espíritus son vuestros, tan preciosos como los de vuestros maridos… Debéis seguir a Dios». Ahora María adopta el papel de maestra, bautizando a muchas mujeres y exhortándolas con estas palabras: «¡Despertad, que llega el Día!».

En lo que respecta a las curaciones, los tres cineastas reconocen que el poder del evangelio requiere estar abierto al milagro. En este caso, tras curar a un enfermo, Jesús resucita a un hombre muerto, pronunciando un conjuro hebreo en su oído, y luego ofrece una nueva oración –el «Padre Nuestro»– para que venga el reino y que se haga la voluntad de Dios, «así en la tierra como en el cielo». Pero ¿qué significa realmente la llegada del reino? Edmundson invita al espectador a experimentar las discusiones y la confusión de los discípulos sobre cuándo o cómo podría llegar.

A continuación, crea una original escena donde Magdalena y Pedro están de viaje y encuentran inesperadamente una cueva en la que hallan personas a las que se ha dado por muertas entre muchos cadáveres, y que lloran lastimeramente pidiendo agua. Aunque Pedro le insta a marcharse, María se detiene a traer agua de un arroyo cercano para aliviar su sed. Asombrado, Pedro reconoce que Magdalena está actuando según las enseñanzas de Jesús, cosa que él mismo no ha hecho.

A medida que los seguidores de Jesús se acercan a la Ciudad Santa, Edmundson retrata otra escena un tanto caótica, en la que ninguno de los discípulos sabe lo que ocurrirá a continuación, y su esperanza se alterna con el terror. Mientras Jesús los conduce hacia el Templo de Jerusalén, Judas, extasiado, espera que Jesús esté a punto de vencer toda oposición e inaugurar su reinado: «¡Está empezando!». Otros discípulos comparten su esperanza, pero con mayor inquietud, mientras luchan por entrar en el patio del Templo abarrotado de peregrinos que llegan para la Pascua. Al pasar frente a los puestos de los cambistas y los mercaderes que venden palomas, cabras y corderos para los sacrificios rituales, Jesús, de pronto poseído por el espíritu –o por la ira–, agarra y sacude algunas columnas, como si intentara derribarlas. La escena degenera rápidamente en un caos tumultuoso, mientras la multitud grita: «¡Está loco!». Entonces llegan los funcionarios del Templo y el avance de los soldados romanos armados; Magdalena, aterrorizada, se da la vuelta y corre con los demás hacia el laberinto de callejuelas de la Ciudad Vieja, buscando un lugar donde esconderse.

Más tarde, Judas, conmocionado y desesperado, ataca a Jesús por haber fracasado: «Te he visto curar enfermos, resucitar muertos... Una palabra tuya y los pobres, los que sufren, los muertos, resucitarán... Di la palabra y serás coronado rey». Cuando Magdalena trata de calmarle («Quizá lo hemos entendido mal»), se dirige a Jesús, suplicándole: «¡Dile que se equivoca!». Durante su última reunión con los discípulos, Magdalena oye a Jesús entonar una oración judía tradicional en la que promete que el «amor inquebrantable de Dios es eterno», incluso cuando lo que sucede «está más allá de nuestra comprensión».

Edmundson transmite la tortura y crucifixión de Jesús en brevísimos y gráficos flashes. Durante los momentos en los que se le ve agonizando, yo supliqué en silencio a la cineasta: «*Por favor, ¡que no haya palabras!*»: un dolor así sumiría a cualquiera mucho más allá de la capacidad de hablar, y mucho menos de pronunciar las nobles palabras que los evangelios insertan como últimas palabras de Jesús. Para mi alivio, Edmundson omite todas esas palabras y se centra en la respuesta de Magdalena.

Como en una secuencia onírica, Magdalena se sumerge en el mar, dirigiéndose hacia aguas profundas. Pero cuando vuelve a amanecer, de repente ve a Jesús como lo había visto en vida, y lo saluda con alegría. Al reunirse con otros, anuncia: «Al salir el sol, lo vi... No fue un sueño». Cuando los demás discípulos se burlan de ella, diciendo: «Se ha marchado», ella insiste:

> No se ha marchado; no es como pensamos... *El reino ya está aquí... No es algo que podamos ver con nuestros ojos; está dentro de nosotros... Crece con nosotros, con cada acto de amor y cuidado...* Ningún mundo nuevo podría acabar con la opresión, ni hacer justicia a los pobres. *Nosotros tenemos el poder de aliviar su sufrimiento.*

Uno de los hombres se gira para responder: «Te creo, María... Era una señal; volverá. Te eligió antes que a nosotros... Te dio un mensaje especial». Pero Pedro grita enfadado: «Tu mensaje no es el suyo... Tú le debilitaste, María; ¡es culpa tuya que nos haya fallado!». Asumiendo el control de la reunión, Pedro la regaña y la despide: «No está bien que vengas a decirnos esto... *Cada hombre en este reino tiene un mensaje*». Insistiendo en que solo él entiende el mensaje de Jesús, Pedro parafrasea lo que muchos cristianos de hoy –católicos, protestantes, ortodoxos– coinciden en que es la «verdad del evangelio»: que «Jesús *tuvo que morir*, para salvar a la gente del pecado... Ahora nosotros los guiaremos».

Sorprendida, María se aparta de Pedro para suplicar a los demás: «Os ruego que me veáis como soy... Todos sois mis hermanos y os quiero». Pero cuando la mayoría se aparta, María los desafía: «No me quedaré callada: ¡se me escuchará!». Rechaza el mensaje de Pedro y vuelve a declarar que el mensaje de Jesús se hará realidad: «El reino es como una semilla en crecimiento».

En esta escena final, como en otras, Edmundson se basa no solo en el Nuevo Testamento, sino también en el Evangelio de Tomás y el Evangelio de María, fuentes rechazadas por las autoridades católicas romanas y otras tradiciones «ortodoxas», que insisten en que Jesús fundó «su iglesia» sobre Pedro («Sobre esta piedra edificaré mi iglesia» [Mateo 16:18]). A día de hoy, prácticamente todos los líderes cristianos que afirman ostentar la autoridad de Pedro reconocen una sola interpretación del «evangelio»: la *suya*, de la que se apropian. Edmundson también reimagina de forma convincente el papel de la mujer en el legado de Cristo. Aunque durante dos mil años casi todos los líderes cristianos han conseguido negar la autoridad espiritual a las mujeres, Edmundson defiende a María Magdalena y su interpretación del mensaje de Jesús.

Nuestra tercera película, *La última tentación de Cristo*, data de los años ochenta. Por aquella época, cuando Martin Scorsese se planteaba hacer una película sobre Jesús, me llamó para decirme que le intrigaba mi libro *Los evangelios gnósticos*, y me invitó a hablar de él. Conociendo su obra, me sentí honrada y encantada. Como otros artistas, estaba pensando en una película que reflexionara sobre su propia y complicada relación con el cristianismo. Llevaba mucho tiempo participando en la iglesia católica romana de su familia en Little Italy de Nueva York, y en el proceso había conocido a un sacerdote carismático y reflexivo quien le animó, cuando tenía quince años, a ingresar en una escuela que le prepararía para el sacerdocio. Más tarde –me confesó–, decidió no seguir adelante: «El cine me salvó del sacerdocio». Pero su implicación con los rituales y las historias de Jesús sigue viva.

En nuestro encuentro inicial, habló de la posibilidad de rodar una película sobre el hijo de un senador romano que se convierte al cristianismo, encontrando una feroz resistencia familiar y enfrentándose al peligro de unirse a una minoría perseguida. Pero después, impresionado por el argumento claro y vívido de *La última tentación de Cristo*, del novelista griego Nikos Kazantzakis, optó por adaptar esa obra. Hace poco, mientras reflexionaba sobre las historias de Jesús para este libro, me alegré de volver a hablar con él, antes de escribir estos comentarios sobre su película. Al igual que Dornford-May y Edmundson, Scorsese ha creado una de las adaptaciones más originales e impactantes de los relatos evangélicos de nuestro tiempo.

La película comienza con un texto de la novela de Kazantzakis, que reflexiona sobre su tema:

> La esencia dual de Cristo, el anhelo tan humano, tan sobrehumano, del hombre por alcanzar a Dios ha sido siempre un profundo e inescrutable misterio para mí. Desde mi juventud, mi angustia primera, la fuente de todas mis alegrías y amarguras ha sido esta: la lucha incesante e implacable entre la carne y el espíritu... Y mi alma es el campo de batalla donde se enfrentan ambos ejércitos.[38]

La primera escena muestra a un joven dormido en el suelo, atormentado por sueños inquietantes, angustiado por visiones y voces que le interrogan, algunas de ellas burlonas: «Jesús, ¿quién eres?». Cuando Judas le presiona para que se una a otros jóvenes judíos a tomar las armas para luchar contra Roma, Jesús oye voces internas disonantes que le dicen lo contrario: «El Mesías no vendrá de ese modo, por la guerra». Aterrorizado porque Dios parece pedirle algo, grita:

–¡Quiero que pare; lucho contra Él!

–¿Estás seguro de que es Dios? ¿Y si es el diablo? –le pregunta su madre.

Esta es una ambivalencia que teje todo el drama. A continuación, Jesús se aventura en un prostíbulo y espera en la cola su turno para acercarse a María Magdalena, una prostituta sensual, no para acostarse con ella –declara–, sino para pedirle perdón por haberla ofendido cuando eran amigos de la infancia. ¿Son sus intenciones tan puras como afirma o, tal como ella se burla de él, tiene miedo de dejarse vencer por la pasión sexual? Nada se aclara; la «batalla incesante y despiadada» de Kazantzakis prosigue. Llevado solo al desierto, Jesús oye voces contradictorias que le atormentan: –«¿Quién es mi Dios?» «¡El miedo!» «¡Lucifer está dentro de mí!». Cobras negras serpentean fuera de su cuerpo, hablando suavemente con la dulce voz de Magdalena, y luego burlándose, antes de que Satanás aparezca, primero como serpiente, tentándole con el amor a las mujeres y a la familia, y después como león, tentándole con el poder. Por último, envuelto en llamas de fuego, Satanás le aterroriza diciéndole lo que apenas se atreve a imaginar: que él mismo es Dios, «el Hijo unigénito de Dios».

Cuando sale del desierto, Jesús descubre que tiene poder para curar, exorcizar demonios e impedir que una turba mate. Al principio se muestra amable y habla de amor, pero de repente se vuelve violento y blande un hacha. ¿Quién es este hombre desgarrado por un conflicto interior? A lo largo de la película, Scorsese crea dos visiones convincentes pero opuestas de la vida de Jesús. En primer lugar, retrata al hombre que también es Dios, Jesucristo, quien, tras una intensa lucha, ofrece su vida para expiar los pecados de la humanidad. Esta versión de Jesús representa la antigua visión de que Dios exige un sacrificio de sangre, una visión que Kazantzakis interpreta como el espíritu luchando contra la carne, es decir, la divinidad todopoderosa enfrentada al deseo humano natural.

La película retoma ahora el relato evangélico, cuando Jesús reclama el poder otorgado por Dios, incluso el poder de exigir que Lázaro vuelva de su tumba a la vida. Cuando irrumpe en el Templo de Jerusalén, tirando las mesas, esparciendo el dinero y desafiando a las autoridades del Templo, clama en un lenguaje hiperbólico como el que se encuentra en el Evangelio de Juan:

–Yo soy el fin de la antigua ley; y cuando digo «yo», digo Dios.

Aquí la película sugiere que ofende a otros judíos al ofrecer acceso a Dios a todas las personas:

–Dios pertenece a todos... Dios no es israelita.

Al mismo tiempo, Jesús sabe que ofrecer ese acceso a Dios exigiría un precio terrible: debe morir. Mientras tanto, Pedro y los demás, llegados a Jerusalén, anticipan que están cerca de su objetivo: ver a Jesús triunfar sobre Roma y reinar como rey. Pero cuando entra en Jerusalén, aclamado por las multitudes que gritan sus alabanzas, la escena de Scorsese pone de relieve la desconexión entre sus esperanzas y la conciencia íntima de que su muerte está próxima. Al llegar al patio del Templo, Jesús irrumpe de repente de nuevo, alterando violentamente su orden y gritando:

–¡Dios está aquí!

De repente, no obstante, parece confuso, se vuelve hacia Judas en busca de ayuda, y escapa a duras penas por segunda vez.

De manera sorprendente, en lugar de mostrar a Jesús perseguido hasta su muerte, esta película se ciñe al guion que presenta el Evangelio de Juan, destacando el control sobre su destino. Cuando sus enemigos no logran capturarlo, Jesús decide orquestar –y coreografiar– su propia traición. En una escena poderosa y conmovedora entre los amigos más íntimos, le confía a Judas su «terrible secreto», rogándole que ayude a hacerlo realidad:

–Debo morir en la cruz... Vamos a unir a Dios con el hombre; ¡yo soy el sacrificio!

Después de la última cena con sus discípulos, de noche, cuando Jesús reza a solas por la noche en Getsemaní se siente atormentado por el miedo y suplica a Dios que lo perdone («Nunca te pedí que me eligieras»). Pero ya es demasiado tarde. Detenido, Jesús se presenta ante un Pilatos sofisticado, aburrido y cínico, que lo descarta como otro nacionalista judío enloquecido, para ser desnudado, golpeado y escarnecido, antes de ser obligado a llevar su propia cruz al Gólgota.

Tal como lo describen Kazantzakis y Scorsese, a Jesús se le aparece la «última tentación» en la cruz. Aparece un ser angélico que le ofrece, como voluntad de Dios, un indulto. De repente, se aleja de la cruz y es transportado en espiral a un valle tranquilo:

–Ahora puedes contemplar la verdadera belleza del mundo. Armonía entre la tierra y el corazón, ¡ese es el mundo de Dios!

Contempla a la joven Magdalena acercándose a él, vestida de novia, llegando para el matrimonio que una vez despreció. Después de que ella lo consuela, curando sus heridas, su alegría mutua despierta la pasión, y ella concibe a su hijo. Sin embargo, pronto se da cuenta de que este paraíso terrenal incluye el sufrimiento ordinario. Cuando ella muere de repente, él se aflige, enfurecido contra Dios, y luego se derrumba, devastado, y confiesa:

–Me avergüenzo de todos los errores que he cometido, de las formas equivocadas en que he buscado a Dios.

Su acompañante angélico, que le lleva de vuelta a casa de María y Marta, le anima a disipar su dolor iniciando una nueva vida y una nueva familia. Tiempo después, rodeado de los hijos que ha concebido con su nueva esposa, se enfrenta inesperadamente al apóstol Pablo, un fanático que predica sobre él:

–¡Os traigo la buena nueva!... Su madre era virgen... Sufrió por nuestros pecados, y tres días después resucitó... Ahora el camino hacia Dios está abierto para todos.

–¡Eres un mentiroso!... Soy un hombre como los demás, hijo de María y de José... No vayas por ahí diciendo mentiras sobre mí –le grita un irritado Jesús.

–Ves a esa gente? Ellos necesitan al Jesús crucificado; yo les diré en qué creer... Mi Jesús es mucho más importante y poderoso que el tuyo –contraataca Pablo desafiándole.

Repudiando a Pablo, Jesús se vuelve para quedarse con su familia. Cuando ya es anciano, sus discípulos, tras enterarse de que ha sobrevivido y ahora se está muriendo, aparecen en la puerta.

–¡Traidor! –grita Judas–. Tu lugar estaba en la cruz; te asustaste y huiste... Me rompiste el corazón... Te quería tanto.

–No lo entendéis; Dios envió un ángel para salvarme –protesta Jesús mientras Satanás aparece como una ráfaga.

¿Fue la visión angélica un truco diabólico? No está nada claro; se puede interpretar la escena de muchas maneras. Según

Scorsese, Jesús siente de repente que se ha equivocado terriblemente. Acosado por Satanás, grita a Dios:

–Padre, ¿escuchas… a tu hijo egoísta e infiel? Quiero traer la salvación… pagar el precio… ¡Quiero ser el Mesías!

Al instante es transportado de nuevo a la cruz, habiendo transcurrido solo unos segundos, parece sonreír, y pronuncia las últimas palabras que Juan relata: «¡Se ha cumplido!». Por fin ha triunfado y muere.

La última tentación de Cristo ofrece, pues, dos visiones contrapuestas de la vida cristiana: una que busca a Dios sacrificando «la carne», y otra que abraza la armonía del corazón humano con la naturaleza. Y aunque la escena final sugiere que la primera opción vence a la segunda, permite que la paradoja permanezca, resonando en la mente y el corazón del espectador.

Cualquier respuesta a la pregunta «¿Quién es Jesús hoy?» que no mencione a las innumerables personas que toman sus enseñanzas y su vida como modelo para la suya estaría incompleta. Es imposible enumerar a esas personas, pero mencionaremos a algunas, como, por ejemplo, Jimmy y Rosalynn Carter, que, mucho después de su presidencia, se unieron a los equipos para construir casas nuevas de Habitat for Humanity, un ministerio de servicio cristiano iniciado en el año 1976 por Millard y Linda Fuller para proporcionar viviendas a personas sin hogar. También podríamos recordar a Mahatma Gandhi, quien, en su correspondencia con León Tolstoi, coincidía en que Jesús enseñaba la no violencia, que ambos se esforzaban por practicar. Después de escribir sus novelas más famosas, Tolstoi escribió *Confesión*, una breve y poderosa autobiografía que relata su lucha en la mediana edad contra la depresión suicida mientras intentaba abrazar la fe ortodoxa rusa, hasta que encontró su propia resolución espiritual. Más tarde escribió varios libros en los que interpretaba las enseñanzas de Jesús, incluido uno titulado *El Reino de Dios está en vosotros*.[39]

Martin Luther King Jr., inspirándose tanto en Gandhi como en Tolstoi, así como en su inmersión vital en la Biblia, basó su propia vida en ese principio, y en su fe en Jesús, al predicar su visión de la «comunidad amada». También podríamos fijarnos en el obispo sudafricano Desmond Tutu, quien, en los años 90, declaró que, *sin perdón, su país no tendría futuro*, como enseñara Jesús, cuando puso en marcha la Comisión para la Verdad y la Reconciliación, y en el papa Francisco, que ha ido a los campos de inmigrantes para dar la bienvenida a los musulmanes recién llegados, y ha visitado a presos en la cárcel. También ha ofrecido bendiciones a quienes su Iglesia rechazó anteriormente por diferencias de género.

Todos ellos reconocen que la enseñanza de Jesús era tan radical entonces, como lo es ahora. Me conmueven especialmente quienes recuerdan los temas que, según Lucas, Jesús predicó por primera vez en Nazaret, citando palabras del profeta Isaías: «El Espíritu del Señor sobre mí, porque me ha ungido para anunciar a los pobres la Buena Nueva, me ha enviado a proclamar la liberación a los cautivos y la vista a los ciegos, para dar la libertad a los oprimidos y proclamar un año de gracia del Señor» (Lucas 4:18-19).

Como muchos otros, King se hizo eco a menudo de las peticiones de justicia y misericordia de los profetas: «¡Que fluya, sí, el juicio como agua y la justicia como arroyo perenne!» (Amós

5:24). Más recientemente, el reverendo William Barber ha retomado la labor de King, liderando la Campaña de los Pobres y abogando por una justicia económica que permita prosperar a los marginados.

A menudo, estos mensajes permanecen relativamente limpios de dogmas teológicos sobre la «naturaleza de Cristo» o la «teología de la expiación». Con más frecuencia que en el pasado, los cristianos que se ocupan de los evangelios en la actualidad tienden a dejar de lado las disputas sobre qué iglesia es la «correcta», como si un solo grupo pudiera abarcar el poder de la vasta colección de tradiciones, historias, liturgias, oraciones y hagiografías que llamamos «cristianismo». Porque, como dijera el psicólogo William James, las personas de distintos temperamentos y culturas se inclinan por diferentes tipos de experiencia religiosa: algunos se identifican con el culto formal de la «alta iglesia», otros con la sencillez cuáquera o con la apertura pentecostal a la inspiración. Ninguno de ellos está prescrito, pero ninguno está excluido; y todos se muestran de acuerdo en que la fe cristiana exige practicar la justicia, la misericordia y el amor.

Conclusión

¿Quién es Jesús? ¿Y cómo pudieron su humilde vida y su humilde muerte inspirar una gran religión? Habiéndonos planteado estas cuestiones, ¿qué hemos descubierto?

Hemos aprendido que no podemos considerar los evangelios como crónicas de hechos históricos y que probablemente ninguno de los escritores de los evangelios conoció a Jesús, a pesar de que Juan afirma que sí lo conoció. Eran seguidores de Jesús, sí, pero de la siguiente generación, o de una generación posterior; y escribían lo que habían oído decir a la gente, a menudo de memoria, junto con algunas de sus enseñanzas que escribieron otros. También hemos visto que los autores de los evangelios escribían con un propósito –atraer nuevos acólitos–, lo que determinaba aquello que probablemente dirían. Y escribían en condiciones históricas difíciles –durante la guerra, o poco después–, cuando era peligroso ser conocido como seguidor de Jesús.

Sabiendo todo esto, podemos especular que sus seguidores crearon algunos de los detalles de la vida de Jesús para envolver hechos inconvenientes: que Jesús no era hijo ilegítimo y su madre le concibió milagrosamente a través del Espíritu

Santo. Que su cuerpo no permaneció colgado en la cruz;[1] en cambio, resucitó y sus seguidores lo vieron vivo; lo tocaron, comieron y hablaron con él durante más de un mes después de muerto. Que no dejó de instaurar el reino de Dios; su reino aún está por venir; vive en nosotros. Estos detalles, dicen algunos historiadores, fueron los que más electrizaron a sus oyentes, y ayudaron a que su número creciese.[2]

Mi propia experiencia como historiadora me ha hecho ser prudente. No sabemos qué episodios fueron inventados y cuáles podrían estar basados en experiencias reales o visionarias. También he demostrado que algunas escenas que parecen inventadas están escritas de modo metafórico.

Además de adaptar estos relatos a sus propios fines, hemos visto que cada uno de los escritores de los evangelios adoptó un enfoque diferente. Eso supuso que, tras la conversión de Constantino al cristianismo, los líderes de la Iglesia tuvieron que hacer un gran esfuerzo para unir los cuatro evangelios, como si contaran una sola historia, por más que las arrugas de esa historia no estuvieran perfectamente planchadas. Esta multiplicidad se prestaba a distintas interpretaciones, y quizá sea la razón por la que, incluso hoy, las historias de Jesús mantengan un atractivo vasto y diverso.

Al reflexionar en este proyecto, lo que me fascina no son solo los misterios históricos que mi libro trata de desentrañar, sino el poder espiritual que translucen estas historias. Este rabino apasionado y carismático del siglo primero interpretó el relato de la creación del Génesis, según el cual «Dios creó al ser humano a su imagen y semejanza», en el sentido de que cada miembro de la raza humana tiene un valor sagrado. Otros maestros de la moral, como Platón, recomendaron ayudar a los necesitados, pero solo a los de su propia condición social, no a los indigentes, los pobres, los marginados o los esclavos. Y otros rabinos de la época de Jesús predicaron, al igual que él, el mandato bíblico de «ama a tu prójimo como a ti mismo». Pero en lugar de centrar esa caridad principalmente en otros judíos de su comunidad, él conmocionó a sus oyentes instándoles a prestar compasión y ayuda práctica a cualquier enfermo, preso o hambriento, a un hijo deshonrado e ingrato, e incluso a los enemigos. ¿Es esto lo que extendió su alcance más allá de su propia comunidad, e incluso a la nuestra de hoy? Su lectura radical y sin precedentes del Génesis sigue resonando en nuestra vida social y política como denuncia e inspiración.

Hemos visto que Jesús sigue siendo una presencia impactante para la gente de la actualidad, incluidos los que infunden nueva energía a los relatos evangélicos. ¿Cómo ocurre esto? Explorando los evangelios con esta pregunta, he llegado a ver que siguen un patrón intrigante. Comenzando en un mundo lleno de desafíos, opresión y sufrimiento, sus historias cambian –a menudo de repente– hacia la esperanza.

Los episodios que narra Marcos, por ejemplo, se inician en un mundo lleno de adversidades familiares: alguien tiene fiebre, está infectado por una enfermedad, está paralítico, ciego o profundamente afligido. Cuando interviene el poder sanador de Jesús, el relato se abre al milagro: un ciego recupera la vista, los enfermos se curan, incluso los muertos vuelven a la vida. Cuando Mateo añade la historia de un embarazo tan impactante que incluso el devoto y recto José casi rompe su contrato matrimonial, resulta ser una bendición. Por último, cada uno de estos «evangelios» –no solo los del Nuevo Testamento, sino también los «evangelios apócrifos»– termina con la inversión más asombrosa de todas. Después de que Jesús sufra el peor destino imaginable, traicionado por un amigo de confianza, abandonado por todos, acusado falsamente, torturado, y cruelmente ejecutado en público, es resucitado a una nueva vida gloriosa, reunido con los que le aman, y elevado para recibir las mayores alabanzas en el cielo, para reinar sobre un mundo renovado en la justicia y la paz.

Las Escrituras hebreas establecen el patrón para estos giros: esclavos son liberados; un pastor llamado David derriba a un gigante hostil con una honda; leones hambrientos perdonan la vida de Daniel; y Jonás emerge vivo del vientre de una ballena. La lección es clara como un relámpago: «*Dios puede abrir camino donde no lo hay*», transformando nuestro sufrimiento en alegría. Esto es lo que amo de los relatos evangélicos. ¿Será esto lo que mantiene viva la historia de Jesús a través de los vaivenes de la historia? A mi entender, nos ofrecen lo que más necesitamos: un destello de esperanza.

Agradecimientos

Como sabe todo escritor, la escritura es a menudo solitaria y mucho más agradable cuando se comparte. Recordando que este libro culmina décadas de investigación y docencia, estoy maravillada y agradecida de que tantos colegas y amigos hayan contribuido al proceso de completarlo.

En primer lugar, estoy agradecida a mis alumnos, que nunca me han permitido olvidar las preguntas con las que empecé y que todavía me planteo: ¿Qué hace que las historias de Jesús en el Nuevo Testamento y las de los evangelios apócrifos –todas ellas breves y muchas de ellas extrañas– sigan vivas para innumerables personas? ¿Cómo es posible que sean tan convincentes y, a la vez, tan abiertas que hayan invitado a la improvisación continua durante más de dos mil años, de modo que los narradores, desde Dante y Milton hasta Dostoievski y Borges, así como cineastas como Martin Scorsese y Helen Edmundson, puedan interpretarlas en tonos radicalmente distintos?

Aquí solo puedo mencionar a algunos de mis notables profesores, cada uno de los cuales iluminó esas fuentes básicas de una manera nueva: en la escuela de posgrado, Krister Stendhal, George MacRae, S.J., Arthur McGill y Gilles Quispel. Cuando empecé a impartir clases en el Barnard College, aprendí mucho de Theodore Gaster, excepcional académico de alto nivel que dirigía nuestro departamento, así como otros estudiosos, colegas y amigos que había entonces en Barnard: David Sperling, Alan Marilyn Harran y Joel Brereton.

Más recientemente, desde que enseño en la Princeton University, estoy enormemente agradecida a la colaboración de los profesores de nuestro departamento y de los miembros de nuestro grupo de trabajo en *Religions of the Ancient Mediterranean*: John Gager, Martha Himmelfarb, Peter Schaefer, Naphtali Meshel, Moulie Vidas, AnneMarie Luijendijk, Liane Feldman, Yedidah Koren y Jonathan Henry. Todos ellos han escuchado o leído borradores de esta obra y han ofrecido sugerencias que mejoraron en gran medida, y a menudo corrigieron, los borradores anteriores. Muchas gracias también a Jeff Stout, quien, desde el día en que nos conocimos, siempre ha estado disponible para prestar apoyo y ofrecer buenos consejos. Estoy especialmente agradecida a Jonathan Gold por su disposición a sumergirse en el nuevo curso de humanidades que concebimos y creamos, «Jesús y el Buda», ¡y por la aventura de impartirlo juntos! Y he disfrutado mucho con los colegas de nuestro departamento, aunque solo mencionaré a unos pocos: Eric Gregory, Jacqueline Stone, Stephen «Buzzy» Teiser, Michael y Elena Wood, Judith Weisenfeld, Bryan Lowe, Esther «Starry» Shorr, Sandra y George Bermann, Nicole Turner y Kathryn Crown, y las reuniones con Seth Perry y Tehseen Thaver mientras tramábamos inducir a la administración a permitir que los estudiantes se especializaran en religión. Y estoy especialmente agradecida a mi viejo amigo Wallace Best, cuya constancia y perseverancia me han permitido seguir adelante en momentos complicados ¡y cuya amistad es un regalo que nos ha brindado a todos maravillosas celebraciones!

También he apreciado la oportunidad de trabajar con estudiantes sobresalientes. Además de disfrutar de los seminarios y talleres que hemos compartido, he aprendido mucho de lo que cada uno ha descubierto: David Frankfurter, Annette Reed, Kirsti Copeland, Lance Jenott, Geoffrey Smith, Philippa Townsend, Eduard Iricinschi, Sarit Kattan, Tony Alimi, Elena Dugan, Ari Lamm, Rebekah Haight, Yitz Landes y Eliav Grossman.

Académicos de otras universidades, muchos de los cuales son amigos desde hace largo tiempo y compañeros de debate, han ayudado a dar forma a la investigación y la escritura de este libro: Harold Attridge, Bernadette Brooten, Laura Nasrallah, Paula Fredriksen, Jeffrey Kripal y Elizabeth Clark. Colegas muy conocidos por sus contribuciones a los estudios sobre Nag Hammadi también se han convertido en colaboradores esenciales: Karen King, Michael Williams, Louis Painchaud, Einar Thomassen, Antii Marjanen, Ismo Dunderberg, David Brakke, Hugo Lundhaug, Tuomas Rasimus, April de Conick y Nicola Denzey.

Asimismo, debo un agradecimiento especial a dos amigos y eruditos que han seguido este trabajo de principio a fin durante más de seis años. Dale Allison, catedrático de Nuevo Testamento en el Princeton Theological Seminary, ha participado generosamente en muchas conversaciones de gran alcance, con su característico buen humor y su enfoque abierto, ninguno de los cuales logra ocultar lo enormemente erudito que es en su estudio del Nuevo Testamento y su contexto literario e histórico. También estoy enormemente agradecida a Lance Jenott, director de estudios religiosos de la Washington University. Incluso después de recibir su doctorado por la Princeton University con los más altos honores y lograr el reconocimiento internacional, ha seguido ofreciendo correcciones y perspectivas indispensables sobre este trabajo y sobre artículos académicos con los que hemos colaborado.

Gracias también a los miembros del Stanford Humanities Center, que me invitaron a pasar allí un semestre mientras daba una conferencia pública sobre Satán y lo que yo llamaba su «historia social», un tema que nos sorprendió llenando la sala de conferencias. Mientras estuve allí, aprendí mucho de los escritos antropológicos de Tanya Luhrmann, así como de las cuestiones que plantea su investigación. Disfruté especialmente de la hospitalidad que ella y su marido, Richard Saller, profesor de clásicas, me ofrecieron durante la visita. Le agradezco también que aceptara presidir una sesión del seminario de la Cambridge University, «Ciencia en el Bosque, Parte IV, Regeneración», en junio del año 2024, en la que presenté el cuarto capítulo de este libro para su discusión. Ahora espero con impaciencia los comentarios de otros miembros de ese animado y distinguido seminario mientras preparamos los trabajos del mismo para su publicación.

A Deborah Whitehead, catedrática del Departamento de Clásicas y Religión, y a nuestro amigo Samuel Boyd, junto con sus colegas, que me invitaron a pronunciar una conferencia en la Universidad de Colorado Boulder durante la redacción de este libro.

A Adele Reinhartz, que me invitó a pronunciar la conferencia McMartin en la Universidad de Ottawa, cuando, para mi sorpresa, muchos profesores y estudiantes acudieron a verme, incluso en un día de tormenta de nieve; y por la encantadora hospitalidad que compartimos con su marido y otros colegas.

Muchas gracias también al Reverendísimo Randolph Hollerith, deán de la Catedral Nacional de Washington, que amablemente me invitó a hablar desde el púlpito de la catedral, aun sabiendo que el resultado sería un «sermón gnóstico» inspirado en el Evangelio de la Verdad hallado en Nag Hammadi; y a Letitia Mills, asistente ejecutiva, y Kathy Predergast, directora de la Oficina del Deán, que amablemente organizaron ese acto.

A Sylvia Kaufmann y a su notable difunto marido, Richard Kaufmann, que juntos fundaron el Interfaith Institute de Grand Rapids, Michigan, y que a menudo reúnen a un público entusiasta para conferencias y diálogos con oradores judíos, cristianos y musulmanes, por su amable invitación a hablar en el décimo aniversario del Interfaith Institute, en 2024.

A la National Endowment for the Humanities por una beca que me permitió dedicar tiempo a la investigación para trabajar en este libro. Y agradezco a Judith Weisenfeld, catedrática y directora del Departamento de Religión de Princeton, y a Kerry Smith, directora de nuestro departamento, su ayuda para conseguir una subvención de la universidad que proporcionara recursos para ayudar con los detalles finales de la publicación. Mary Kay Bodnar, secretaria ejecutiva del departamento, ha gestionado innumerables detalles, ha resuelto docenas de crisis y realiza todo lo que hace con gran competencia y generoso buen humor; Florian Fues, que, junto con Jeffrey Guest, me ha rescatado del desastre informático más veces de las que podríamos contar; y Michelle Minter, que gestiona muchos detalles de nuestra enseñanza y organiza festividades para nuestro departamento.

Cuando empecé a pensar en el tema de este libro, fue indispensable discutirlo con mis agentes, John Brockman y Katinka Matson, y con su hijo, Max Brockman, a medida que la obra iba tomando forma. Además del consejo experto que siempre ofrecen gracias a su extraordinaria experiencia editorial, han acompañado este libro hasta su culminación, y les estoy especialmente agradecida por nuestra larga amistad.

Muchas gracias a Martin Scorsese por dedicarme su tiempo y hablar largo y tendido sobre su película *La última tentación de Cristo* (1988) y su continuo interés por las historias relacionadas con el cristianismo. Muchas gracias también a su estrecha colaboradora, montadora y productora Thelma Schoonmaker, por su amabilidad al organizar una proyección de su nueva obra maestra, *Los asesinos de la luna*. Estoy muy agradecida a Helen Edmundson, guionista y cineasta, por acceder amablemente a hablar conmigo sobre su película *María Magdalena* (2018), ofreciéndome perspectivas inesperadas sobre las decisiones que tomó acerca del guion y los personajes.

Desde que conocí a Bill Thomas, editor y redactor jefe de Doubleday, y a su estrecha colaboradora Kris Puopolo, vicepresidenta y directora editorial de no ficción, hasta el momento de la publicación, su entusiasmo por el tema de este libro ha sido un gran estímulo. Desde el principio, además, Kris, como mi editora, ha dedicado una enorme energía y tiempo a limar, plantear preguntas y mejorar enormemente la claridad de la redacción. Ana Espinoza, editora adjunta, ha contribuido al trabajo cuando estábamos tomando las decisiones finales sobre los detalles de la publicación, y Elizabeth Eames resolvió con pericia los detalles de la publicación de imágenes fotográficas. El doctor Jolyon Pruszinski, colega desde hace muchos años, ha sido un colaborador esencial en la comprobación de la exactitud del manuscrito y las notas finales, y en la recopilación de la bibliografía. Sin su experiencia y la del equipo de Doubleday, el libro no habría salido adelante; les dedico mi más sincero agradecimiento.

En Princeton, el reverendo Paul Jeanes, rector de la Trinity Church, ha dedicado a menudo su tiempo a hablar de las cuestiones planteadas en este libro, así como de muchas otras de interés común. Y muchos amigos, algunos de los cuales son también escritores, me han ofrecido sus indispensables dones de amistad y aliento. Elizabeth Diggs y Emily McCulley, amigas íntimas desde la escuela de posgrado, leyeron y releyeron generosamente los capítulos, planteando preguntas y formulando sugerencias que ayudaron a mejorarlos, al igual que Emily Mann, Gary Mailman, Catherine Mauger, Jane Shapiro y Eric Motley. Agradezco profundamente a los miembros de nuestra sangha de Nueva York, que tantas veces han compartido su sabiduría en las reuniones de meditación: Linda Donn, Barbara Asher, Lisa Schubert, Alexandra Isles, Jeannette Sanger, Flora Biddle y Noni Pratt.

Durante los veranos en Colorado, Timothy Brown fue el primero que se ofreció a leer y comentar los primeros borradores de estas páginas, señalando las correcciones necesarias y sugiriendo muchas otras para aclarar y suavizar la escritura académica. Muchos amigos encantadores han aligerado los días con generosidad y celebraciones de todo tipo, especialmente Michael Lipkin, Jody Guralnik y su maravillosa familia, Judith Schramm, Richard Carter y Sharon Wells, Daniel e Isa Shaw, John y Janie Bennett, Natasha y Patricia Blanchet, y Timothy y Teresa Brown. La querida amiga Barbara Conviser, artista y fotógrafa, ofreció generosamente su tiempo y experiencia para tomar la fotografía que aparece en este libro. Y estoy muy agradecida a Diane Morris y Melony Lewis, cuya claridad y generosidad de espíritu han ayudado tanto a reflexionar sobre los temas durante nuestras reuniones, provocadas por las preguntas sobre lo que podría significar la espiritualidad.

Mi agradecimiento más personal va dirigido a los miembros de mi familia por el apoyo y el ánimo que me brindan a menudo: a mi hija, Sarah, y a su marido, Mark; a mi hijo, David; a nuestra familia ampliada, Len y Danielle Strickman; a mi hermano, Ralph Hiesey, y a su mujer, Jane; a la hija de Alan, Julia, y a su familia y a su hijo, Orion, y a su mujer, Ashley.

Mi más profunda gratitud a Alan Trist, mi marido y amigo más querido. Durante la redacción de este libro, él ha sido mi primer lector y revisor. Ha leído cada página, mejorándola con anotaciones y correcciones, recurriendo a una reserva natural de paciencia e ingenio, ¡esencial para lidiar con las frecuentes crisis informáticas! Pero, como bien saben él y nuestra familia y amigos, le estoy mucho más agradecida por muchas otras cosas; sobre todo, por la alegría que aporta a nuestra vida en común.

Notas

Abreviaturas

LCL: *Loeb Classical Library*, serie de textos antiguos en griego y latín con traducciones al inglés incluidas

ANF: *Ante-Nicene Fathers,* textos escritos antes del Concilio de Nicea (325 d.C.) por líderes cristianos que los cristianos católicos veneran como «Padres de la Iglesia»

NHL: *The Nag Hammadi Library,* traducciones de evangelios secretos y otros textos descubiertos en Nag Hammadi, traducidos al inglés y publicados en un volumen en el año 1977, ed. James M. Robinson

NHC: *The Coptic Gnostic Library: A Complete Edition of the Nag Hammadi Codices,* la edición académica definitiva aquí publicada con textos coptos completos, anotaciones y comentarios, en cinco volúmenes por Brill Press en Leiden, Holanda, en 2001

1. El nacimiento virginal

1. Brown, *The Birth of the Messiah*; Boslooper, *The Virgin Birth*; Schaberg, *The Illegitimacy of Jesus;* Miller, *Born Divine*.

2. Para un análisis que revisa el trabajo de algunos de los principales intérpretes, véase Fitzmyer, *The Gospel According to Luke I–IX,* 3-34; Luz, *Matthew*, págs. 1-7, págs. 1-131.
3. Para ejemplos de nacimiento milagroso en las fuentes grecorromanas, véase Cartlidge y Dungan, *Documents and Images for the Study of the Gospels*, págs. 133-39; Brown, *Birth of the Messiah*, págs. 564-70; véase también Miller, *Born Divine*.
4. Brown, *Birth of the Messiah,* pág. 169.
5. Ibíd., pág. 170.
6. Véase el análisis de Brown acerca de la estrella y otros fenómenos celestes, en ibíd., págs. 170-73, págs. 189-90.
7. Ibíd., págs. 186-87.
8. Ibíd., págs. 88-89.
9. Josefo, *Jewish Antiquities*, 15.7, 16.1.
10. Brown, *Birth of the Messiah*, págs. 214-19.
11. Ibíd., pág. 396.
12. Ibíd., págs. 189-90.
13. Ibíd., págs. 111-12.
14. La cursiva es nuestra.
15. La cursiva es nuestra.
16. La cursiva es nuestra.
17. Meier, *A Marginal Jew*, 1.226 y *ss*.
18. La cursiva es nuestra.
19. La cursiva es nuestra.
20. La cursiva es nuestra.
21. Smith, *Jesus the Magician*, pág. 26.
22. Ibíd., págs. 26-27.
23. Flusser, *Jesus*, pág. 20.
24. La cursiva es nuestra.

25. La cursiva es nuestra.
26. Smith, *Jesus the Magician*, pág. 46.
27. Ibíd., pág. 47.
28. Ibíd., pág. 48.
29. *On the True Doctrine*: El título griego (transcrito como *ho alethes logos*) también se podría traducir como «Acerca de la Palabra Verdadera».
30. Celso, *On the True Doctrine*, trad. Hoffman, pág. 57; fragmento extraído de Orígenes: *Contra Celso*, vol. I, págs. 28-32. La cursiva es nuestra.
31. Véase, por ejemplo, Townsend, «Who Were the First Christians?», págs. 212-30.
32. Schaberg, *Illegitimacy of Jesus*.
33. Véase Fuller, «*The Virgin Birth*, por Thomas Boslooper», págs. 254-55.
34. Véanse notas en Brown, *Birth of the Messiah*, págs. 123-24.
35. Ibíd., pág. 124.
36. Josefo, *The Jewish War,* 1.32-2.1.
37. Josefo, *The Jewish War,* 2.5.1 (Thackeray, LCL 203:349).
38. Tácito, *Agricola,* 32 (Hutton, LCL 35:81).
39. Josefo, *The Jewish War,* 2.5.
40. Josefo, *Jewish Antiquities,* 17.10.10 (Marcus, LCL 410:305).
41. Marianne Sawicki, *Crossing Galilee*, pág. 192. Consúltese el capítulo completo para su exposición detallada sobre lo que esto significa para el modo en que Jesús habría sido tratado por su familia y vecinos en Nazaret.
42. Isaac, *The Limits of Empire*, págs. 85-86.
43. Deissmann, *Light from the Ancient East*, págs. 73-74; Zeichmann, «Jesus 'ben Pantera'», págs. 141-55. Sobre el tratamiento de esta tradición en el Talmud, véase Schäfer, *Jesus in the Talmud*, págs.

15-24. Véase también Schäfer, «Jesus' Origin, Birth and Childhood According to the Toledot Yeshu and the Talmud», págs. 139-61.

44. Tabor, *The Jesus Dynasty*, págs. 63-70.
45. Brown, *Birth of the Messiah*, págs. 69-70, págs. 74-80.
46. Ibíd., pág. 137; Schaberg, *Illegitimacy of Jesus*, págs. 91-101.
47. Para todos los detalles, véase Genesis 38:1-26.
48. Joshua 2-6.
49. Ruth 1-4.
50. 2 Samuel 11:1-26.
51. Brown, *Birth of the Messiah*, págs. 71-77; Schaberg, *Illegitimacy of Jesus*, cap. 2.
52. La cursiva es nuestra.
53. La cursiva es nuestra.
54. Diógenes Laercio, *Lives of Eminent Philosophers*, pág. 3 (Hicks, LCL 184:277-79).
55. Plutarco, *Lives*, Alexander, 2.1-3.1 (Perrin, LCL 99:227-29).
56. Suetonio, *Lives of the Caesars*, II.94.4 (Rolfe, LCL 31:287-89).
57. Parafraseando a Justino, *Apol.* 1.55 y *ss*.
58. Justino, *Dialogue with Trypho*, pág. 67.
59. Orígenes: *Contra Celsum,* 1.34. Para más debate, véase Brown, *Birth of the Messiah*, págs. 145-49.
60. No obstante, varios autores coinciden: Por ejemplo, Meier (*A Marginal Jew*, 1.1) declara que su «método obedece a una norma sencilla: prescinde de lo que la fe cristiana o la enseñanza eclesiástica posterior dicen acerca de Jesús, sin confirmar ni desmentir tales aseveraciones», y enumera una serie destacada de teólogos católicos que han abordado el nacimiento virginal en términos que no están determinados por la doctrina católica. (pág. 222, págs. 244-45 n. 76).
61. Brown, *Birth of the Messiah*, pág. 529.

62. Véase la exposición de Stephen J. Patterson acerca de Jesús descrito como un «héroe» en *Beyond the Passion*.
63. Schaberg, *Illegitimacy of Jesus*, págs. 95-101.
64. La cursiva es nuestra.
65. La cursiva es nuestra.
66. La cursiva es nuestra.
67. *Apocryphon [Secret Revelation of John]* II 2,1-14. La cursiva es nuestra. *NHL*, pág. 105.
68. *Gospel of Truth* I 24,7-9. *NHL*, pág. 43.
69. Gospel of Philip II 61, pág. 30. Por tanto, Felipe agrega, al ser bautizado en agua y ungido con aceite, «no busques únicamente transformarte en cristiano, sino en un Cristo» (griego *chrestos*, «ungido»), esto es, no solo *llevar el nombre de Jesús* («cristianos» en griego) sino, al igual que Jesús mismo, renacer espiritualmente

2. ¿Quién es Jesús?

1. Marcos 1:1. La cursiva es nuestra.
2. Véase Meier, *A Marginal Jew*, 1.218-19; Fredriksen, *Jesus of Nazareth*, págs. 119-49.
3. Plutarco, *Lives*.
4. Cullen, *The Black Christ and Other Poems*.
5. Papías, tal como ha sido transmitido por Eusebio, *Ecclesiastical History*, III.39.1 (Lake, LCL 153:293).
6. Allison, *Constructing Jesus,* passim; Koester, *Ancient Christian Gospels*, págs. 220-30.
7. Dale Allison plantea este punto en *Constructing Jesus*, págs. 423-24, citando estudios psiquiátricos sobre el duelo, incluyendo a Gibson,

Order from Chaos, pág. 63; Littlewood, *Aspects of Grief*, pág. 46, y Rynearson, *Retelling Violent Death*, págs. ix, x, xiv.

8. 1 Samuel 10:6-12.
9. La cursiva es nuestra.
10. La cursiva es nuestra.
11. Acerca de la necesidad de asistencia médica –y su carencia, para la mayoría de las personas en el mundo antiguo–, véase Smith, *Jesus the Magician,* 8 y *ss*.
12. La cursiva es nuestra.
13. La cursiva es nuestra.
14. La cursiva es nuestra.
15. La cursiva es nuestra.
16. La cursiva es nuestra.
17. La cursiva es nuestra.
18. Smith, *Jesus the Magician*, pág. 84.
19. La cursiva es nuestra.
20. Flavio Filóstrato, *The Life of Apollonius of Tyana*.
21. Ibíd., IV.45.1 (Jones, LCL 16:419).
22. Vermes, *Jesus the Jew,* págs. 72-76.
23. Tácito, *Histories,* 4.81.
24. Véase por ejemplo, Betz, *The Greek Magical Papyri in Translation Including the Demotic Spells;* Meyer *et al*., eds., *Ancient Christian Magic*; Naveh y Shaked, *Amulets and Magic Bowls;* Naveh y Shaked, *Magic Spells and Formulae*.
25. Smith, *Jesus the Magician*, pág. 16.
26. Davies, *Jesus the Healer.* Véase también Harrington, *The Placebo Effect*.
27. Crossan, *Jesus: A Revolutionary Biography*, pág. 82.
28. Eddy, *Science and Health with Key to the Scriptures*, pág. 3.
29. Smith, *Jesus the Magician*, págs. 10-11.

30. Allison, *Constructing Jesus*, pág. 92.
31. Véase Dabrowa, *Legio X Fretensis;* Weksler-Bdolah, «The Camp of the Legion X Fretensis», págs. 19-50; Marcos, *Mark 1-8*, págs. 351-52; Ginzberg, *The Legends of the Jews*, 5.294.
32. Eusebio, *Chron.* Hadr. xx, citado en Smallwood, *The Jews Under Roman Rule*, págs. 457-58, n. 116.
33. Véase el debate en Levenson, *Creation and the Persistence of Evil.*
34. Blake, *The Everlasting Gospel and Other Poems.*
35. La cursiva es nuestra.
36. La cursiva es nuestra.
37. La cursiva es nuestra.
38. Sanders, *The Historical Figure of Jesus*, págs. 246-48, describe los diferentes significados que la expresión «Hijo del Hombre» (arameo: *bar-adam*) tenía en la literatura de la época.
39. La cursiva es nuestra.
40. Meier, *A Marginal Jew,* 2.876-80.
41. Citado en Schweitzer, *The Psychiatric Study of Jesus*, pág. 38.
42. Citado en ibíd., pág. 40.
43. Ibíd., pág. 42.
44. Citado en ibíd.
45. La cursiva es nuestra.
46. La cursiva es nuestra.
47. Fredriksen, *Jesus of Nazareth*, págs. 207-13, págs. 225-34.
48. La cursiva es nuestra.
49. La cursiva es nuestra.

3. ¿Cuál es la «buena nueva»?

1. La cursiva es nuestra.
2. La cursiva es nuestra.
3. Por ejemplo, The *Apocryphon of John*, II 1.5-17.
4. Él describe la primera manifestación de esta idea básicamente compensatoria en la iglesia de los primeros tiempos (Reimarus, *Fragments from Reimarus*, págs. 50-51), embellecida por teólogos posteriores.
5. Albert Schweitzer resume la postura de Reimarus en *The Quest of the Historical Jesus*, pág. 19.
6. Reimarus, parafraseado en ibíd.
7. La cursiva es nuestra.
8. Véase Leyden, «5 Years After Death, Messiah Question Divides Lubavitchers»; Gonzalez, "Lubavitchers Learn to Sustain Themselves Without the Rebbe», y las diferentes versiones y explicaciones de los fenómenos presentes en Allison, *Constructing Jesus*, pág. 57, n. 113.
9. Wodziński, *Historical Atlas of Hasidism*, págs. 192-96.
10. Allison, *Constructing Jesus*, págs. 143-53; Landes, «On Owls, Roosters, and Apocalyptic Time», págs. 49-69. Sobre la muerte de Charles Russell y la pervivencia de los Testigos de Jehová, véase Penton, *Apocalypse Delayed*. Sobre la reinterpretación de las profecías por sus seguidores después de la muerte de Muhammad Ahmad, véase Holt, «Islamic Millenarianism and the Fulfillment of Prophecy», págs. 335-48.
11. Justino, *Dialogue with Trypho*, 8.1.
12. Ibíd., 8.2.
13. «Acts of Justin and His Companions», en H. Musurillo, ed., *Acts of the Christian Martyrs*, págs. 42-61.
14. Su discurso de ataque (presentado oralmente en un encuentro de la

Sociedad de Asistencia Pastoral de la Iglesia y anotado en su diario del 12 de mayo de 1866) se enfocó en un libro distinto, y algo más reciente, *Ecce Homo*, que intentaba de manera similar analizar la vida de Jesús empleando instrumentos críticos, pero su reacción es representativa del clima general de la acogida que recibió el método crítico de Strauss en los ambientes eclesiásticos ingleses de aquel entonces.

15. La idea se recoge en Howard Clark Kee, *Jesus in History*, pág. 9, citado en Schweitzer, *The Quest of the Historical Jesus*, pág. 84.
16. Véase, por ejemplo, el incisivo análisis de Frank Kermode sobre la escritura de los evangelios en *The Sense of an Ending*.
17. La cursiva es nuestra.
18. La cursiva es nuestra.
19. Fredriksen, *Jesus of Nazareth*, pág. 110.
20. La cursiva es nuestra.
21. La cursiva es nuestra.
22. La cursiva es nuestra.
23. La cursiva es nuestra.
24. La cursiva es nuestra.
25. La cursiva es nuestra.
26. Borg, *Jesus: Uncovering the Life*, pág. 258.
27. La cursiva es nuestra.
28. Kermode, *The Sense of an Ending*, págs. 162-63.
29. Véase el relato clásico de este fenómeno en Leon Festinger *et al*., *When Prophecy Fails*.
30. Para la consideración de las razones para referirse a ellos como «evangelios contrapuestos», véase Pagels, *Beyond Belief*, en especial el capítulo 2.
31. *NHL*, pág. 126.
32. La cursiva es nuestra.

33. La cursiva es nuestra. *NHL*, pág. 126.
34. La cursiva es nuestra. Cf. *NHL*, pág. 134.
35. Véase Pagels, *The Gnostic Gospels*; Pagels, *Beyond Belief*. Véase también Quispel, *Het Evangelie van Thomas*; Quispel, *Gnostica, Judaica, Catholica*; Koester, *Ancient Christian Gospels*, págs. 75-172; Gathercole, *The Gospel of Thomas*; Dunderberg, *The Beloved Disciple in Conflict?*
36. Véase, por ejemplo, Gathercole, *The Composition of the Gospel of Thomas*; Marjanen, «Is Thomas a Gnostic Gospel?»; Patterson, *The Gospel of Thomas and Christian Origins*.
37. *NHL*, pág. 135.
38. *NHL,* pág. 129. La cursiva es nuestra.
39. Cf. *NHL*, pág. 132.
40. *NHL*, pág. 126.
41. La cursiva es nuestra.
42. *NHL*, pág. 47.
43. *NHL*, pág. 138.
44. La cursiva es nuestra.
45. La cursiva es nuestra.
46. La cursiva es nuestra.
47. La cursiva es nuestra.
48. La cursiva es nuestra.
49. La cursiva es nuestra.
50. La cursiva es nuestra.
51. La cursiva es nuestra.
52. La cursiva es nuestra.
53. Pagels, *The Johannine Gospel in Gnostic Exegesis*; Pagels, «Exegesis of Genesis 1 in the Gospels of Thomas and John», págs. 477-96; y, en un lenguaje más accesible, Pagels, *Beyond Belief*, págs. 30-73.

4. La Crucifixión

1. La cursiva es nuestra.
2. La cursiva es nuestra.
3. La cursiva es nuestra.
4. Brandon, *Jesus and the Zealots,* 1. La cursiva es nuestra.
5. Tácito, *Annals*, 15:44; *Hist*., II, 72.
6. Josefo, *Jewish Antiquities,* 18.3.3.
7. Justino, 1 *Apol*., 13.
8. Cicerón, *In Verrem,* 2.5.166.
9. Una «política de tolerancia cero», como refiere Fredriksen en *Jesus of Nazareth,* pág. 150.
10. Samuelsson, *Crucifixion in Antiquity;* Chapman, *Ancient Jewish and Christian Perceptions of Crucifixion;* Hengel, *Crucifixion in the Ancient World and the Folly of the Message of the Cross;* Hewitt, «The Use of Nails in the Crucifixion», págs. 29-45; Smith, «An Autopsy of an Autopsy», págs. 3-6, 14-15; Zugibe, «Two Questions About Crucifixion», págs. 34-43.
11. Para un mayor análisis, véase el estudio clásico de Paul Winter, *On the Trial of Jesus*.
12. Millar, «Reflections on the Trials of Jesus», págs. 355-81.
13. Crossan, *The Historical Jesus*, págs. 367-94.
14. Allison, *Constructing Jesus*, pág. 391.
15. Ibíd., pág. 423.
16. Aquí Allison (ibíd., pág. 423) cita a Parkes, *Bereavement,* pág. 40. Véase Allison, *Constructing Jesus*, págs. 423-27, para una extensa bibliografía acerca de esta cuestión.
17. Rynearson, *Retelling Violent Death*, págs. ix y x, citado en Allison, *Constructing Jesus*, pág. 424.

18. Koester, *Ancient Christian Gospels*, págs. 288-89; Allison, *Constructing Jesus*, págs. 403-5.
19. Fredriksen, *Jesus of Nazareth*, págs. 12-17. Véase también Koester, *Ancient Christian Gospels*, págs. 288-89; Allison, *Constructing Jesus*, págs. 403-5; Pagels, *The Origin of Satan*, págs. 7-8.
20. Reconstruido a partir de los fragmentos de Orígenes *Contra Celsum,* 2.9-44, por Hoffmann en su traducción de Celso, *On the True Doctrine,* págs. 60-66. La cursiva es nuestra. Véase también el debate en Niehoff, «A Jewish Critique of Christianity from Second-Century Alexandria», págs. 151-75.
21. Richard B. Hays, «Christ Prays the Psalms: Paul's Use of an Early Christian Exegetical Convention», en *The Future of Christology,* ed. Abraham J. Malherbe y Wayne A. Meeks (Minneapolis: Fortress Press, 1993), págs. 122-36.
22. Hays, «Christ Prays the Psalms», pág. 108. Las cursivas son nuestras.
23. La cursiva es nuestra.
24. La cursiva es nuestra.
25. La cursiva es nuestra.
26. La cursiva es nuestra.
27. La cursiva es nuestra.
28. Véase Roberts, «A New Root for an Old Crux, Ps. XXII 17c», págs. 247-52; Barré, «The Crux of Psalm 22:17c», págs. 287-306. Los traductores cristianos probablemente asumieron que *ka'aru* era *karu,* el pretérito perfecto de *karah*, «cavar», que asumimos que se entendía como más cercano a «perforado» que cualquier otra opción probable. Justino se basa retóricamente en esta traducción en *Dialogue with Trypho*, págs. 32, 97-98, 104.
29. La cursiva es nuestra.
30. La cursiva es nuestra.

31. La cursiva es nuestra.
32. La cursiva es nuestra.
33. La cursiva es nuestra.
34. La cursiva es nuestra.
35. La cursiva es nuestra.
36. La cursiva es nuestra.
37. Por ejemplo, Josefo, *The Jewish War*, 2.9.2-4.
38. Filón, *Embassy to Gaius*, pág. 38 (Colson, LCL 379: págs. 151-53). La cursiva es nuestra.
39. Tácito, *Hist.*, 5.5 (Moore, LCL 249:183). Véase también Tertuliano, *Apology*, pág. 10.
40. Tácito, *Hist.*, 5.4 (Moore, LCL 249: pág. 179).
41. Josefo, *Jewish Antiquities*, 18.3.3; Millar, «Reflections on the Trials of Jesus».
42. Winter, *On the Trial of Jesus*, pág. 88.
43. Pagels, *Origin of Satan*, págs. 63-111.
44. Saldarini, *Matthew's Christian Jewish Community*, págs. 44-67.
45. La cursiva es nuestra.
46. La cursiva es nuestra.
47. La cursiva es nuestra.
48. Celso, citado en Chadwick, trad., *Origen: Contra Celsum*, II.15, pág. 81.
49. Celso, citado en ibíd., II.28, pág. 91.
50. Celso, citado en ibíd., II.24, pág. 88.
51. Celso, citado en ibíd., II.27, pág. 90.
52. Celso, citado en ibíd., VIII.17, 20, págs. 464 y 466.
53. Celso, *On the True Doctrine*, Hoffman, trad., pág. 53.
54. Celso, citado en Chadwick, trad., *Origen: Contra Celsum*, I.3, pág. 8.
55. Barnes, *Constantine and Eusebius*, pág. 252.

56. Para un análisis más pormenorizado véase Livingstone, *Adam's Ancestors*, pág. 19.
57. Véase Johnson, *The Myth of Ham in Nineteenth-Century American Christianity*.
58. Frankl, *Man's Search for Meaning*, pág. 137.
59. La cursiva es nuestra.
60. La cursiva es nuestra.
61. La cursiva es nuestra.
62. *Acts of John*, págs. 94-96; véase Schaferdiek, trad., *New Testament Apocrypha*, 2, págs. 181-84.
63. Véase la introducción de Schaferdiek a ibíd., *II*, págs. 152-212.
64. *NHL*, pág. 148.
65. La cursiva es nuestra.
66. *NHL*, pág. 154.
67. Ibíd.
68. Véase Pagels, «How the Gospel of Truth Depicts Paul's Secret Teaching», págs. 99-112.
69. La cursiva es nuestra. *NHL*, pág. 40.
70. *NHL*, pág. 40.
71. *NHL*, págs. 40-41.
72. *NHL*, pág. 43.
73. *NHL*, pág. 41.

5. La Resurrección

1. Allison, *Resurrecting Jesus*, pág. 200.
2. Ibíd., pág. 199.
3. Por mencionar solo algunas de estas perspectivas: Pannenberg,

Jesus-God and Man; también su conferencia en Harvard University, 1968; Lüdemann, *The Resurrection of Jesus*; Lüdemann, *What Really Happened to Jesus*. Véanse también los comentarios de Sanders en *The Historical Figure of Jesus,* cap. 17, «Epilogue: The Resurrection», págs. 276-81.

4. Wright, *The Resurrection of the Son of God*.
5. La cursiva es nuestra.
6. Segal, *Paul the Convert*, pág. 134, xii.
7. La cursiva es nuestra.
8. La cursiva es nuestra.
9. Hopkins, «The Wreck of the Deutschland».
10. La cursiva es nuestra.
11. Pablo, Gálatas 1:13-14; nótese la oración («Birkhot Hashahar») que hasta el día de hoy deben recitar los hombres judíos ortodoxos: «Te doy gracias, Dios, por no haberme hecho gentil, esclavo o mujer».
12. La cursiva es nuestra.
13. La cursiva es nuestra.
14. La cursiva es nuestra.
15. La cursiva es nuestra.
16. La cursiva es nuestra.
17. La cursiva es nuestra.
18. Véase Koester, *Ancient Christian Gospels*, págs. 6-7, 52; Allison, *Resurrecting Jesus*, págs. 233-38.
19. La cursiva es nuestra.
20. Allison señala que algunos de los comentaristas posteriores han argumentado que los discípulos de Jesús robaron su cuerpo y fingieron la resurrección, como Thomas Woolston (c. 1667-1733) y Reimarus (1694-1768) (*Resurrecting Jesus*, págs. 207-8).
21. Véase Kermode, *The Sense of an Ending*, passim. Matthew D. C.

Larsen, en *Gospels Before the Book*, adopta una perspectiva distinta, argumentando que algunos de los lectores más antiguos asumieron que la crónica estaba inconclusa, y por consiguiente añadieron finales que consideraron más apropiados.

22. La cursiva es nuestra.
23. La cursiva es nuestra.
24. Allison, *Resurrecting Jesus*, pág. 278.
25. La segunda bendición del Amidah tal como se cita en Allison, *The Resurrection of Jesus: Apologetics, Polemics, History*, pág. 26.
26. La cursiva es nuestra. Cf. Zacarías 14:4.
27. Spong, *Resurrection: Myth or Reality?*, págs. 225-26.
28. Crossan, *Jesus: A Revolutionary Biography*, pág. 127.
29. Ibíd., págs. 124-27.
30. Josefo, *The Life, Against Apion*, pág. 75 (Thackeray, LCL 186:155).
31. Pagels, *The Gnostic Gospels*, cap. 3, págs. 48-69.
32. La cursiva es nuestra.
33. Véase la demostración de Allison acerca de cómo otros escritores de los evangelios hacen esta inferencia, *Resurrecting Jesus*, págs. 250-52.
34. Para un análisis más pormenorizado, véase el excelente libro de Kraemer, *Unreliable Witnesses*.
35. King, trad., *The Gospel of Mary of Magdala*, 17. Cf. King *et al.*, eds., «The Gospel of Mary (BG 8502,1)», en *NHL*, págs. 523-27.
36. La cursiva es nuestra.
37. Dodd, «The Appearances of the Risen Christ», págs. 9-35.
38. La cursiva es nuestra.
39. Dodd, «The Appearances of the Risen Christ».
40. La cursiva es nuestra.
41. La cursiva es nuestra.
42. La cursiva es nuestra.

43. Allison, *Resurrection of Jesus: Apologetics, Criticism, History*, pág. 11.
44. La cursiva es nuestra.
45. Ireneo, *Adversus Haereses*, I, pref., 2.
46. Citando a *Ante-Nicene Fathers*, traducción de Roberts y Rambaut.
47. *Adversus Haereses*, V.2.3.
48. Ibíd., IV.18.5.
49. La cursiva es nuestra.
50. Justino Mártir expresa una esperanza similar para el reinado milenario de Cristo en la tierra en *Dialogue with Trypho*, pág. 80.
51. La cursiva es nuestra.
52. Rousseau, *Pachomius*.
53. «*Plegaria del Apóstol Pablo*», NHC I,1 A.1-B.10 (mi propia traducción).
54. *The Apocryphon of James*, NHC I,2.
55. Elaine Pagels, «How the Gospel of Truth Depicts Paul's Secret Teaching», págs. 99-112.
56. «The Letter (or Treatise) on Resurrection», NHC I,4 43.25-44.12.
57. Michael D. Coogan, ed., *The New Oxford Annotated Bible: New Revised Standard Version with the Apocrypha*, 3ª ed. (Nueva York: Oxford University Press, 2001). Richard Horsley traduce el término griego *psychikon* como «físico», que es una traducción cuestionable, dado que la traducción literal es «psíquico», es decir, «cuerpo anímico».
58. Ibíd., NHC I,4 45.19-46.2. La cursiva es nuestra.
59. Ibíd., NHC I,4 48.10-37. La cursiva es nuestra.
60. Ibíd., NHC I,4 49.29-32. Relevante en lo que concierne a este maestro es lo que Tanya Luhrmann demuestra en su libro más reciente, el cual nos dice cómo los buscadores espirituales a través de diversas tradiciones a menudo enfatizan el mismo punto: que alcanzar la comprensión espiritual requiere participar en prácticas tales como

el ayuno, la meditación y la oración (*How God Becomes Real*, en especial 72 y *ss*.).

61. Elaine Pagels, *Why Religion?* (Nueva York: Ecco, 2018), passim.

62. Sanders, *Historical Figure of Jesus*, pág. 280.

63. Ibíd.

64. Harnack, *History of Dogma*, vol. I, pág. 85.

6. ¿Cómo Jesús se «convirtió en Dios»?

1. Ehrman, *How Jesus Became God*, 8, págs. 232-52. Véanse también sus numerosos libros, incluyendo *The Orthodox Corruption of Scripture*.
2. Sobre el Diatesarón, véase Barker, *Tatian's Diatessaron: Composition, Redaction, Recension, and Reception*; Petersen, *Tatian's Diatessaron: Its Creation, Dissemination, Significance, and History in Scholarship;* Boismard, *Le Diatessaron: De Tatien à Justin;* Lange, *Ephraem der Syrer: Kommentar zum Diatessaron;* Laurentin, *Nouveau Diatessaron: Les Quatre Évangiles en un Seul*.
3. Ireneo, *Adversus Haereses*, I, pref., pág. 2.
4. Ibíd., pref.
5. Ireneo, *Adversus Haereses*, III.11.8.
6. Para una relación clara de los hechos, véase Musurillo, «Letter of the Churches of Lyons and Vienne», págs. 62-85. Para el contexto histórico véase Frend, *Martyrdom and Persecution in the Early Church*. Véanse también perspectivas más recientes en Bowersock, *Martyrdom and Rome;* Boyarin, *Dying for God*; Castelli, *Martyrdom and Memory*; Moss, *The Myth of Persecution*.
7. Musurillo, «The Martyrdom of Polycarp», págs. 2-21.
8. Tertuliano, *Apology*, pág. 50.

9. Las evaluaciones históricas acerca de Constantino, sus motivos, acciones e influencia, son numerosas e intensamente debatidas. Véase, por ejemplo, Pohlsander, *The Emperor Constantine*; Cameron y Hall, eds., *Eusebius: Life of Constantine*; Cameron, *The Later Roman Empire;* Lenski, ed., *The Cambridge Companion to the Age of Constantine*; Barnes, *Constantine: Dynasty, Religion and Power in the Later Roman Empire*.
10. Véase Drake, *Constantine and the Bishops*; Lenski, *Constantine and the Cities;* Barnes, *Constantine and Eusebius*.
11. Eusebio, *Ecclesiastical History*, 7.25.
12. Chadwick, *The Church in Ancient Society*, pág. 105.
13. Ibíd.
14. Al menos, según la leyenda. Para un análisis de la cantidad de este tipo de incidentes, véase MacMullen, *Voting About God in Early Church Councils*, pág. 206.
15. Sobre el Concilio de Nicea, hay muchos estudios accesibles, incluyendo el de Rowan Williams, antiguo arzobispo de Canterbury, *Tokens of Trust*.

7. ¿Quién es Jesús?

1. Luhrmann, *When God Talks Back*, pág. xi.
2. Ibíd., pág. xix.
3. Ibíd., pág. 76. La cursiva es nuestra.
4. Ibíd., pág. xxi.
5. Ibíd., pág. 111.
6. Richard Rohr, citado en ibíd., pág. 164.
7. Ibíd., pág. 324.

8. Ibíd.
9. Ibíd., pág. 325.
10. Ibíd., pág. xxiv.
11. Cone, *The Cross and the Lynching Tree*, págs. xiv-xv.
12. Cone, *The Spirituals and the Blues*. La cursiva es nuestra.
13. *Acts of John*, págs. 94-96.
14. Cannell, «The Funeral of the Dead Christ», págs. 165-82. Véase también su excelente introducción al volumen que ha editado, *The Anthropology of Christianity*, págs. 1-50, así como su capítulo en el mismo volumen, «Reading as Gift and Writing as Theft», págs. 134-62.
15. Rafael, *Contracting Colonialism*.
16. Vilaça, *Paletó and Me*, pág. 14. Véase también su influyente monografía acerca de su investigación en el Amazonas, *Praying and Preying*.
17. Véase la perspectiva, el análisis y la crítica de Robbins de los enfoques utilitarios e intelectualistas a la investigación antropológica en su influyente monografía, *Becoming Sinners*, sobre todo el cap. 2, «Christianity and the Colonial Transformation of Regional Relations», 84 y *ss*.
18. Cannell, «Kinship, Reciprocity and Devotions to the Saints», págs. 183-200.
19. Gow, «Forgetting Conversion», págs. 211-39. Véase también su monografía, *An Amazonian Myth and Its History*.
20. Gow, «Forgetting Conversion», pág. 227.
21. Ibíd., pág. 226.
22. Ibíd., pág. 232. La cursiva es nuestra.
23. Keller, «Scriptural Study as Normal Science», págs. 273-94.
24. Ibíd., pág. 282.
25. Ibíd., pág. 292.
26. Robbins, *Becoming Sinners*, págs. 316-17.

27. Ibíd., pág. 119.
28. Roberts, *To Be Cared For*, pág. 3.
29. Ibíd., págs. 124-25.
30. Véase Wilkerson, *Caste*.
31. Roberts, *To Be Cared For*, pág. 227.
32. Ibíd., pág. 224.
33. Ibíd., pág. 221.
34. *Salvador Dalí, 1904-1989,* pág. 166.
35. Jung, *Man and His Symbols*, pág. 231.
36. Crucifixión de Chagall: Pagels, *The Origin of Satan*, passim.
37. Véase Walsh, Staley y Reinhartz, eds., *Son of Man,* en especial S. D. Giere, «'This Is My World'!», págs. 23-33; la introducción por los editores y otros recomendables ensayos.
38. Kazantzakis, *The Last Temptation of Christ*, pág. 1.
39. Tolstoi, *The Kingdom of God Is Within You*.

Conclusión

1. Crossan, *The Historical Jesus*, págs. 391-91; Crossan, *Who Killed Jesus?*, págs. 202-10.
2. Borg, *Jesus: Uncovering the Life*, págs. 186-90, 251-5.

Bibliografía

Adams, Edward. *The Stars Will Fall from Heaven: Cosmic Catastrophe in the New Testament and Its World*. Londres: T&T Clark, 2007.

Alexander, P.S. «Comparing Merkavah Mysticism and Gnosticism: An Essay in Method», *Journal of Jewish Studies* 35 (1984): págs. 1-18.

Allison, Dale C., Jr. *Constructing Jesus: Memory, Imagination, and History*. Grand Rapids, Mich.: Baker Academic, 2013.

–. *The End of the Ages Has Come: An Early Interpretation of the Passion and Resurrection of Jesus*. Eugene, Ore.: Wipf & Stock, 2013.

–. *The Historical Christ and the Theological Jesus*. Grand Rapids, Mich.: Eerdmans, 2009.

–. *Jesus of Nazareth: Millenarian Prophet*. Minneapolis: Fortress, 1998.

–. *Resurrecting Jesus: The Earliest Christian Tradition and Its Interpreters*. Londres: T&T Clark, 2005.

–. *The Resurrection of Jesus: Apologetics, Polemics, History*. Londres: Bloomsbury, 2021.

Altmann, Alexander. «'Homo Imago Dei' in Jewish and Christian Theology». *Journal of Religion* 48, nº 3 (1968): págs. 3-59.

Anderson, Paul N. *The Fourth Gospel and the Quest for Jesus: Modern Foundations Reconsidered*. Londres: T&T Clark, 2007.

Angus, Larry. *The Forbidden Gospels: New Gospels: Embracing the Spirit of God*. Shelbyville, Ky.: Wasteland Press, 2023.

Armstrong, Karen. *The Spiral Staircase: My Climb Out of Darkness*. Nueva York: Knopf, 2004. [*La escalera de caracol: en busca del sentido de la vida*, Madrid: Maeva Ediciones, 2006]

Arnal, William E. «The Rhetoric of Social Construction: Language and Society in the Gospel of Thomas», en *Rhetoric and Reality in Early Christianities*, ed. W. Braun (Waterloo, Ont.: Wilfrid Laurier University Press, 2005), págs. 27-47.

Attridge, Harold W. y George W. MacRae, trads. «The Gospel of Truth (I,3 y XXII,2)», en *The Nag Hammadi Library in English,* edición revisada, ed. James M. Robinson (Nueva York: HarperCollins, 1990), págs. 38-51.

–. «The Gospel of Truth», en *Nag Hammadi Codex I (The Jung Codex): I. Introductions, Texts, Translations, Indices*, ed. Harold Attridge. *Nag Hammadi Studies, The Coptic Gnostic Library* 22 (Leiden: Brill, 1985), págs. 55-122.

–. «The Gospel of Truth», en *Nag Hammadi Codex I (The Jung Codex): II. Notes,* ed. Harold Attridge. *Nag Hammadi Studies, The Coptic Gnostic Library* 23 (Leiden: Brill, 1985), págs. 39-135. [*Textos gnósticos, biblioteca de Nag Hammadi*, Madrid: Editorial Trotta, 2016]

Agustín, San, *The City of God Against the Pagans: Books XII-XV*, vol. IV. Traducido por P. Levine. LCL 414. Cambridge, Mass.: Harvard University Press, 1966. [*La ciudad de Dios*, Madrid: Biblioteca de Autores Cristianos, 2019]

–. *Confessions, Books 1-8*. Traducido por Carolyn J.-B. Hammond. LCL 26. Cambridge, Mass.: Harvard University Press, 2014.

–. *Confessions, Books 9-13*. Traducido por Carolyn J.-B. Hammond. LCL 27. Cambridge, Mass.: Harvard University Press, 2016. [*Confesiones de San Agustín*, Madrid: Ediciones Palabra, S.A., 2014]

Aurelio, Marco. *Marcus Aurelius*. Traducido por C.R. Haines. LCL 58. Cambridge, Mass.: Harvard University Press, 1930.

Bader, Chris. «When Prophecy Passes Unnoticed: New Perspectives on Failed Prophecy». *Journal for the Scientific Study of Religion* 38, nº 1 (1999): págs. 119-31.

Bagnall, Roger S. *Egypt in Late Antiquity*. Princeton: Princeton University Press, 1993.

Balch, David L. *Let Wives Be Submissive: The Domestic Code in I Peter*. Atlanta: Scholars Press, 1981.

Barker, James W. *Tatian's Diatessaron: Composition, Redaction, Recension, and Reception*. Oxford, U.K.: Oxford University Press, 2021.

Barnes, Timothy. *Constantine and Eusebius*. Cambridge, Mass.: Harvard University Press, 1981.

–. *Constantine: Dynasty, Religion and Power in the Later Roman Empire*. Malden, Mass.: Wiley-Blackwell, 2014.

Barnett, P. W. «The Jewish Sign Prophets–A.D. 40-70: Their Intentions and Origin», *New Testament Studies* 27 (1981): págs. 679-97.

Barré, Michael L. «The Crux of Psalm 22:17c: Solved at Long Last?», en *David and Zion*, ed. Bernard F. Batto *et al.* (Winona Lake, Ind.: Eisenbrauns, 2004), págs. 287-306.

Barton, Carlin A. *The Sorrows of the Ancient Romans: The Gladiator and the Monster*. Princeton: Princeton University Press, 1993.

Bauckham, Richard. *The Climax of Prophecy: Studies on the Book of Revelation*. Londres: T&T Clark, 1993.

–. *Jesus and the God of Israel*. Grand Rapids, Mich.: Eerdmans, 2009.

Bazzana, Giovanni B. *Having the Spirit of Christ: Spirit Possession and Exorcism*. New Haven: Yale University Press, 2020.

Beal, Timothy. *The Rise and Fall of the Bible: The Unexpected History of an Accidental Book*. Nueva York: Houghton Mifflin Harcourt, pág. 21.

Berger, David. «The Rebbe, the Jews, and the Messiah». *Commentary* 112, nº 2 (2001): págs. 23-30.

Betz, H.D. *The Greek Magical Papyri in Translation, Including the Demotic Spells*. Chicago: University of Chicago Press, 1992.

Bialecki, Jon. *A Diagram for Fire: Miracles and Variation in an American Charismatic Movement*. Oakland: University of California Press, 2017.

Blake, William. *The Everlasting Gospel and Other Poems*. Editado por Sasha Newborn. Yuma, Ariz.: Bandanna Books, 2011.

Boismard, M.-E. *Le Diatessaron: De Tatien à Justin*. París: J. Gabalda, 1992.

Borg, Marcus J. *Jesus: Uncovering the Life, Teachings, and Relevance of a Religious Revolutionary*. San Francisco: Harper, 1989.

–. *Meeting Jesus Again for the First Time: The Historical Jesus and the Heart of Contemporary Faith*. Nueva York: HarperCollins, 1994.

Borg, Marcus J. y N.T. Wright. *The Meaning of Jesus: Two Visions*. Nueva York: HarperCollins, 1999.

Boslooper, Thomas. *The Virgin Birth*. Filadelfia: Westminster, 1962.

Bowe, Barbara Ellen. «Dancing into the Divine: The Hymn of the Dance in the Acts of John», *Journal of Early Christian Studies* 7, nº 1 (1999): págs. 83-104.

Bowersock, G. W. *Fiction as History: Nero to Julian*. Berkeley: University of California Press, 1994.

–. *Martyrdom and Rome*. Cambridge, U.K.: Cambridge University Press, 2002.

Bowler, Kate. *Have a Beautiful, Terrible Day! Daily Meditations for the Ups, Downs, and In-Betweens*. Nueva York: Convergent, 2024.

Boyarin, Daniel. *Dying for God: Martyrdom and the Making of Christianity and Judaism*. Stanford: Stanford University Press, 1999.

–. *The Jewish Gospels: The Story of the Jewish Christ*. Nueva York: New Press, 2012.

Boyd, Samuel L. «Judaism, Christianity, and Islam: The Problem of 'Abrahamic Religions' and the Possibilities of Comparison», *Religion Compass* 13, nº 10 (2019): págs. 1-7.

–. *Language Contact, Colonial Administration, and the Construction of Identity in Ancient Israel*. Leiden: Brill, 2021.

Brakke, David. *The Gnostics: Myth, Ritual, and Diversity in Early Christianity*. Cambridge, Mass.: Harvard University Press, 2010. [*Los gnósticos: mito, ritual y diversidad en el cristianismo primitivo*, Salamanca: Ediciones Sígueme, 2013]

–. «Scriptural Practices in Early Christianity: Towards a New History of the New Testament Canon», en *Invention, Rewriting, Usurpation: Discursive Fights over Religious Traditions in Antiquity,* ed. J. Ulrich, A.-C. Jacobsen, y D. Brakke (Nueva York: Peter Lang, 2012), págs. 263-80.

–, trad. *Talking Back: A Monastic Handbook for Combating Demons*. Collegeville, Minn.: Liturgical Press, 2009.

Brandon, S.G.F. *Jesus and the Zealots: A Study of the Political Factor in Primitive Christianity*. Manchester, U.K.: Manchester University Press, 1967.

Braude, Ann D. *Radical Spirits: Spiritualism and Women's Rights in Nineteenth-Century America*. Bloomington: Indiana University Press, 2001.

–. *Sisters and Saints: Women and American Religion*. Oxford, U.K.: Oxford University Press, 2007.

Brock, Ann Graham. *Mary Magdalene, the First Apostle: The Struggle for Authority*. Cambridge, Mass.: Harvard University Press, 2003.

Brown, Peter. *The Cult of the Saints: Its Rise and Function in Latin*

Christianity. Chicago: University of Chicago Press, 1981. [*El culto a los Santos*, Salamanca: Ediciones Sígueme, S. A., 2018]

–. *Society and the Holy in Late Antiquity*. Berkeley: University of California Press, 1982.

–. *Through the Eye of a Needle: Wealth, the Fall of Rome, and the Making of Christianity in the West, 350-550 AD*. Princeton: Princeton University Press, 2012. [*Por el ojo de una aguja: la riqueza, la caída de Roma y la construcción del cristianismo en Occidente, 350-550 d. C*. Barcelona: Acantilado, 2016]

Brown, Raymond E. *The Birth of the Messiah: A Commentary on the Infancy Narratives in Matthew and Luke*. Garden City, N.Y.: Doubleday, 1979.

–. *The Death of the Messiah,* vol. 1. Nueva York: Doubleday, 1994.

–. *The Death of the Messiah,* vol. 2. Nueva York: Doubleday, 1994.

[*La muerte del Mesías: desde Getsemaní hasta el sepulcro (I y II)*, Navarra: Editorial Verbo Divino, 2021]

Butterworth, G. W., trad. *Origen on First Principles: Being Koetschau's Text of the* De Principiis *Translated into English, Together with an Introduction and Notes*. Gloucester, Mass.: Peter Smith, 1973.

Butts, Aaron Michael, y Simcha Gross, eds. *Jews and Syriac Christians: Intersections Across the First Millennium*. Tübingen: Mohr Siebeck, 2020.

Cameron, Averil. *The Later Roman Empire: AD 284-430*. Cambridge, Mass.: Harvard University Press, 1993. [*El bajo imperio romano*, Madrid: Ediciones Encuentro, S.A., 2001]

Cameron, Averil y Stuart G. Hall, eds. *Eusebius: Life of Constantine*. Oxford, U.K.: Clarendon Press, 1999.

Campenhausen, Hans von. *Aus der Frühzeit des Christentums*. Tübingen: Mohr Siebeck, 1963.

–. *The Fathers of the Greek Church*. Trad. por Stanley Godman. Nueva York: Pantheon, 1959. [*Los padres de la Iglesia. T.1: Padres griegos*, Madrid: Ediciones Cristiandad, S.A., 1974]

Cannell, Fenella. «The Funeral of the 'Dead Christ'», en Cannell, *Power and Intimacy in the Christian Philippines* (Cambridge, U.K.: Cambridge University Press, 1999), págs. 165-82.

–. «Introduction», en Cannell, *The Anthropology of Christianity* (Durham, N.C.: Duke University Press, 2006), págs. 1-50.

–. «Kinship, Reciprocity and Devotion to the Saints», en Cannell, *Power and Intimacy in the Christian Philippines* (Cambridge, U.K.: Cambridge University Press, 1999), págs. 183-200.

–. «Reading as Gift and Writing as Theft», en Cannell, *The Anthropology of Christianity* (Durham, N.C.: Duke University Press, 2006), págs. 134-62.

–, ed. *The Anthropology of Christianity*. Durham, N.C.: Duke University Press, 2006.

Cartlidge, David, y David Dungan. *Documents and Images for the Study of the Gospels*. Minneapolis: Fortress, 2015.

Castelli, Elizabeth. *Martyrdom and Memory: Early Christian Culture Making*. Nueva York: Columbia University Press, 2004.

Celso. *On the True Doctrine: A Discourse Against the Christians*. Trad. por Joseph Hoffman. Oxford, U.K.: Oxford University Press, 1987. [*Discurso verdadero contra los cristianos*, Madrid: Alianza Editorial, S.A., 2022]

Chadwick, Henry. *The Church in Ancient Society: From Galilee to Gregory the Great*. Oxford, U.K.: Clarendon, 2001.

–, trad. *Origen: Contra Celsum*. Cambridge, U.K.: Cambridge University Press, 1953. [*Orígenes: contra Celso*, Madrid: Editorial Católica, S.A., 1967]

Chapman, David. *Ancient Jewish and Christian Perceptions of Crucifixion*. Tübingen: Mohr Siebeck, 2008.

Christian, William A., Jr. *Local Religion in Sixteenth-Century Spain*. Princeton: Princeton University Press, 1981. [*Religiosidad local en la España de Felipe II*, San Sebastián: Editorial Nerea, S.A., 1991]

Clark, Elizabeth A. *Jerome, Chrysostom, and Friends: Essays and Translations*. Nueva York: Edwin Mellen Press, 1979.

Collins, John J. *The Apocalyptic Imagination: An Introduction to Jewish Apocalyptic Literature*. 2ª edición. Grand Rapids, Mich.: Eerdmans, 1998.

–. *Encounters with Biblical Theology*. Minneapolis: Fortress, 2005.

–. «Jesus and the Messiahs of Israel», en *Frühes Christentum*, ed. H. Canick, H. Lichtenberger y P. Schäfer (Tübingen: Mohr Siebeck, 1996), págs. 287-302.

Cone, James H. *The Cross and the Lynching Tree*. Maryknoll, N.Y.: Orbis, 2011.

–. *God of the Oppressed*. Edición revisada. Maryknoll, N.Y.: Orbis, 1997.

–. *My Soul Looks Back*. Maryknoll, N.Y.: Orbis, 1986.

–. *Risks of Faith: The Emergence of a Black Theology of Liberation, 1968–1998*. Boston: Beacon Press, 1999.

–. *Said I Wasn't Gonna Tell Nobody: The Making of a Black Theologian*. Maryknoll, N.Y.: Orbis, 2018.

–. *The Spirituals and the Blues*. Maryknoll, N.Y.: Orbis, 1991.

Coogan, Michael D., ed. *The New Oxford Annotated Bible: New Revised Standard Version with the Apocrypha*. 5ª edición. Oxford, U.K.: Oxford University Press, 2018.

Copenhaver, Brian P. *Hermetica: The Greek* Corpus Hermeticum *and the Latin Asclepius in a New English Translation, with Notes and Introduction*. Cambridge, U.K.: Cambridge University Press, 1992. [*Corpus Hermeticum y Asclepio*, Madrid: Ediciones Siruela, 2000]

Crossan, Jon Dominic. *The Birth of Christianity: Discovering What Happened in the Years Immediately After the Execution of Jesus*. Nueva York: HarperCollins, 1998.

–. *The Historical Jesus: The Life of a Mediterranean Jewish Peasant*. Nueva York: HarperCollins, 1991.

–. *Jesus: A Revolutionary Biography*. Nueva York: HarperCollins, 1994.

–. *Who Killed Jesus? Exposing the Roots of Anti-Semitism in the Gospel Story of the Death of Jesus*. Nueva York: HarperCollins, 1996.

Cullen, Countee. *The Black Christ and Other Poems*. Nueva York: Harper & Brothers, 1929.

Dabrowa, Edward. *Legio X Fretensis: A Prosopological Study of Its Officers (I-III c. A.D.)*. Stuttgart: Franz Steiner Verlag, 1993.

Daly, Robert J., ed. *Apocalyptic Thought in Early Christianity*. Grand Rapids, Mich.: Baker Academic, 2009.

Davies, Stevan L., trad. *The Gospel of Thomas: Annotated and Explained*. Woodstock, Vt.: Skylight Paths Publishing, 2002.

–. *Jesus the Healer: Possession, Trance, and the Origin of Christianity*. Nueva York: Continuum, 1995.

DeConick, April D., ed. *The Code Judas Papers: Proceedings of the International Congress on the Tchacos Codex Held at Rice University, Houston, Texas, March 13-16, 2008*. Leiden: Brill, 2009.

–. *Comparing Christianities: An Introduction to Early Christianity*. Hoboken, N.J.: Wiley-Blackwell, 2023.

–. *The Original Gospel of Thomas in Translation*. Londres: T&T Clark, 2006. [*El evangelio según Tomás*, Madrid: EDAF, S.L., 1989]

Dein, Simon. «Lubavitch: A Contemporary Messianic Movement», *Journal of Contemporary Religion* 12, nº 2 (1997): págs. 191-204.

–. «Mosiach Is Here Now: Just Open Your Eyes and You Can See Him», *Anthropology and Medicine* 9, nº 1 (2002): págs. 5-36.

–. «When Prophecy Fails: Messianism Amongst Lubavitcher Hasids», en *The Coming Deliverer: Millennial Themes in World Religions,* ed. Fiona Bowie and Christopher Deacy (Cardiff: University of Wales Press, 1997), págs. 238-60.

Deissmann, Adolf. *Light from the Ancient East: The New Testament Illustrated by Recently Discovered Texts of the Graeco Roman World.* 4ª edición (alemana). Trad. de L.R.M. Strachan. Grand Rapids, Mich.: Baker Book House, 1978 (reimpresión).

–. «Der Name Panthera», en *Orientalische Studien T. Nöldeke gewidmet,* ed. Carl Bezold (Giessen, Alemania: Alfred Töpelmann, 1906), págs. 871-75.

Deng, Francis Mading. *Dinka Folktales: African Stories from the Sudan.* Nueva York: Holmes & Meier, 1974.

Descharnes, Robert, y Gilles Néret. *Salvador Dalí, 1904-1989.* Londres: Taschen Verlag, 1989.

Desjardins, Michael. «Where Was the Gospel of Thomas Written?», *Toronto Journal of Theology* 8, nº 1 (1992): págs. 121-33.

Dirkse, Peter A., *et al.* «The Discourse on the Eighth and Ninth (NHC VI,6)», en *Nag Hammadi Codices V, 2-5 and VI with Papyrus Berolinensis 8502, 1 and 4,* ed. Douglas M. Parrott. *Nag Hammadi Studies, The Coptic Gnostic Library* 11 (Leiden: Brill, 1979), págs. 341-73.

Dodd, C.H. «The Appearances of the Risen Christ: An Essay in Form-Criticism of the Gospels», en *Studies in the Gospels,* ed. D.E. Nineham (Oxford, U.K.: Blackwell, 1955), págs. 9-35.

Dohrmann, Natalie B. y Annette Yoshiko Reed, eds. *Jews, Christians, and the Roman Empire: The Poetics of Power in Late Antiquity.* Filadelfia: University of Pennsylvania Press, 2013.

Drake, H.A. *Constantine and the Bishops: The Politics of Intolerance.* Baltimore: Johns Hopkins University Press, 2000.

–. «The Elephant in the Room: Constantine at the Council», en *The Cambridge Companion to the Council of Nicaea,* ed. Y. R. Kim (Cambridge, U.K.: Cambridge, University Press 2021), págs. 111-32.

Dubois, Jean-Daniel. «Le 'Nom Insigne' d'Après Marc le Mage», en *Noms Barbares I: Formes et Contextes d'une Pratique Magique,* ed. Michel Tardieu, Anna Van den Kerchove, y Michela Zago (Turnhout, Bélgica: Brepols, 2013), págs. 253-64.

Duff, Paul B. *Who Rides the Beast? Prophetic Rivalry and the Rhetoric of Crisis in the Churches of the Apocalypse*. Oxford, U.K.: Oxford University Press, 2001.

Dunderberg, Ismo. *The Beloved Disciple in Conflict? Revisiting the Gospels of John and Thomas*. Oxford, U.K.: Oxford University Press, 2006.

–. *Beyond Gnosticism: Myth, Lifestyle, and Society in the School of Valentinus*. Nueva York: Columbia University Press, 2008.

Dunn, Geoffrey D. «Catholic Reception of the Council of Nicaea», en *The Cambridge Companion to the Council of Nicaea,* ed. Y.R. Kim (Cambridge, U.K.: Cambridge University Press, 2021), págs. 347-67.

Dunning, Benjamin H. *Specters of Paul: Sexual Difference in Early Christian Thought*. Filadelfia: University of Pennsylvania Press, 2011.

Eddy, Mary Baker. *Science and Health with Key to the Scriptures*. Boston: Joseph Armstrong, 1900.

Edwards, Mark J. «The Creed», en *The Cambridge Companion to the Council of Nicaea*, ed. Y.R. Kim (Cambridge, U.K.: Cambridge University Press, 2021), págs. 135-57.

–. «Pseudo-Priscillian and the Gospel of Truth», *Vigiliae Christianae* 70 (2016): págs. 355-72.

Ehrman, Bart D. *How Jesus Became God: The Exaltation of a Jewish Preacher from Galilee*. Nueva York: HarperOne, 2014.

–. *The Orthodox Corruption of Scripture*. Oxford, U.K.: Oxford University Press, 2011.

–, trad. *The Apostolic Fathers II*. LCL 25. Cambridge, Mass.: Harvard University Press, 2003.

Elior, Rachel. «Mysticism, Magic, and Angelology: The Perception of Angels in Hekhalot Literature», *Jewish Studies Quarterly* 1, nº 1 (1993): págs. 3-53.

Emmel, Stephen, *et al*. «The Dialogue of the Savior», en *Nag Hammadi Codex III, 5*, ed. Stephen Emmel. *Nag Hammadi Studies, The Coptic Gnostic Library* 26 (Leiden: Brill, 1984), págs. 1-127.

Eusebio de Cesarea. *Ecclesiastical History,* vol. I, libros 1-5. Traducido por K. Lake. LCL 153. Cambridge, Mass.: Harvard University Press, 1926.

–. *Ecclesiastical History,* vol. II, libros 6-10. Traducido por J.E.L. Oulton. LCL 265. Cambridge, Mass.: Harvard University Press, 1932. [*Historia Eclesiástica*, Madrid: Biblioteca de Autores Cristianos, 2001-2008]

Evans, Craig A. «Prophet, Sage, Healer, Messiah, and Martyr: Types and Identities of Jesus», en *Handbook for the Study of the Historical Jesus,* 4 vols., ed. T. Holmén y S.E. Porter (Leiden: Brill, 2011), págs. 1217-43.

Eyl, Jennifer. *Signs, Wonders, and Gifts: Divination in the Letters of Paul*. Oxford, U.K.: Oxford University Press, 2019.

Festinger, Leon, *et al*. *When Prophecy Fails: A Social and Psychological Study of a Modern Group That Predicted the Destruction of the World*. Nueva York: Harper & Row, 1964. [*Cuando las profecías fallan*, Alicante: Pablo Vergel Fernández, Reediciones anómalas, 2019]

Filón de Alejandría. *The Embassy to Gaius,* vol. 10. Traducido por F.H. Colson. LCL 379. Cambridge, Mass.: Harvard University Press,

1962. [*Contra Flaco*, Barcelona: Ediciones La Tempestad, S.L., 2019]

Filóstrato, Flavio. *The Life of Apollonius of Tyana, Books I-IV*, vol. I. Traducido por C.P. Jones. LCL 16. Cambridge, Mass.: Harvard University Press, 2012. [*Vida de Apolonio de Tiana*, Madrid: Alianza Editorial, 2021]

Fitzmyer, Joseph. *The Gospel According to Luke I-IX*. Garden City, N.Y.: Doubleday, 1981. [*Evangelio según Lucas*, Madrid: Ediciones Cristiandad, S.A., 1986]

Flusser, David. *Jesus*. Nueva York: Herder and Herder, 1969. [*Jesús en sus palabras y en su tiempo*, Ediciones Cristiandad, S.A., 1975]

Frankfurter, David. *Elijah in Upper Egypt: The Apocalypse of Elijah and Early Egyptian Christianity*. Minneapolis: Fortress, 1993.

Frankl, Viktor E. *Man's Search for Meaning*. Boston: Beacon Press, 2006. [*El hombre en busca de sentido*, Barcelona, Herder Editorial, 2004]

Fredriksen, Paula. *From Jesus to Christ: The Origins of the New Testament Images of Jesus*. New Haven, Conn.: Yale University Press, 1988.

–. *Jesus of Nazareth: King of the Jews*. Nueva York: Knopf, 1999.

–. «What You See Is What You Get: Context and Content in Current Research on the Historical Jesus», *Theology Today* 52, nº 1 (1995): págs. 75-97.

–. *When Christians Were Jews: The First Generation*. New Haven, Conn.: Yale University Press, 2018.

Frend, W.H.C. *Martyrdom and Persecution in the Early Church: A Study of a Conflict from the Maccabees to Donatus*. Garden City, N.Y.: Anchor Books, 1967.

Friesen, Steven J. *Imperial Cults and the Apocalypse of John: Reading Revelation in the Ruins*. Oxford, U.K.: Oxford University Press, 2001.

–. «Revelation, Realia, and Religion: Archaeology in the Interpretation of the Apocalypse», *Harvard Theological Review* 88, nº 3 (1995): págs. 291-314.

–. «Satan's Throne, Imperial Cults and the Social Settings of Revelation», *Journal for the Study of the New Testament* 27, nº 3 (2005): págs. 351-73.

Fuller, Reginald. «*The Virgin Birth*, por Thomas Boslooper», *Journal of Religion* 43, nº 3 (1963): págs. 254-55.

Gager, John G. *Kingdom and Community: The Social World of Early Christianity*. Englewood Cliffs, N.J.: Prentice-Hall, 1975.

–. *Reinventing Paul*. Oxford, U.K.: Oxford University Press, 2000.

Gamble, Harry Y. *Books and Readers in the Early Church: A History of Early Christian Texts*. New Haven, Conn.: Yale University Press, 1995. [*Libros y lectores de la iglesia antigua: una historia de los primeros textos cristianos*, Salamanca: Ediciones Sígueme, S.A., 2024]

Garnsey, Peter y Caroline Humfress. *The Evolution of the Late Antique World*. Cambridge, U.K.: Orchard Academic, 2001.

Garnsey, Peter, *et al*. *The Roman Empire: Economy, Society and Culture*. 2ª edición, Oakland: University of California Press, 2015. [*El imperio romano: economía, sociedad y cultura*, Barcelona: Editorial Crítica, 1991]

Gathercole, Simon. *The Composition of the Gospel of Thomas: Original Language and Influences*. Cambridge, U.K.: Cambridge University Press, 2012.

–. *The Gospel of Thomas: Introduction and Commentary*. Leiden: Brill, 2014.

Gibson, Marion. *Order from Chaos: Responding to Traumatic Events*. Birmingham, U.K.: Venture, 1998.

Giere, S.D. «'This Is My World'! Son of Man (Jezile) and Cross-Cultural Convergences of Bible and World», en *Son of Man: An African Jesus*

Film, ed. Richard Walsh, Jeffrey Staley, y Adele Reinhartz (Sheffield, U.K.: Sheffield Phoenix Press, 2013), págs. 23-33.

Ginzberg, Louis. *The Legends of the Jews*. Filadelfia: Jewish Publication Society, 1925.

Goehring, James E. *Ascetics, Society, and the Desert: Studies in Early Egyptian Monasticism*. Harrisburg, Pa.: Trinity Press, 1999.

Goehring, James E., y Janet A. Timbie, eds. *The World of Early Egyptian Christianity: Language, Literature, and Social Context: Essays in Honor of David W. Johnson*. Washington, D.C.: Catholic University of America Press, 2007.

Gonzalez, David. «Lubavitchers Learn to Sustain Themselves Without the Rebbe», *New York Times*, 8 de noviembre de 1994.

Gow, Peter. *An Amazonian Myth and Its History*. Oxford, U.K.: Oxford University Press, 2001.

–. «Forgetting Conversion: The Summer Institute of Linguistics Mission in the Piro Lived World», en *The Anthropology of Christianity,* ed. Fenella Cannell (Durham, N.C.: Duke University Press, 2006), págs. 211-39.

Gregg, Robert C. y Dennis E. Groh. *Early Arianism–A View of Salvation*. Londres: SCM Press, 1981.

Gregory, Eric. *Politics and the Order of Love: An Augustinian Ethic of Democratic Citizenship*. Chicago: University of Chicago Press, 2008.

Gribetz, Sarit Kattan. *Time and Difference in Rabbinic Judaism*. Princeton: Princeton University Press, 2020.

Grull, Tibor. «The Fearful Battle Between Good and Evil», revisión de M. Goodman, *Rome and Jerusalem: The Clash of Ancient Civilizations* (Nueva York: Knopf, 2007), https://www.academia.edu/26970421/The_Fearful_Battle_between_Good_and_Evil.

Halpern, Daniel, ed. *Holy Fire: Nine Visionary Poets and the Quest for Enlightenment*. Nueva York: Harper Perennial, 1994.

Hanks, William F. *Converting Words: Maya in the Age of the Cross*. Berkeley: University of California Press, 2010.

Harnack, Adolph von. *History of Dogma*, vol. I. 3ª edición (en alemán). Traducido por Neil Buchanan. Londres: Williams & Norgate, 1894.

Harrington, Ann. *The Placebo Effect: An Interdisciplinary Exploration*. Cambridge, Mass.: Harvard University Press, 1999.

Harvey, W. Wigan, ed. *Saint Irenaeus, Bishop of Lyons' Five Books Against Heresies*, vol. I. Rochester, N.Y.: St. Irenaeus Press, 2013.

–, ed. *Saint Irenaeus, Bishop of Lyons' Five Books Against Heresies*, vol. II. Rochester, N.Y.: St. Irenaeus Press, 2013.

Haupt, Peter, y Sabine Hornung. «Ein Mitglied der Heiligen Familie? Zur Rezeption eines römischen Soldatengrabsteines aus Bingerbrück, Kr. Mainz-Bingen», *Archäologische Informationen* 27, nº 1 (2004): págs. 133-40.

Hays, Richard B. «Christ Prays the Psalms: Israel's Psalter as Matrix of Early Christology», en Hays, *The Conversion of the Imagination: Paul as Interpreter of Israel's Scripture* (Grand Rapids, Mich.: Eerdmans, 2005), págs. 101-38.

Hengel, Martin. *Crucifixion in the Ancient World and the Folly of the Message of the Cross*. Filadelfia: Fortress, 1977.

Herrin, Judith. *The Formation of Christendom*. Princeton: Princeton University Press, 1987.

Hewitt, Joseph. «The Use of Nails in the Crucifixion», *Harvard Theological Review* 25 (1932): págs. 29-45.

Himmelfarb, Martha. *The Apocalypse: A Brief History*. Malden, Mass.: Wiley-Blackwell, 2010.

–. *Ascent to Heaven in Jewish and Christian Apocalypses*. Oxford, U.K.: Oxford University Press, 1993.

–. «Heavenly Ascent and the Relationship of the Apocalypses and the

'Hekhalot' Literature», *Hebrew Union College Annual* 59 (1988): págs. 3-100.

Hock, Ronald F. y Edward N. O'Neal. *The Chreia in Ancient Rhetoric*, vol. 1, *The Progymnasmata*. Atlanta: Scholars Press, 1986.

–. *The Chreia in Ancient Rhetoric*. Vol. 2, *Classroom Exercises*. Atlanta: Scholars Press, 2002.

Holt, P. M. «Islamic Millenarianism and the Fulfillment of Prophecy: A Case Study», en *Prophecy and Millenarianism: Essays in Honor of Marjorie Reeves,* ed. Ann Williams (Essex: Longman, 1980), págs. 335-48.

Hopkins, Gerald Manley. *The Wreck of the Deutschland*. Bristol, U.K.: Shearsman Books, 2017.

Horsley, Richard A. *Jesus and the Spiral of Violence: Popular Jewish Resistance in Roman Palestine*. San Francisco: Harper & Row, 1987.

Idel, Moshe. *Kabbalah: New Perspectives*. New Haven, Conn.: Yale University Press, 1988. [*Cábala: nuevas perspectivas*, Madrid: Siruela, 2005]

Ireneo. *Against Heresies*. Traducido por A. Roberts y W. Rambaut. *Ante-Nicene Fathers,* 1. Editado por A. Roberts, J. Donaldson y A.C. Coxe. Buffalo, N.Y.: Christian Literature Publishing, 1885. [*Contra las herejías*, Madrid: Editorial Ciudad Nueva, 2022]

Iricinschi, Eduard y Holger M. Zellentin, eds. *Heresy and Identity in Late Antiquity*. Tübingen: Mohr Siebeck, 2008.

Isaac, B. *The Limits of Empire: The Roman Army in the East*. Oxford, U.K.: Clarendon, 1992.

Isenberg, Wesley W., trad. «The Gospel of Philip (II,3)», en *The Nag Hammadi Library in English*, edición revisada, ed. James M. Robinson (Nueva York: HarperCollins, 1990), págs. 139-60.

James, William. *The Varieties of Religious Experience: A Study in*

Human Nature. Nueva York: Macmillan, 1961. [*Variedades de la experiencia religiosa*, Madrid: Editorial Trotta, 2017]

Jenott, Lance. «Clergy, Clairvoyance, and Conflict: The Synod of Latopolis and the Problem with Pachomius' Visions», en *Beyond the Gnostic Gospels: Studies Building on the Work of Elaine Pagels*, ed. E. Iricinschi *et al*. Tübingen: Mohr Siebeck, 2013.

Jenott, Lance y Sarit Kattan Gribetz, eds. *Jewish and Christian Cosmogony in Late Antiquity*. Tübingen: Mohr Siebeck, 2013.

Jenott, Lance y Hugo Lundhaug. *The Monastic Origins of the Nag Hammadi Codices*. Tübingen: Mohr Siebeck, 2015.

Jenott, Lance y Elaine Pagels. «Antony's Letters and Nag Hammadi Codex I: Sources of Religious Conflict in Fourth-Century Egypt», *Journal of Early Christian Studies* 18, nº 4 (2010): págs. 557-89.

Johnson, Luke Timothy. *The Real Jesus: The Misguided Quest for the Historical Jesus and the Truth of the Traditional Gospels*. Nueva York: HarperCollins, 1996.

Johnson, Sylvester A. *The Myth of Ham in Nineteenth-Century American Christianity: Race, Heathens, and the People of God*. Nueva York: Palgrave Macmillan, 2004.

Josefo, Flavio. *Jewish Antiquities, Books XII–XIII,* vol. IX. Traducido por Ralph Marcus. LCL 365. Cambridge, Mass.: Harvard University Press, 1998.

–. *The Jewish War, Books I-II*, vol. II. Traducido por H. St. J. Thackeray. LCL 203. Cambridge, Mass.: Harvard University Press, 1927. [*Antigüedades de los judíos*, Barcelona: Editorial Clie, 2015]

–. *The Life, Against Apion*, vol. I. Traducido por H. St. J. Thackeray. LCL 186. Londres: Heinemann, 1926. [*Contra Apion*, Barcelona: Aguilar, 1967]

Jung, Carl G. *Man and His Symbols*. Nueva York: Bantam, 2023. [*El hombre y sus símbolos*, Barcelona: Aguilar, 1977]

Kaag, John. *Hiking with Nietzsche: On Becoming Who You Are*. Nueva York: Farrar, Strauss and Giroux, 2018.

–. *Sick Souls, Healthy Minds: How William James Can Save Your Life*. Princeton: Princeton University Press, 2020.

Kaag, John y Jonathan van Belle. *Henry at Work: Thoreau on Making a Living*. Princeton: Princeton University Press, 2023.

Kazantzakis, Nikos. *The Last Temptation of Christ*. Nueva York: Simon & Schuster, 1998. [*La última tentación*, Barcelona: Editorial Debate, 1988]

Kee, Howard Clark. *Jesus in History: An Approach to the Study of the Gospels*. Nueva York: Harcourt, Brace & World, 1970.

Keith, Chris. «Memory and Authenticity: Jesus Tradition and What Really Happened», *Zeitschrift für die neutestamentliche Wissenschaft* 102 (2011): págs. 155-77.

Keller, Eva. «Scriptural Study as Normal Science: Seventh Day Adventist Practice on the East Coast of Madagascar», en *The Anthropology of Christianity,* ed. Fenella Cannell (Durham, N.C.: Duke University Press, 2006), págs. 273-94.

Kennedy, George A. *The Art of Rhetoric in the Roman World: 300 BC-AD 300*. Princeton: Princeton University Press, 1972.

Kermode, Frank. *The Sense of an Ending: Studies in the Theory of Fiction*. Oxford, U.K.: Oxford University Press, 2000. [*El sentido de un final: estudios sobre la teoría de la ficción*, Barcelona: Gedisa, 2023]

Kim, David. «A Korean Reader's Insight on Thomas and Its Oral Tradition Origin», en *Global Korea, Old and New: Proceedings of the Sixth Biennial KSAA International Conference, New South Wales, Australia, July 2009,* ed. Duk-Soo Park (Sydney: Korean Studies Association of Australasia, 2010), págs. 499-510.

Kim, Young Richard, ed. *The Cambridge Companion to the Council of Nicaea*. Cambridge, U.K.: Cambridge University Press, 2021.

King, Karen L. *The Gospel of Mary of Magdala: Jesus and the First Woman Apostle*. Santa Rosa, Calif.: Polebridge, 2003.

–. *The Secret Revelation of John*. Cambridge, Mass.: Harvard University Press, 2006.

–. «Which Early Christianity?» En *The Oxford Handbook of Early Christian Studies,* ed. S. A. Harvey y D. G. Hunter (Oxford, U.K.: Oxford University Press, 2008), págs. 66-86.

King, Karen L., *et al.*, eds. «The Gospel of Mary (BG 8502,l)», en *The Nag Hammadi Library in English*, edición revisada, ed. James M. Robinson (Nueva York: HarperCollins, 1990), págs. 523-27.

Kloppenborg, John S., Marvin W. Meyer, Stephen J. Patterson, y Michael G. Steinhauser, eds. *Q-Thomas Reader*. Sonoma, Calif.: Polebridge, 1990.

Koester, Helmut. *Ancient Christian Gospels: Their History and Development*. Londres: SCM Press, 1990.

Kraemer, Ross S. *Maenads, Martyrs, Matrons, Monastics: A Sourcebook on Women's Religions in the Greco-Roman World*. Filadelfia: Fortress, 1988.

–. *Unreliable Witnesses: Religion, Gender, and History in the Greco-Roman Mediterranean*. Oxford, U.K.: Oxford University Press, 2011.

Kreps, Anne. «The Passion of the Book: The *Gospel of Truth* as Valentinian Scriptural Practice», *Journal of Early Christian Studies* 24, nº 3 (2016): págs. 311-35.

Kripal, Jeffrey J. *Authors of the Impossible*. Chicago: University of Chicago Press, 2011. [*Autores de lo imposible: lo paranormal y lo sagrado*, Barcelona: Editorial Kairós, S.A., 2012]

–. *Roads of Excess, Palaces of Wisdom: Eroticism and Reflexivity in the Study of Mysticism*. Chicago: University of Chicago Press, 2001.

–. *The Superhumanities*. Chicago: University of Chicago Press, 2022.

Kugel, James L. *The Great Shift: Encountering God in Biblical Times*. Boston: Houghton Mifflin Harcourt, 2017.

Laercio, Diógenes. *Lives of Eminent Philosophers,* vol. I. Traducido por R.D. Hicks. LCL 184. Cambridge, Mass.: Harvard University Press, 1972. [*Vidas de filósofos ilustres*, Barcelona: Ediciones Omega, S.A., 2003]

Lambdin, Thomas, trad. «The Gospel of Thomas (II,2)», en *The Nag Hammadi Library in English*, edición revisada, ed. James M. Robinson (Nueva York: HarperCollins, 1990), págs. 124-38.

Lampe, Peter. *From Paul to Valentinus: Christians at Rome in the First Two Centuries*. Traducido por M. Steinhauser. Minneapolis: Fortress, 2003. [*Los primeros cristianos en Roma: de Pablo a Valentín*, Salamanca: Ediciones Sígueme, S.A., 2023]

Landes, Richard. «On Owls, Roosters, and Apocalyptic Time: A Historical Method for Reading a Refractory Documentation», *Union Seminary Quarterly Review* 49 (1995): págs. 49-69.

Lange, Christian. *Ephraem der Syrer: Kommentar zum Diatessaron*. Turnhout, Bélgica: Brepols, 2008.

Larsen, Matthew D.C. *Gospels Before the Book*. Oxford, U.K.: Oxford University Press, 2015.

Laurentin, René. *Nouveau Diatessaron: Les Quatre Évangiles en un Seul*. París: Fayard, 2002.

Layton, Bentley, ed. *The Rediscovery of Gnosticism: Proceedings of the International Conference on Gnosticism at Yale, New Haven, Connecticut, March 28-31, 1978*, vol. 1, *The School of Valentinus*. Leiden: Brill, 1980.

Layton, Bentley, *et al*. «Tractate 2: The Gospel According to Thomas», en *Nag Hammadi Codex II, 2-7, Together with XIII, 2* Brit. Lib. Or.*

4926(1) and P. Oxy. 1, 654, 655, ed. Bentley Layton. *Nag Hammadi Studies, The Coptic Gnostic Library* 20 (Leiden: Brill, 1989), págs. 37-128, 264-89.

Layton, Bentley, *et al.* «Tractate 3: Gospel According to Philip». En *Nag Hammadi Codex II, 2-7, Together with XIII, 2* Brit. Lib. Or. 4926(1) and P. Oxy. 1*, 654, 655, ed. Bentley Layton. *Nag Hammadi Studies, The Coptic Gnostic Library* 20 (Leiden: Brill, 1989), págs. 129-217, 290-320.

Leloup, Jean-Yves. *The Gospel of Mary Magdalene*. Traducido por Joseph Rowe. Rochester, Vt.: Inner Traditions, 2002. [*El evangelio de María: Myriam de Magdala*, Barcelona: Herder Editorial, 2007]

Lenski, Noel. *Constantine and the Cities: Imperial Authority and Civic Politics (Empire and After)*. Filadelfia: University of Pennsylvania Press, 2016.

–, ed. *The Cambridge Companion to the Age of Constantine*. Cambridge, U.K.: Cambridge University Press, 2005.

Letteney, Mark. *The Christianization of Knowledge in Late Antiquity: Intellectual and Material Transformations*. Cambridge, U.K.: Cambridge University Press, 2023.

Levenson, Jon D. *Creation and the Persistence of Evil: The Jewish Drama of Divine Omnipotence*. Princeton: Princeton University Press, 1994.

Levine, Amy-Jill. *The Misunderstood Jew: The Church and the Scandal of the Jewish Jesus*. Nueva York: HarperCollins, 2006.

–. *Short Stories by Jesus: The Enigmatic Parables of a Controversial Rabbi*. Nueva York: HarperCollins, 2014. [*Relatos cortos de Jesús: las parábolas enigmáticas de un rabino polémico*, Navarra: Editorial Verbo Divino, 2016]

Levine, Amy-Jill, Dale C. Allison Jr. y John Dominic Crossan, eds. *The Historical Jesus in Context*. Princeton: Princeton University Press, 2006.

Leyden, Liz. «5 Years After Death, Messiah Question Divides Lubavitchers», *Washington Post*, 20 de junio de 1999.

Lied, Liv Ingeborg y Hugo Lundhaug, eds. *Snapshots of Evolving Traditions: Jewish and Christian Manuscript Culture, Textual Fluidity, and New Philology*. Berlín: De Gruyter, 2017.

Lieu, Judith M. «Accusations of Jewish Persecution in Early Christian Sources, with Particular Reference to Justin Martyr and the Martyrdom of Polycarp», en *Tolerance and Intolerance in Early Judaism and Christianity,* ed. G.N. Stanton y G.G. Stroumsa (Cambridge, U.K.: Cambridge University Press, 1998), págs. 279-95.

–. *Neither Jew Nor Greek: Constructing Early Christianity*. Londres: T&T Clark, 2002.

Lincoln, Bruce. *Discourse and the Construction of Society: Comparative Studies of Myth, Ritual, and Classification*. Oxford, U.K.: Oxford University Press, 1989.

Littlewood, Jane. *Aspects of Grief: Bereavement in Adult Life*. Londres: Tavistock/Routledge, 1992.

Livingston, David L. *Adam's Ancestors: Race, Religion, and the Politics of Human Origins*. Baltimore: Johns Hopkins University Press, 2008.

Lüdemann, Gerd. *The Resurrection of Jesus: History, Experience, Theology*. Minneapolis: Fortress, 1994. [*La resurrección de Jesús. Historia, experiencia, teología*, Madrid: Editorial Trotta, S.A., 2001]

–. *Untersuchungen zur simonianischen Gnosis*. Göttingen: Vandenhoeck & Ruprecht, 1975.

–. *What Really Happened to Jesus: A Historical Approach to the Resurrection*. Traducido por John Bowden. Louisville: John Knox Westminster, 1995.

Luhrmann, Tanya. *How God Becomes Real: Kindling the Presence of Invisible Others*. Princeton: Princeton University Press, 2020.

–. *When God Talks Back: Understanding the American Evangelical Relationship with God*. Nueva York: Vintage, 2012.

Luhrmann, T.M. y Jocelyn Marrow, eds. *Our Most Troubling Madness: Case Studies in Schizophrenia Across Cultures*. Oakland: University of California Press, 2016.

Luijendijk, AnneMarie. «The Gospel of Mary at Oxyrhynchus (P. Oxy. L 3525 and P. Ryl. III 463): Rethinking the History of Early Christianity Through Literary Papyri from Oxyrhynchus», en *Re-Making the World: Christianity and Categories*, ed. T.G. Petry *et al.* (Tübingen: Mohr Siebeck, 2019), págs. 391-421.

–. *Greetings in the Lord: Early Christians and the Oxyrhynchus Papyri*. Cambridge, Mass.: Harvard University Press, 2008.

–. «Reading the *Gospel of Thomas* in the Third Century: Three Oxyrhynchus Papyri and Origen's *Homilies*», en *Reading New Testament Papyri in Context,* ed. C. Clivaz y J. Zumstein (Leuven: Peeters, 2011), págs. 241-68.

Lundhaug, Hugo. *Images of Rebirth: Cognitive Poetics and Transformational Soteriology in the* Gospel of Philip *and the* Exegesis on the Soul. Leiden: Brill, 2010.

Lutero, Martín. *Three Treatises*. Filadelfia: Muhlenberg Press, 1960.

Luz, Ulrich. *Matthew 1-7*. Minneapolis: Fortress, 2007. [*El evangelio según san Mateo*, Salamanca: Ediciones Sígueme, S.A., 2010]

Lyman, Rebecca. «Arius and Arianism: The Origins of the Alexandrian Controversy», en *The Cambridge Companion to the Council of Nicaea,* ed. Y. R. Kim (Cambridge, U.K.: Cambridge University Press, 2021), págs. 42-62.

Maccoby, Hyam. *Revolution in Judaea: Jesus and the Jewish Resistance*. Nueva York: Taplinger Publishing, 1980.

Mack, Burton L. «Elaboration of the Chreia in the Hellenistic School», en Burton L. Mack y Vernon K. Robbins, *Patterns of Persuasion in the Gospels* (Sonoma, Calif.: Polebridge, 1989), págs. 31-67.

MacMullen, Ramsay. *Christianizing the Roman Empire (A.D. 100-400)*. New Haven, Conn.: Yale University Press, 1984.

–. *Voting About God in Early Church Councils*. New Haven, Conn.: Yale University Press, 2006.

Magid, Shaul, ed. *The Bible, the Talmud, and the New Testament: Elijah Zvi Soloveitchik's Commentary to the Gospels*. Traducido por J.G. Levy. Filadelfia: University of Pennsylvania Press, 2019.

Marcus, Joel. «The Jewish War and the Sitz im Leben of Mark», *Journal of Biblical Literature* 111, nº 3 (1992): págs. 441-62.

–. *Mark 1-8*. Nueva York: Doubleday, 1999.

–. «The Once and Future Messiah in Early Christianity and Chabad», *New Testament Studies* 46, nº 3 (2001): págs. 381-401.

Marjanen, Antti. «Is Thomas a Gnostic Gospel?» En *Thomas at the Crossroads,* ed. Risto Uro *et al*. (Edimburgo: T&T Clark, 1998), págs. 107-39.

–. *Was There a Gnostic Religion?* Göttingen: Vandenhoeck & Ruprecht, 2005.

Markschies, Christoph. *Christian Theology and Its Institutions in the Early Roman Empire: Prolegomena to a History of Early Christian Theology*. Traducido por Wayne Coppins. Waco, Tex.: Baylor University Press, 2015.

Martin, Clancy. *How Not to Kill Yourself: A Portrait of the Suicidal Mind*. Nueva York: Pantheon, 2023. [*Cómo no acabar con todo*, Barcelona: Gatopardo Ediciones, 2024]

McGowan, Andrew B. y Kent Harold Richards. *Method and Meaning: Essays on New Testament Interpretation in Honor of Harold W. Attridge*. Atlanta: Society of Biblical Literature, 2011.

Meeks, Wayne A. *The First Urban Christians: The Social World of the Apostle Paul*. New Haven, Conn.: Yale University Press, 1983. [*Los primeros cristianos urbanos: el mundo social del apóstol Pablo*, Salamanca: Ediciones Sígueme, S.A., 1988]

–. *The Origins of Christian Morality: The First Two Centuries*. New Haven, Conn.: Yale University Press, 1993. [*Los orígenes de la moralidad cristiana: los dos primeros siglos*, Barcelona: Editorial Ariel, 1994]

Meier, John P. *A Marginal Jew: Rethinking the Historical Jesus*, vol. 1, *The Roots of the Problem and the Person*. Nueva York: Doubleday, 1991.

–. *A Marginal Jew: Rethinking the Historical Jesus*. Vol. 2, *Mentor, Message, and Miracles*. New Haven, Conn.: Yale University Press, 1994. [*Un judío marginal, nueva visión del Jesús histórico* (obra completa), Navarra: Editorial Verbo Divino, 1997]

Ménard, Jacques E. «La Structure et la Langue Originale de L'Évangile de Vérité», *Revue des Sciences Religieuses* 44 (1970): págs. 28-37.

Mermelstein, Ari. *Creation, Covenant, and the Beginnings of Judaism: Reconceiving Historical Time in the Second Temple Period*. Leiden: Brill, 2014.

Meyer, Marvin, ed. *The Nag Hammadi Scriptures: The International Edition*. Nueva York: HarperCollins, 2007.

Meyer, Marvin, *et al*., eds. *Ancient Christian Magic: Coptic Texts of Ritual Power*. Princeton: Princeton University Press, 1994.

Miles, Jack. *God: A Biography*. Nueva York: Vintage, 1996. [*Dios. Una biografía*, Barcelona: Editorial Planeta, S.A., 1996]

Millar, Fergus. «Reflections on the Trials of Jesus», en *A Tribute to Geza Vermes: Essays on Jewish and Christian Literature and History,* ed. P.R. Davies y R.T. White (Sheffield, U.K.: Sheffield Academic, 1990), págs. 355-81.

Miller, Robert J. *Born Divine: The Births of Jesus and Other Sons of God*. Santa Rosa, Calif.: Polebridge, 2003.

Moessner, David P., ed. *Jesus and the Heritage of Israel: Luke's Narrative Claim upon Israel's Legacy*. Harrisburg, Pa.: Trinity Press, 1999.

Moss, Candida. *Divine Bodies: Resurrecting Perfection in the New Testament and Early Christianity*. New Haven: Yale University Press, 2019.

–. *The Myth of Persecution: How Early Christians Invented a Story of Martyrdom*. Nueva York: HarperCollins, 2013.

–. *The Other Christs: Imitating Jesus in Ancient Christian Ideologies of Martyrdom*. Oxford, U.K.: Oxford University Press, 2012.

Motley, Eric L. *Madison Park: A Place of Hope*. Grand Rapids, Mich.: Zondervan, 2017.

Mroczek, Eva. *The Literary Imagination in Jewish Antiquity*. Oxford, U.K.: Oxford University Press, 2016.

Murcia, Thierry. «Yeshua ben Panthera: L'Origine du Nom, Status Quaestionis et Nouvelles Investigations», *Ancient Judaism* 2 (2014): págs. 57-207.

Mueller, Dieter. «The Prayer of the Apostle Paul», en *Nag Hammadi Codex I (The Jung Codex): I. Introductions, Texts, Translations, Indices*, ed. Harold Attridge. *Nag Hammadi Studies, The Coptic Gnostic Library* 22 (Leiden: Brill, 1985), págs. 5-11.

–. «The Prayer of the Apostle Paul», en *Nag Hammadi Codex I (The Jung Codex): II. Notes*, ed. Harold Attridge. *Nag Hammadi Studies, The Coptic Gnostic Library* 23 (Leiden: Brill, 1985), págs. 1-5.

Musurillo, Herbert. «Acts of Justin and His Companions», en Musurillo, ed., *The Acts of the Christian Martyrs* (Oxford, U.K.: Clarendon Press, 1972), págs. 42-61.

–, ed. *The Acts of the Christian Martyrs: Introduction, Texts, and Translations*. Oxford, U.K.: Clarendon Press, 1972.

–. «Letter of the Churches of Lyons and Vienne», en Musurillo, ed., *The Acts of the Christian Martyrs: Introduction, Texts, and Translations* (Oxford, U.K.: Clarendon Press, 1972), págs. 62-85.

–. «The Martyrdom of Polycarp», en Musurillo, ed., *The Acts of the Christian Martyrs: Introduction, Texts, and Translations* (Oxford, U.K.: Clarendon Press, 1972), págs. 2-21.

Najman, Hindy. *Losing the Temple and Recovering the Future: An Analysis of 4 Ezra*. Cambridge, U.K.: Cambridge University Press, 2014.

Najman, Hindy, Jean-Sébastien Rey, y Eibert J.C. Tigchelaar, eds. *Tracing Sapiential Traditions in Ancient Judaism*. Leiden: Brill, 2016.

Nasrallah, Laura Salah. *Archaeology and the Letters of Paul*. Oxford, U.K.: Oxford University Press, 2019.

–. *An Ecstasy of Folly: Prophecy and Authority in Early Christianity*. Cambridge, Mass.: Harvard University Press, 2003.

Nasrallah, Laura, y Elisabeth Schüssler Fiorenza. *Prejudice and Christian Beginnings: Investigating Race, Gender, and Ethnicity in Early Christian Studies*. Minneapolis: Fortress, 2009.

Naveh, J., y S. Shaked. *Amulets and Magic Bowls: Aramaic Incantations of Late Antiquity*. Leiden: Brill, 1985.

–. *Magic Spells and Formulae: Aramaic Incantations of Late Antiquity*. Jerusalén: Magnes, 1993.

Newsom, Carol. *Songs of the Sabbath Sacrifice: A Critical Edition*. Atlanta: Scholars Press, 1985.

Niehoff, Maren R. «A Jewish Critique of Christianity from Second-Century Alexandria: Revisiting the Jew Mentioned in *Contra Celsum*», *Journal of Ethnic and Cultural Studies* 21, nº 2 (2013): págs. 151-75.

Novogratz, Jacqueline. *Manifesto for a Moral Revolution: Practices to Build a Better World*. Nueva York: Henry Holt, 2020.

Oates, Joyce Carol. *The Accursed*. Nueva York: HarperCollins, 2013.

Ophir, Adi e Ishay Rosen-Zvi. *Goy: Israel's Multiple Others and the Birth of the Gentile*. Oxford, U.K.: Oxford University Press, 2018.

Padilla Peralta, Dan-El. *Divine Institutions: Religions and Community in the Middle Roman Republic*. Princeton: Princeton University Press, 2020.

Pagels, Elaine. «Adam and Eve, Christ and the Church: A Survey of Second Century Controversies Concerning Marriage», en *The New Testament and Gnosis,* ed. Alastair Logan y Alexander J. M. Wedderburn (Edimburgo: T&T Clark, 1983), págs. 146-75.

–. *Adam, Eve, and the Serpent*. Londres: Penguin, 1988. [*Adán, Eva y la serpiente*, Barcelona: Editorial Crítica, 1990]

–. *Beyond Belief: The Secret Gospel of Thomas*. Nueva York: Random House, 2003. [*Más allá de la fe: el evangelio secreto de Tomás*, Barcelona: Editorial Crítica, 2004]

–. «Exegesis of Genesis 1 in the Gospels of Thomas and John», *Journal of Biblical Literature* 118, nº 3 (1999): págs. 477-96.

–. *The Gnostic Gospels*. Nueva York: Random House, 1979. [*Los evangelios gnósticos*, Barcelona: Editorial Crítica, 1990]

–. *The Gnostic Paul: Gnostic Exegesis of the Pauline Letters*. Filadelfia: Fortress, 1975. [*El Pablo gnóstico: exégesis gnóstica de las Cartas Paulinas*, Barcelona: La Teca Ediciones, 2012]

–. «How Athanasius, Subject to Christian Emperors, Read John's Apocalypse into His Canon», en *Envisioning Judaism: Studies in Honor of Peter Schäfer on the Occasion of His Seventieth Birthday,* vol. 2, ed. Ra'anan Boustan *et al*. (Tübingen: Mohr Siebeck, 2013), págs. 799-808.

–. «How the Gospel of Truth Depicts Paul's Secret Teaching: A Study in Second Century Reception History», *Harvard Theological Review* 117, nº 1 (2023): págs. 99-112.

–. «Irenaeus, the 'Canon of Truth,' and the Gospel of John: 'Making a Difference' Through Hermeneutics and Ritual», *Vigiliae Christianae* 56 (2002): págs. 339-71.

–. *The Johannine Gospel in Gnostic Exegesis: Heracleon's Commentary on John*. Nashville: Abingdon, 1973.

–. *The Origin of Satan*. Nueva York: Vintage, 1995.

–. «The Shape-Shifting Bride: Reflecting on Race and Ethnicity in Origen's Exegesis of the Song of Songs», en *A Most Reliable Witness: Essays in Honor of Ross Shepard Kraemer,* ed. Susan Ashbrook *et al*. (Providence, R.I.: Brown University Press, 2015), págs. 233-42.

–. «The Social History of Satan, Part Three: John of Patmos and Ignatius of Antioch: Contrasting Visions of 'God's People'», *Harvard Theological Review* 99, nº 4 (2006): págs. 487-505.

Pagels, Elaine y Karen L. King. *Reading Judas: The Gospel of Judas and the Shaping of Christianity*. Nueva York: Viking, 2007.

Pagels, Elaine H. y John D. Turne. «NHC XI,3: Allogenes, 45,1-69,20», en *Nag Hammadi Codices XI, XII, XIII,* ed. Charles W. Hendrick. *Nag Hammadi Studies, The Coptic Gnostic Library* 28 (Leiden: Brill, 1990), págs. 173-285.

Pannenberg, Wolfhart. *Jesus-God and Man*. Traducido por L.L. Wilkins y D.A. Priebe. Filadelfia: Westminster, 1968.

Parkes, Murray. *Bereavement: Studies of Grief in Adult Life*. Nueva York: International University Press, 1972.

Parvis, Sara. «The Reception of Nicaea and Homoousios to 360», en *The Cambridge Companion to the Council of Nicaea,* ed. Y.R. Kim (Cambridge, U.K.: Cambridge University Press, 2021), págs. 225-55.

Patterson, Stephen J. «Apocalypticism or Prophecy and the Problem of Polyvalence: Lessons from the Gospel of Thomas», *Journal of Biblical Literature* 130 (2012): págs. 795-817.

–. *Beyond the Passion: Rethinking the Death and Life of Jesus*. Minneapolis: Fortress, 2004.

–. *The Gospel of Thomas and Christian Origins: Essays on the Fifth Gospel*. Leiden: Brill, 2013.

–. *The Gospel of Thomas and Jesus*. Sonoma, Calif.: Polebridge, 1993.

–. *The Lost Way: How Two Forgotten Gospels Are Rewriting the Story of Christian Origins*. Nueva York: HarperCollins, 2014.

–. «Twice More–*Thomas* and the Synoptics: A Reply to Simon Gathercole, *The Composition of the Gospel of Thomas,* and Mark Goodacre, *Thomas and the Gospels*», *Journal for the Study of the New Testament* 36 (2014): págs. 251-61.

Pearson, Birger A. y James E. Goehring, eds. *The Roots of Egyptian Christianity*. Filadelfia: Fortress, 1986.

Peel, Malcolm L. «The Treatise on the Resurrection», en *Nag Hammadi Codex I (The Jung Codex): I. Introductions, Texts, Translations, Indices,* ed. Harold Attridge. *Nag Hammadi Studies, The Coptic Gnostic Library* 22 (Leiden: Brill, 1985), págs. 123-57.

–. «The Treatise on the Resurrection», en *Nag Hammadi Codex I (The Jung Codex): II. Notes,* ed. Harold Attridge. *Nag Hammadi Studies, The Coptic Gnostic Library* 23 (Leiden: Brill, 1985), págs. 137-215.

Penton, M. James. *Apocalypse Delayed: The Story of Jehovah's Witnesses*. Toronto: University of Toronto Press, 2015.

Perkins, Pheme. *The Gnostic Dialogue: The Early Church and the Crisis of Gnosticism*. Nueva York: Paulist Press, 1980.

Petersen, William L. *Tatian's Diatessaron: Its Creation, Dissemination, Significance, and History in Scholarship*. Leiden: Brill, 1994.

Petrey, Taylor G., *et al.*, eds. *Re-Making the World: Christianity and Categories: Essays in Honor of Karen L. King*. Tübingen: Mohr Siebeck, 2019.

Plinio. *Letters, Books I-VII; Panegyricus,* vol. I. Traducido por B. Radice. LCL 55. Cambridge, Mass.: Harvard University Press, 1969.

–. *Letters, Books VIII–X; Panegyricus*, vol. II. Traducido por B. Radice. LCL 59. Cambridge, Mass.: Harvard University Press, 1969. [*Cartas*, Barcelona: RBA Coleccionables, 2009]

Plotino. *Ennead III,* vol. III. Traducido por A.H. Armstrong. LCL 442. Cambridge, Mass.: Harvard University Press, 1993.

–. *Porphyry on Plotinus; Ennead I,* vol. I. Traducido por A.H. Armstrong. LCL 440. Cambridge, Mass.: Harvard University Press, 1966. [*Enéadas*, Barcelona: RBA Coleccionables, 2002]

Plutarco. *Lives: Demosthenes and Cicero, Alexander and Caesar*, vol VII. Traducido por B. Perrin. LCL 99. Cambridge, Mass.: Harvard University Press, 1919. [*Obras completas*, Barcelona: RBA Ediciones, 2002]

Pohlsander, Hans. *The Emperor Constantine*. 2ª edición. Londres: Routledge, 2004. [*El emperador Constantino*, Madrid: Ediciones Rialp, S.A., 2015]

Pokorný, Petr. «Words of Jesus in Paul: On the Theology and Praxis of the Jesus Tradition», en *Handbook for the Study of the Historical Jesus,* 4 vols., ed. T. Holmén y S.E. Porter (Leiden: Brill, 2011), págs. 3437-67.

Quispel, Gilles. *Gnostica, Judaica, Catholica: Collected Essays of Gilles Quispel*. Editado por Johannes Van Oort. Leiden: Brill, 2008.

–. *Het Evangelie van Thomas: Uit het Koptisch vertaald en toegelicht*. Ámsterdam: In de Pelikaan, 2005.

Rafael, Vicente. *Contracting Colonialism: Translation and Christian*

Conversion in Tagalog Society Under Early Spanish Rule. Manila: Ateneo de Manila University Press, 1988.

Reed, Annette Yoshiko. *Demons, Angels, and Writing in Ancient Judaism*. Cambridge, U.K.: Cambridge University Press, 2020.

–. «ΕΥΑΓΓΕΛΙΟΝ: Orality, Textuality, and the Christian Truth in Irenaeus' *Adversus Haereses*», *Vigiliae Christianae* 56 (2002): págs.1-46.

–. *Jewish-Christianity and the History of Judaism: Collected Essays*. Tübingen: Mohr Siebeck, 2018.

Reeves, John C. y Annette Yoshiko Reed. *Enoch from Antiquity to the Middle Ages*. Oxford, U.K.: Oxford University Press, 2018.

Reimarus, Hermann Samuel. *Fragments from Reimarus*. Traducido por G.E. Lessing. Editado por Charles Voysey. Londres: Williams and Norgate, 1879.

Riley, Gregory J. *One Jesus, Many Christs: How Jesus Inspired Not One True Christianity, but Many*. Nueva York: HarperCollins, 1997.

–. *The River of God: A New History of Christian Origins*. Nueva York: HarperCollins, 2001.

Robbins, Joel. *Becoming Sinners: Christianity and Moral Torment in a Papua New Guinea Society*. Berkeley: University of California Press, 2004.

Roberts, J.J.M. «A New Root for an Old Crux, Ps. XXII 17c», *Vetus Testamentum* 23.2 (1973): págs. 47-52.

Roberts, Nathaniel. *To Be Cared For: The Power of Conversion and Foreignness of Belonging in an Indian Slum*. Berkeley: University of California Press, 2016.

Robinson, James M., ed. *The Coptic Gnostic Library: A Complete Edition of the Nag Hammadi Codices*, vol. I. Leiden: Brill, 2000.

–, ed. *The Coptic Gnostic Library: A Complete Edition of the Nag Hammadi Codices*, vol. II. Leiden: Brill, 2000.

–, ed. *The Coptic Gnostic Library: A Complete Edition of the Nag Hammadi Codices,* vol. III. Leiden: Brill, 2000.

–, ed. *The Coptic Gnostic Library: A Complete Edition of the Nag Hammadi Codices,* vol. IV. Leiden: Brill, 2000.

–, ed. *The Coptic Gnostic Library: A Complete Edition of the Nag Hammadi Codices,* vol. V. Leiden: Brill, 2000.

–, ed. *The Nag Hammadi Library in English*, edición revisada. Nueva York: Harper Collins, 1990.

Rousseau, Philip. *Ascetics, Authority, and the Church in the Age of Jerome and Cassian*. Oxford, U.K.: Oxford University Press, 1978.

–. *Pachomius: The Making of a Community in Fourth-Century Egypt*. Berkeley: University of California Press, 1999.

Royalty, Robert M., Jr. *The Streets of Heaven: The Ideology of Wealth in the Apocalypse of John*. Macon, Ga.: Mercer University Press, 1998.

Rubenson, Samuel. *The Letters of St. Antony: Monasticism and the Making of a Saint*. Minneapolis: Fortress, 1995.

Rynearson, Edward K. *Retelling Violent Death*. Filadelfia: Brunner-Routledge, 2001.

Saldarini, Anthony J. *Matthew's Christian-Jewish Community*. Chicago: University of Chicago Press, 1994.

–. *Pharisees, Scribes and Sadducees in Palestinian Society: A Sociological Approach*. Grand Rapids, Mich.: Eerdmans, 2001.

Samuelsson, Gunnar. *Crucifixion in Antiquity: An Inquiry into the Background and Significance of the New Testament Terminology of Crucifixion*. Tübingen: Mohr Siebeck, 2013.

Sanders, E.P. *The Historical Figure of Jesus*. Londres: Penguin Books, 1993. [*La figura histórica de Jesús*, Navarra: Editorial Verbo Divino, 2013]

–. *Paul and Palestinian Judaism: A Comparison of Patterns of Religion*. Filadelfia: Fortress, 1977.

Sanders, Jack T. *The Jews in Luke-Acts*. Filadelfia: Fortress, 1987.

Sawicki, Marianne. *Crossing Galilee: Architectures of Contact in the Occupied Land of Jesus*. Harrisburg, Pa.: Trinity Press, 2000.

Schaberg, Jane. *The Illegitimacy of Jesus: A Feminist Interpretation of the Infancy Narratives*. San Francisco: Harper & Row, 1987.

Schäfer, Peter. *Jesus in the Talmud*. Princeton: Princeton University Press, 2009.

–. «Jesus' Origin, Birth and Childhood According to the Toledot Yeshu and the Talmud», en *Judaea-Palaestina, Babylon and Rome: Jews in Antiquity,* ed. Benjamin Isaac y Yuval Shahar (Tübingen: Mohr Siebeck, 2012), págs. 139-61.

–. *Kurze Geschichte des Antisemitismus*. Múnich: Piper, 2022.

–. «New Testament and Hekhalot Literature: The Journey into Heaven in Paul and in Merkavah Mysticism», *Journal of Jewish Studies* 35 (1984), págs. 19-35.

–. *The Origins of Jewish Mysticism*. Tübingen: Mohr Siebeck, 2009.

Schaferdiek, Knut, trad. «The Acts of John», en *The New Testament Apocrypha II: Writings Related to the Apostles; Apocalypses and Related Subjects,* ed. W. Schneemelcher, trad. R. Wilson (Louisville: Westminster John Knox, 2003), págs. 152-212.

Schoedel, William R. «NHC V,3: The (First) Apocalypse of James», en *Nag Hammadi Codices V*, 2–5 *and VI with Papyrus Berolinensis 8502, 1 and 4,* ed. Douglas M. Parrott. *Nag Hammadi Studies, The Coptic Gnostic Library* 11 (Leiden: Brill, 1979), págs. 65-103.

Scholem, Gershom. *Kabbalah*. Nueva York: Meridian, 1978.

–. *Sabbatai Ṣevi: The Mystical Messiah, 1626-1676*. Princeton: Princeton University Press, 1973.

Schüssler Fiorenza, Elisabeth. *The Book of Revelation: Justice and Judgment*. Filadelfia: Fortress, 1985.

Schweitzer, Albert. *The Psychiatric Study of Jesus: Exposition and Criticism.* Traducido por Charles R. Joy. Boston: Beacon Press, 1948. [*Investigación sobre la vida de Jesús*, Valencia: Editorial Cultura Espiritual y Popular, S.L., 1990]

–. *The Quest of the Historical Jesus.* Traducido por W. Montgomery. Londres: Adam and Charles Black, 1911.

Segal, Alan F. *Paul the Convert: The Apostolate and Apostasy of Saul the Pharisee.* New Haven, Conn.: Yale University Press, 1990.

–. *Two Powers in Heaven: Early Rabbinic Reports About Christianity and Gnosticism.* Leiden: Brill, 1977.

Sellew, Melissa Harl. «Reading Jesus in the Desert: The *Gospel of Thomas* Meets the *Apophthegmata Patrum*», en *The Nag Hammadi Codices and Late Antique Egypt,* ed. Hugo Lundhaug y Lance Jennot (Tübingen: Mohr Siebeck, 2018), págs. 81-106.

Smallwood, E. Mary. *The Jews Under Roman Rule, from Pompey to Diocletian: A Study in Political Relations.* Leiden: Brill, 2001.

Smith, D.E. «An Autopsy of an Autopsy: Biblical Illiteracy Among Medical Doctors», *Westar* 1, nº 2 (1987): págs. 3-6, 14-15.

Smith, Geoffrey S. «Anti-Origenist Redaction in the Fragments of the Gospel of Truth (NHC XII,2): Theological Controversy and the Transmission of Early Christian Literature», *Harvard Theological Review* 110 (2016): págs. 46-74.

–. «Constructing a Christian Universe: Mythological Exegesis of Ben Sira 24 and John's Prologue in the *Gospel of Truth*», en *Jewish and Christian Cosmogony in Late Antiquity,* ed. L. Jenott y S. K. Gribetz (Tübingen: Mohr Siebeck, 2013), págs. 64-81.

–. *Guilt by Association: Heresy Catalogues in Early Christianity.* Oxford, U.K.: Oxford University Press, 2014.

–. *Valentinian Christianity: Texts and Translations*. Oakland: University of California Press, 2020.

Smith, Geoffrey S. y Brent C. Landau. *The Secret Gospel of Mark: A Controversial Scholar, a Scandalous Gospel of Jesus, and the Fierce Debate over Its Authenticity*. New Haven, Conn.: Yale University Press, 2023.

Smith, Jonathan Z. *Drudgery Divine: On the Comparison of Early Christianities and the Religions of Late Antiquity*. Chicago: University of Chicago Press, 1990.

Smith, Morton. *Jesus the Magician*. Nueva York: Harper & Row, 1978. [*Jesús, el mago*, Barcelona: Ediciones Martínez Roca, 1988]

Spong, John Shelby. *Resurrection: Myth or Reality? A Bishop's Search for the Origins of Christianity*. San Francisco: Harper, 1994. [*La resurrección, ¿mito o realidad?* Barcelona: Ediciones Martínez Roca, 1996]

Stark, Rodney. *The Rise of Christianity: How the Obscure, Marginal Jesus Movement Became the Dominant Religious Force in the Western World in a Few Centuries*. Princeton: Princeton University Press, 1996. [*El auge del cristianismo*, Barcelona: Editorial Andrés Bello, 2001]

Stauffer, Ethelbert. «Jeschu ben Mirjam: Kontroversgeschichtliche Anmerkungen zu Mk 6:3», en *Neotestamentica et Semitica: Studies in Honour of Matthew Black,* ed. E.E. Ellis y M. Wilcox (Edimburgo: T&T Clark, 1969), págs. 119-28.

Stroumsa, Gedaliahu A. G. *Another Seed: Studies in Gnostic Mythology*. Leiden: Brill, 1984.

–. «Gnosis and Judaism in Nineteenth Century Christian Thought», *Journal of Jewish Thought and Philosophy* 2 (1992): págs. 45-62.

Suetonio. *Lives of the Caesars*, vol. I. Traducido por J.C. Rolfe. LCL 31. Cambridge, Mass.: Harvard University Press, 1998.

–. *Lives of the Caesars,* vol. II. Traducido por J.C. Rolfe. LCL 38. Cambridge, Mass.: Harvard University Press, 1997. [*Vidas de los Césares*, Madrid: Alianza Editorial, 2018]

Tabor, James. *The Jesus Dynasty.* Nueva York: Simon & Schuster, 2007. [*La dinastía de Jesús: la historia oculta de Jesús, su sangre real y los inicios del cristianismo*, Barcelona: Editorial Planeta, S.A., 2007]

Tácito. *Agricola, Germania, Dialogus,* vol. I. Traducido por M. Hutton (*Agricola, Germania*) y W. Peterson (*Dialogus*). LCL 35. Cambridge, Mass.: Harvard University Press, 1970. [*Agrícola, Germania, diálogo sobre los oradores,* Madrid: Gredos, 2001]

–. *The Annals & The Histories*. Editado por Moses Hadas. Nueva York: Modern Library, 2003.

–. *The Histories, Books IV-V; The Annals, Books I-III*, vol. III. Traducido por C.H. Moore (*The Histories*) and J. Jackson (*The Annals*). LCL 249. Cambridge, Mass.: Harvard University Press, 1931. [*Anales*, Madrid: Gredos, 1980]

Tertuliano. *Adversus Marcionem, Books 4 and 5*. Traducido por Ernest Evans. Oxford, U.K.: Clarendon Press, 1972.

Thomassen, Einar. *The Spiritual Seed: The Church of the «Valentinians»,* Leiden: Brill, 2008.

–, ed. *Canon and Canonicity: The Formation and Use of Scripture*. Copenhague: Museum Tusculanum Press, 2010.

Tiede, David Lenz. *The Charismatic Figure as Miracle Worker*. Missoula, Mont.: Society of Biblical Literature, 1973.

Tolstoi, León. *A Confession*. Nueva York: W.W. Norton, 1983. [*Confesión*, Barcelona: Acantilado, 2018]

–. *The Kingdom of God Is Within You: Christianity Not as a Mystic Religion but as a New Theory of Life*. Traducido por Constance

Garnett. Lincoln: University of Nebraska Press, 1984. [*El reino de Dios está en vosotros*, Barcelona: Editorial Kairós, S.A., 2010]

Townsend, Philippa. «Who Were the First Christians? Jews, Gentiles and the *Christianoi*», en *Heresy and Identity in Late Antiquity,* ed. E. Iricinischi y H. M. Zellentin (Tübingen: Mohr Siebeck, 2008), págs. 212-30.

Trigg, Joseph Wilson. *Origen: The Bible and Philosophy in the Third-Century Church*. Atlanta: John Knox Press, 1983.

Trocmé, Étienne. *The Childhood of Christianity*. Traducido por John Bowden. Londres: SCM Press, 1997. [*La infancia del cristianismo*, Madrid: Editorial Trotta, S.A., 2021]

Uro, Risto. *Thomas at the Crossroads: Essays on the Gospel of Thomas*. Edimburgo: T&T Clark, 1998.

Valantasis, Richard. *The Gospel of Thomas*. Londres: Routledge, 1997.

Van Dam, Raymond. «Imperial Fathers and Their Sons: Licinius, Constantine, and the Council of Nicaea», en *The Cambridge Companion to the Council of Nicaea,* ed. Y. R. Kim (Cambridge, U.K.: Cambridge University Press, 2021), págs. 19-42.

Vermes, Geza. *Jesus the Jew: A Historian's Reading of the Gospels*. Londres: William Collins Sons, 1973. [*Jesús el judío: los evangelios leídos por un historiador*, Barcelona: El Aleph Editores, 1994]

Vidas, Moulie. *Tradition and the Formation of the Talmud*. Princeton: Princeton University Press, 2014.

Vilaça, Aparecida. *Paletó and Me: Memories of My Indigenous Father.* Traducido por David Rodgers. Stanford: Stanford University Press, 2021.

–. *Praying and Preying: Christianity in Indigenous Amazonia*. Berkeley: University of California Press, 2016.

Visotzky, Burton L. *Aphrodite and the Rabbis: How the Jews Adapted*

Roman Culture to Create Judaism As We Know It. Nueva York: St. Martin's Press, 2016.

Völker, Walther. *Quellen zur Geschichte der christlichen Gnosis*. Tübingen: Mohr Siebeck, 1932.

Waldstein, Michael, y Frederik Wisse, eds. *The Apocryphon of John: Synopsis of Nag Hammadi Codices II,1; III,1; and IV,1 with BG 8502,2*. Nag Hammadi and Manichaean Studies 33 (Leiden: Brill, 1995).

Wallis, Jim. *Christ in Crisis? Reclaiming Jesus in a Time of Fear, Hate, and Violence*. Nueva York: HarperCollins, 2019.

Walsh, Richard, Jeffrey Staley y Adele Reinhartz, eds. *Son of Man: An African Jesus Film*. Sheffield, U.K.: Sheffield Phoenix Press, 2013.

Weiss-Rosmarin, Trude, ed. *Jewish Expressions on Jesus: An Anthology*. Nueva York: Ktav Publishing, 1976.

Weksler-Bdolah, Shlomit. «The Camp of the Legion X Fretensis», en Weksler-Bdolah, *Aelia Capitolina–Jerusalem in the Roman Period: In Light of Archaeological Research* (Leiden: Brill, 2020), págs. 19-50.

Wilken, Robert Louis. *The Christians as the Romans Saw Them*. 2ª edición. New Haven, Conn.: Yale University Press, 2003.

Wilkerson, Isabel. *Caste: The Origins of Our Discontents*. Nueva York: Random House, 2020.

Williams, Francis E. «The Apocryphon of James», en *Nag Hammadi Codex I (The Jung Codex): I. Introductions, Texts, Translations, Indices,* ed. Harold Attridge. *Nag Hammadi Studies, The Coptic Gnostic Library* 22 (Leiden: Brill, 1985), págs. 13-53.

–. «The Apocryphon of James», en *Nag Hammadi Codex I (The Jung Codex): II. Notes,* ed. Harold Attridge. *Nag Hammadi Studies, The Coptic Gnostic Library* 23 (Leiden: Brill, 1985), págs. 7-37.

Williams, Michael Allen. *Rethinking «Gnosticism»: An Argument for Dismantling a Dubious Category*. Princeton: Princeton University Press, 1996.

Williams, Rowan. *Tokens of Trust: An Introduction to Christian Belief.* Norwich, U.K.: Canterbury Press, 2007. [*Motivos para creer: introducción a la fe de los cristianos*, Salamanca: Ediciones Sígueme, S.A., 2008]

Wilson, R. McL. y George W. MacRae. «BG,1: The Gospel of Mary», en *Nag Hammadi Codices V, 2–5 and VI with Papyrus Berolinensis 8502, 1 and 4*, ed. Douglas M. Parrott. *Nag Hammadi Studies, The Coptic Gnostic Library* 11 (Leiden: Brill, 1979), págs. 453-71.

Winter, Paul. *On the Trial of Jesus*. Berlín: De Gruyter, 1974. [*El proceso a Jesús*, Barcelona: El Aleph Editores, 1983]

Wisse, Frederik. «The Apocryphon of John (II,*1* III,*1* IV,*1*, and BG 8502,2)», en *The Nag Hammadi Library in English,* edición revisada, ed. James M. Robinson (Nueva York: HarperCollins, 1990), págs. 104-23.

Wodziński, Marcin. *Historical Atlas of Hasidism*. Princeton: Princeton University Press, 2018.

Wolfson, Elliot R. «Inscribed in the Book of the Living: *Gospel of Truth* and Jewish Christology», *Journal for the Study of Judaism* 38 (2007): págs. 234-71.

Wright, Tom. *The Resurrection of the Son of God*. Minneapolis: Fortress, 2003. [*La resurrección del hijo de Dios*, Navarra: Editorial Verbo Divino, 2008]

Yoder, John H. *The Politics of Jesus: Vicit Agnus Noster*. Grand Rapids, Mich.: Eerdmans, 1972.

Zeichmann, Christopher B. «Jesus 'ben Pantera': An Epigraphic and Military Historical Note», *Journal for the Study of the Historical Jesus* 18 (2020): págs 141-55.

Zerubavel, Eviatar. *Time Maps: Collective Memory and the Social Shape of the Past*. Chicago: University of Chicago Press, 2003.

Zugibe, F.T. «Two Questions About Crucifixion: Does the Victim Die of Asphyxiation? Would Nails in the Hands Hold the Weight of the Body?» *Bible Review* 5 (1989): págs. 34-43.

Índice

Créditos de las ilustraciones

Página 1 del pliego central (parte superior): © 1941, 1968 Warner Press, Inc., Anderson, Indiana. Utilizado con permiso

Página 1 (parte inferior): Artefact / Alamy Stock Photo

Página 2 (parte superior): INTERFOTO / Alamy Stock Photo

Página 2 (parte inferior): Carlo Bollo / Alamy Stock Photo

Página 3 (parte superior): IanDagnall Computing / Alamy Stock Photo

Página 3 (parte inferior): © Israel Museum, Jerusalem / Holyland Tourism 1992, Ltd. / Bridgeman Images

Página 4 (parte superior): Evolution Images / Alamy Stock Photo

Página 4 (parte inferior): Bridgeman Images

Página 5: Art Collection 2 / Alamy Stock Photo

Página 6 (parte superior): Bridgeman Images

Página 6 (parte inferior): FineArt / Alamy Stock Photo

Página 7: *Marc Chagall, Crucifixión Blanca,* 1938. Óleo sobre lienzo, 154,6 x 140 cm. Donación de Alfred S. Alschuler, 1946.925. The Art Institute of Chicago / Art Resource, NY. © 2024 Artists Rights Society (ARS), Nueva York / ADAGP, París

Página 8 (parte superior): *Marc Chagall, Éxodo*, 1952. Óleo sobre lienzo, 130 x 162,3 cm. Foto: Gérard Blot. Depósito del Centre Pompidou, 1990. © RMN-Grand Palais / Art Resource, NY. © 2024 Artists

Rights Society (ARS), Nueva York / ADAGP, París

Página 8 (parte inferior): Marc Chagall, *Crucifixión Amarilla*, 1942. Óleo sobre lienzo, 140 x 101 cm. AM1988-74. Foto: Philippe Migeat. Imagen digital © CNAC/MNAM, Dist. RMN-Grand Palais / Art Resource, NY. © 2024 Artists Rights Society (ARS), Nueva York / ADAGP, París

Página 9: Marc Chagall, *El crucificado,* 1944. Gouache sobre papel, 62,5 x 47,5 cm. © Israel Museum, Jerusalén/Préstamo de la Victoria Babinto America-Israel Foundation/Bridgeman Images. © 2024 Artists Rights Society (ARS), Nueva York / ADAGP, París

Página 10 (parte superior): Todos los derechos reservados

Página 10 (parte inferior izquierda): Alpha Stock / Alamy Stock Photo

Página 10 (parte inferior derecha): Birmingham, Ala. Public Library Archives

Página 11: Alpha Stock / Alamy Stock Photo

Página 12: Art Gallery and Museum, Kelvingrove, Glasgow, Escocia. Foto © CSG CIC Glasgow Museums Collection / Bridgeman Images

Página 13: © Titus Kaphar, cortesía del artista y Gagosian

Página 14: © Kino Lorber / cortesía de Everett Collection

Página 15: Foto Jonathan Olley / © IFC Films / cortesía de Everett Collection

Página 16: © Universal / cortesía de Everett Collection

Acerca de la autora

Elaine Pagels es profesora de Religión de la Fundación Harrington Spear Paine en la Princeton University. En el año 2015, recibió la National Humanities Medal del presidente Barack Obama, y anteriormente fue galardonada con las becas Rockefeller, Guggenheim y MacArthur en años consecutivos. Como joven investigadora en el Barnard College, cambió el panorama histórico de la religión cristiana al hacer estallar el mito de la iglesia primitiva como un movimiento unificado. Sus hallazgos fueron publicados en el libro superventas *Los evangelios gnósticos* (1979), que ganó tanto el National Book Critics Circle Award como el National Book Award. Entre sus libros se incluyen *El Evangelio de Judas*, *Why Religion?*, *Revelations*, *The Origin of Satan*, *Adán, Eva y la serpiente*. Se han publicado artículos sobre ella en *Time, The Atlantic Monthly, Vogue, The New Yorker*, así como el número de *Newsweek* sobre «Mujeres y Poder».